科学出版社“十三五”普通高等教育本科规划教材
高等院校医学实验教学系列教材

编审委员会主任委员　文格波
编写委员会总主编　姜志胜

病原生物学实验

（人体寄生虫学分册）

第 2 版

主　编　梁　瑜　杨秋林
主　审　肖建华
副主编　吴　翔　刘　彦　伍和平
编　委　（按姓氏笔画排序）
王可耕　申海艳　冯安贵　伍和平　刘　彦　阳青兰
杨秋林　肖建华　吴　翔　吴　媛　邹　菊　张愉快
陈善龙　高勇强　唐　娜　曹伟良　梁　瑜　蒋海兵

科学出版社
北京

内 容 简 介

本教材系“高等院校医学实验教学系列教材”之一，是人体寄生虫学实验的教学教材。全教材由经典验证性实验、综合性实验、设计创新性实验、寄生虫学常用实验技术与方法，以及寄生虫学病例讨论共5部分组成，重点阐述我国严重危害人类健康的寄生虫形态学和相关实验技术。经典验证性实验主要训练学生掌握基本理论、基本知识和基本技能的能力；综合性和设计创新性实验可激发学生学习兴趣和热情，初步培养学生创新能力与素养。本教材增加寄生虫学病例讨论部分，可启发学生理论联系实际，提高其发现问题、分析问题及解决问题的能力。

本教材既可供临床医学、预防医学、基础医学、麻醉学、口腔医学、医学影像学、护理学、医学检验技术和卫生检验与检疫等专业学生使用，也可供医疗卫生专业人员用作参考用书。

图书在版编目（CIP）数据

病原生物学实验．人体寄生虫学分册 / 梁瑜，杨秋林主编，—2版．—北京：科学出版社，2017.3

ISBN 978-7-03-052099-9

Ⅰ．①病…　Ⅱ．①梁…　②杨…　Ⅲ．①病原微生物－实验－高等院校－教材②寄生虫病－实验－高等学校－教材　Ⅳ．①R37-33

中国版本图书馆CIP数据核字（2017）第050352号

责任编辑：李国红　周　园 / 责任校对：郭瑞芝

责任印制：李　彤 / 封面设计：陈　敬

科学出版社出版

北京东黄城根北街16号

邮政编码：100717

http://www.sciencep.com

北京建宏印刷有限公司 印刷

科学出版社发行　各地新华书店经销

*

2010年7月第　一　版　开本：787×1092　1/16

2017年3月第　二　版　印张：11 1/2

2023年1月第十二次印刷　字数：261 000

定价：55.00元

高等院校医学实验教学系列教材
编审委员会

主 任 委 员　文格波
副主任委员　姜志胜　吴移谋　廖端芳
委　　　员　（按姓氏笔画排序）
王　韵　王宗保　牛亦农　龙双涟
田　英　刘贻尧　刘艳平　宇　丽
严　杰　李　和　肖建华　肖献忠
何庆南　余　平　宋　健　张新华
陈　熙　罗学港　周国民　贺修胜
秦晓群　龚永生　傅松滨　管又飞

编写委员会

总　主　编　姜志胜
副 总 主 编　田　英　陈　熙　贺修胜
编　　　委　（按姓氏笔画排序）
万　炜　王汉群　尹　凯　甘润良
龙石银　乔新惠　向宇燕　刘　俊
刘录山　李严兵　李国庆　李忠玉
李美香　杨秋林　张　艳　易　岚
易光辉　屈丽华　赵飞骏　胡四海
桂庆军　凌　晖　唐志晗　梁　瑜
彭翠英　谭健苗

秘　　　书　梁　瑜　唐志晗

序　一

近年来，教育部、卫生计生委等多部委紧密部署实施本科教学工程、专业综合改革试点、实践育人和卓越医生教育培养计划，把强化实践教学环节作为重要内容和重点要求，进一步凸显了医学实践性很强的属性，对切实加强医学实验教学提出了更高要求，指引着我国医学实验教学进入全面深化改革阶段。

高校牢固树立以学生为本、目标导向和持续改进的教育理念，积极创新和完善更加有利于培养学生实践能力和创新能力的实验教学体系，建设高素质实验教学队伍和高水平实验教学平台，以促进和保证实验教学水平全面提高。为此，南华大学医学院协同国内多所高校对第一版“高等院校基础医学实验教学系列教材”进行了修订和拓展。第二版教材涵盖了解剖学、显微形态学、医学免疫学、病原生物学、机能学、临床基本技能学、生物化学、分子生物学、医学细胞生物学、医学遗传学的实验教学内容，全书贯彻了先进的教育理念和教学指导思想，把握了各学科的总体框架和发展趋势，坚持了理论与实验结合、基础与临床结合、经典与现代结合、教学与科研结合，注重对学生探索精神、科学思维、实践能力、创新能力的全面培养，不失为一套高质量的精品教材。

愿“高等院校医学实验教学系列教材”的出版为推动我国医学实验教学的深化改革和持续发展发挥重要作用。

教育部高等学校基础医学类专业教学指导委员会主任委员
中国高等教育学会基础医学教育分会理事长
2015年12月

序　　二

随着本科教学工程、专业综合改革试点、实践育人和卓越医生教育培养计划的实施，高等医学院校迎来了进一步加强医学实验教学、提高医学实验教学质量的大好时机，必须积极更新医学实验教学理念，创新实验教学体系、教学模式和教学方法，整合实验教学内容，应用实验教学新技术新手段，促进医学人才知识、技能和素质全面协调发展。

“高等院校医学实验教学系列教材”编审委员会和编写委员会与时俱进，积极推进实验教学改革的深化，组织相关学科专业的专家教授，在第一版的基础上，吸收了南华大学等多个高校近年来在医学实验教学方面的改革新成果，强调对学生基本理论、基础知识、基本技能以及创新能力的培养，打破现行课程框架，构建以综合能力培养为目标的新型医学实验教学体系，修订并拓展了这套实验教学系列教材。第二版教材共十四本，包括：《系统解剖学实验》《局部解剖学实验》《显微形态学实验（组织与胚胎学分册）》《显微形态学实验（病理学分册）》《病原生物学实验（医学微生物学分册）》《病原生物学实验（人体寄生虫学分册）》《医学免疫学实验》《机能实验学》《临床基本技能学（诊断技能分册）》《临床基本技能学（外科基本技能分册）》《生物化学实验与技术》《分子生物学实验》《医学细胞生物学实验》《医学遗传学实验》。

本套教材的编写，借鉴国内外同类实验教材的编写模式，内容上依据医学实验体系进行重组和有机融合，按照医学实验教学的逻辑和规律进行编写，并注重知识的更新，反映学科的前沿动态，体现教材的思想性、科学性、启发性、先进性和实用性。

本套教材适用对象以本科临床医学专业为主，兼顾麻醉学、口腔医学、医学影像、护理学、预防医学、医学检验、卫生检验、药学、药物制剂、生物科学、生物技术等专业实验教学需求，各层次各专业学生可按照其专业培养特点和要求，选用相应的实验项目进行教学与学习。

本套教材的编写出版，得到了科学出版社和南华大学以及有关兄弟院校的大力支持，凝聚了各位主编和全体编写、编审人员的心血和智慧，在此，一并表示衷心感谢。

由于医学实验教学模式尚存差异，加上我们的水平有限，本套教材难免存在缺点和不当之处，敬请读者批评指正。

总主编　夏 x 胜

2015 年 12 月

第 2 版前言

为适应高等医学教育深层次改革和发展，进一步加强医学实验教学、提高医学实验教学质量，在总结第 1 版教材使用情况的基础上，对本教材进行了修订。本次修订过程中，在延续第 1 版教材的知识结构布局和风格的同时，注重知识的更新，力求及时反映本学科的前沿动态，充分体现教材的思想性、科学性、先进性、启发性和实用性，有利于拓宽学生视野，增强其创新意识。

本版教材由“经典验证性实验”“综合性实验”“设计创新性实验”“寄生虫学常用实验技术与方法”“寄生虫学病例讨论”五篇共十四章内容组成。“经典验证性实验”通过对寄生虫学实验标本观察和实验技术操作，训练学生掌握基本理论、基本知识和基本技能，巩固理论知识学习并培养学生的实践动手能力。“综合性实验内容”是融合了寄生虫学及其相关学科知识，结合科研而设计的一些实践性实验，用以培养学生综合运用所学知识，分析和解决实际问题的能力。“设计创新性实验内容”根据基础医学科研和临床医学实践的实际需要，由教师提出问题，并在教师引导下由学生自行设计和完成一些实验，初步培养学生的科研素养和创新能力。为促使基础知识与临床运用有机结合，本版教材新增了“寄生虫学病例讨论”篇，精选了 26 个寄生虫学典型临床病例，供学生课堂或课后讨论与思考，旨在激发学生的学习兴趣和热情，并能够将理论联系实际，提高其发现问题、分析问题及解决问题的能力。本次修订更换和新增了部分标本照片和示意图，丰富了教材内容；同时还将第 1 版教材的黑白印刷图片改为彩色印刷，使得寄生虫标本图片与实物或显微镜下标本色彩一致，形态结构更清晰，更有利于学生识别和辨认标本。

本教材可供临床医学、预防医学、基础医学、麻醉学、口腔医学、医学影像学、护理学、医学检验和卫生检验等专业寄生虫学实验教学使用。各学校可以按照各专业培养特点和要求，结合具体教学内容和实验条件对实验内容进行适当调整和删减。

本教材是在全体编写人员共同努力和精心编写下完成，但由于编者经验及水平有限，存在不足之处在所难免，敬请广大读者提出宝贵意见并批评指正。谢谢！

梁 瑜

2016 年 12 月

第1版前言

病原生物学是医学领域的一门重要基础学科，包括医学微生物学和人体寄生虫学。学习人体寄生虫学的目的是为防治寄生虫病提供依据，为基础医学、临床医学和预防医学打下病原学基础。寄生虫学实验是寄生虫学的重要组成部分，不仅能推动本学科的发展，而且生命科学的许多重要发现、发明和理论也证实其在生命科学教学和科研中起着十分重要的作用。多年来的教学实践使我们体会到，实验教学是培养创新型人才的重要环节。随着实验教学模式的改革，我们对实验教学的内容也进行了改革，在保留以经典验证性实验为基础的原则上，新添了综合性与设计创新性实验，强化了实验教学的实践和创新作用。本书结合了我校教学、科研改革的实际，也融入多个兄弟院校的相关教学、科研成果，体现其实用性和创新性，主要内容包括以下3个部分：

1. 经典验证性实验：通过对人体寄生虫学实验标本的观察，以巩固理论知识和培养学生的实践动手能力。

2. 综合性实验：融合了人体寄生虫学及其相关学科知识，结合科研而设计的一些实践性实验，以培养学生综合运用所学知识、分析和解决实际问题的能力。

3. 设计创新性实验：根据基础医学科研和临床医学实践的实际需要，由教师提出问题，并在教师引导下由学生自行设计和完成的一些实验，以培养学生的创新能力。

综合性与设计创新性实验是综合运用寄生虫学实验的基本知识、基本方法和基本技能，解决实际问题的能力的具体体现。对于刚接触寄生虫学知识的学生来说，具有一定的难度。因此，本教材仍以经典验证性实验为主要内容，适当增加一些综合性和设计创新性实验，在确保学生对基本知识、基本方法和基本技能方面得到比较系统的学习和训练的基础上，初步培养学生设计实验的意识和能力，营造科研创新的氛围。

本教材可供基础医学、临床医学、预防医学、医学检验、麻醉医学、影像诊断、肿瘤医学、护理医学、妇幼卫生、卫生检验等专业学生的寄生虫学实验教学使用。各学校可以按照各专业培养特点和要求，结合具体教学内容和实验条件对实验内容进行适当调整。

参加本书编写的所有作者均是长期从事人体寄生虫学实验教学的骨干教师，他们将自身教学实践和心得体会不同程度地渗透在教材的各个章节中，以此奉献给读者，但由于编写时间仓促和编者经验及水平所限，缺点和疏漏在所难免，殷切期盼各位同仁和使用者批评指正，以便再版时修正。

梁　瑜

2010 年 3 月 5 日

目　　录

第四篇　寄生虫学常用实验技术与方法

第五篇　寄生虫学病例讨论

第一篇　经典验证性实验

第一章　医学原虫

第一节　叶　足　虫

一、溶组织内阿米巴

溶组织内阿米巴（*Entamoeba histolytica*）寄生于人体肠道和其他器官，侵入宿主组织，引起肠内、肠外阿米巴病。溶组织内阿米巴生活史可分为包囊和滋养体两个时期，感染阶段是 4 核成熟包囊（cyst），致病阶段是滋养体（trophozoite）。溶组织内阿米巴 4 核成熟包囊经口摄入后，在肠道内酶和自身运动的作用下，囊内虫体脱囊而出。4 核虫体经分裂后发育为 8 个滋养体，随即在结肠上端摄食细菌并进行二分裂增殖。在肠内下移过程中，受到环境变化的影响，虫体变圆，然后分泌成囊物质形成包囊，随粪便排出。包囊在外界潮湿环境中可存活并保持感染性数日至 1 个月，但在干燥环境中易死亡。滋养体可侵入肠黏膜，吞噬红细胞，破坏肠壁引起肠壁溃疡；也可随血流进入其他组织或器官，引起肠外阿米巴病（extraintestinal amoebiasis）。随坏死组织脱落进入肠腔的滋养体可随粪便排出体外，在外界环境中存活时间很短。

溶组织内阿米巴病原学检查注意事项：取脓血粪便、痰液、脓液或用乙状结肠镜检、直肠窥镜取肠黏膜溃疡边缘活组织或刮取物作直接涂片查组织型滋养体；取稀便作涂片查肠腔型滋养体；取成形粪便离心沉淀查包囊。作滋养体检查时应注意，快送快检，一般在 30min 内完成；冬天应注意保持 25 ～ 30℃以上的温度，必要时可用保温台保温，或先将载玻片和生理盐水略加温，使滋养体保持活动状态；避免尿液污染粪便，便于观察到活的虫体；盛装标本的容器要干净、干燥且不含任何化学药品。

溶组织内阿米巴实验室诊断要点为：每份标本至少检查 3 次，以免漏诊；通过直接粪检（生理盐水涂片法和碘液染色法）不能确诊的标本，必须用铁苏木素染色等方法加以鉴别；血清学检查作为辅助性诊断方法，在肠阿米巴患者中，抗体未必都是阳性，而在肠外阿米巴患者中，抗体阳性率高。

【实验目的】

（1）掌握溶组织内阿米巴滋养体及包囊的形态结构特征。

（2）掌握溶组织内阿米巴滋养体的活动方式。

（3）掌握碘液染色方法。

（4）熟悉溶组织内阿米巴滋养体的培养方法。

（5）了解溶组织内阿米巴病病理标本形态特点。

【实验内容】

1. 实验观察内容

（1）观察溶组织内阿米巴滋养体和包囊的形态。

（2）观察溶组织内阿米巴活滋养体的运动方式。

（3）观察溶组织内阿米巴病病理标本。

2. 实验操作内容

（1）溶组织内阿米巴滋养体生理盐水涂片法。

（2）溶组织内阿米巴包囊碘液涂片法。

（3）溶组织内阿米巴的培养。

【实验观察】

1. 滋养体（trophozoite）

（1）铁苏木素染色标本：阿米巴痢疾患者黏液血便涂片，经铁苏木素染色（iron hematoxylin stain）的玻片标本。先在低倍镜下找到清晰均匀的界面，换高倍镜查找，发现疑似虫体（蓝黑色、边界分明的圆形或椭圆形小体，外围有一空白圈）后仔细观察，若有较清晰的泡状核，内质中有若干个被吞噬的红细胞（黑色点状），则证明已找到滋养体。将其移向视野中央，并在载玻片上滴加镜油 1 滴，转换油镜观察。此时只可用细螺旋调节器纠正焦距，切不可用粗螺旋调节器，否则容易损坏镜头和标本。

滋养体形状多变，多为圆形或椭圆形，虫体大小不一，直径为 12 ～ 60μm，多为 20 ～ 30μm，平均为 25μm。

经铁苏木素染色后，滋养体呈蓝灰色，内、外质分界明显。外质（ectoplasm）无色透明，不很清晰，伪足不明显或不易看到，如有伪足（舌状或指状），则在伪足处外质最明显；内质（endoplasm）为蓝黑色的颗粒状，颗粒细小、均匀，食物泡中含有圆形、大小不等、被染成墨黑色的红细胞（erythrocyte）。衰老的滋养体内质中可出现空泡（vacuole）。

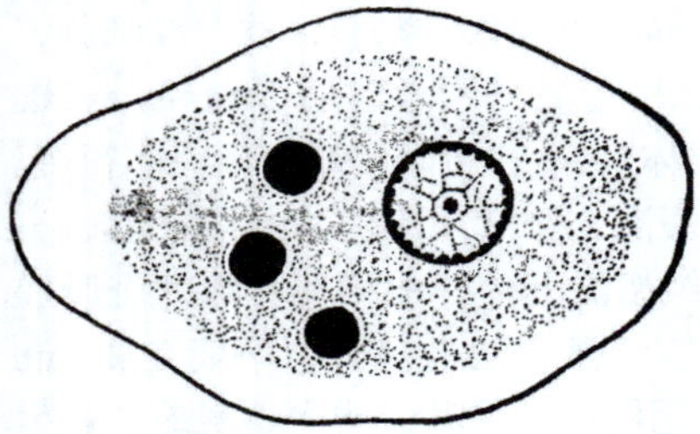

图 1-1　溶组织内阿米巴滋养体模式图

核（nucleus）1 个，圆形，呈泡状，核膜（nuclear membrane）内缘有大小一致、排列整齐的核周染粒（chromatin granules）；核仁（karyosome）1 个，小而圆，亦呈黑色，多位于核中央，也可略偏位。核仁与核周染粒间有时可见放射状排列、着色较浅的网状核丝（图 1-1）。滋养体细胞核的结构特征及胞质中是否含有摄入的红细胞，是鉴别虫种的重要特征。

（2）活体标本：此标本取自体外培养悬液，置低倍镜和高倍镜下观察，不可用油镜观察。因虫体无色透明，故视野光线不宜太强。观察要及时，冬天注意保温（可把标本放在保温台上观察）。注意观察滋养体的结构及运动形式。

活动的阿米巴滋养体一般源于有菌或无菌培养。若为有菌培养的虫体，虫体透明，呈圆形或卵圆形，大小为 10 ～ 30μm，转高倍镜后见虫体运动缓慢，运动时外质伸出叶状或舌状伪足（pseudopodia），内质流入伪足，虫体形态随之而变，即为阿米巴运动。内质颗粒状，食物泡内含细菌或淀粉颗粒（勿认为是红细胞或细胞核），细胞核不易见到。若为无菌培养的虫体，内质颗粒状，外质不断伸出形成伪足，运动较快，隐约可见 1 个以上的核，但核内结构不清。

2. 包囊（cyst）

（1）铁苏木素染色标本：采自慢性感染者或带虫者的成形粪便涂片，经铁苏木素染色的玻片标本。先在低倍镜下找到清晰均匀的界面，换高倍镜查找，发现疑似虫体（蓝黑色、边界分明的圆形小体，外围有一空白圈）后，将其移向视野中央，并在载玻片上滴加镜油 1 滴，转换油镜观察。

1）形状与颜色：圆球形，直径为 10 ～ 20μm，平均 12μm；包囊经铁苏木素染色后呈蓝灰色，囊壁厚为 125 ～ 150nm，薄而光滑，折光性强，不着色。

2）细胞核：囊内可见 1 ～ 4 个泡状核（图 1-2）。单核包囊的核较大，结构较清晰，与滋养体的核相似。成熟包囊有 4 个核，核较小，有的仅只能见到核的轮廓。有的包囊核膜内侧的染色质粒分布不匀，集中到一侧，如同新月形。

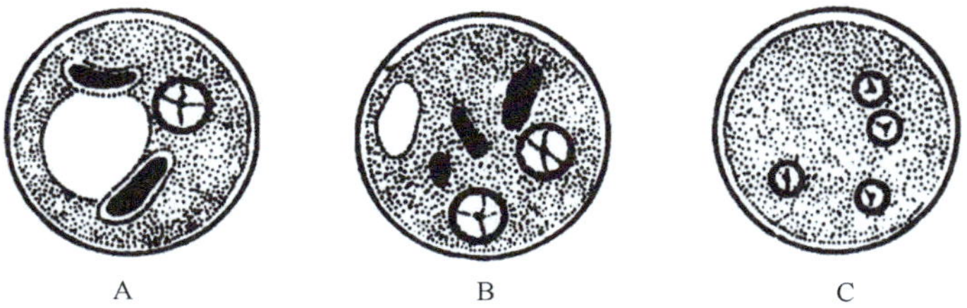

图 1-2　溶组织内阿米巴包囊模式图

A. 单核包囊；B. 双核包囊；C. 4 核成熟包囊

3）囊内容物：未成熟包囊胞质内可见深黑色、两端钝圆的棒状拟染色体（chromatoid body）（一般为 1 ～ 3 个），以及空泡状的糖原泡（glycogen vacuole）。4 核成熟包囊一般见不到拟染色体和糖原泡。

观察时应注意：包囊是一个立体结构，细胞核、拟染色体、糖原泡可能不在同一焦距层面出现，应正确使用显微镜细螺旋调节器，在不同层面观察包囊的内部结构和计数全部核数目。

（2）碘液染色标本：吸取 1 ～ 2 滴保存的包囊悬液，滴于载玻片上，经碘液染色后进行观察。包囊呈圆球状，直径为 10 ～ 20μm，因碘液染色呈棕黄色，内部结构必须（且只能）用高倍镜观察，切勿用油镜观察。囊壁薄而透明（发亮），细胞核 1 ～ 4 个，不着色，呈小亮圈状，核内有一亮点状核仁。糖原泡被染成棕红色，但边缘模糊。拟染色体不着色，呈透明的棒状或点状。

观察包囊时必须与人酵母菌和脂肪滴相鉴别：人酵母菌形状大小不同，内有较大的空泡；脂肪滴反光性强，不着色，内无任何结构。

3. 病理标本

（1）阿米巴痢疾肠病理标本：10% 甲醛浸制，瓶装标本，肉眼观察。溶组织内阿米巴滋养体侵入肠黏膜下层繁殖，破坏肠黏膜，形成口小底大的烧瓶状溃疡。溃疡底部向四周扩展，使相邻溃疡底部互通形成隧道。肠黏膜上可见多个开口小的溃疡面，偶见黏膜破絮状大片坏死。

（2）阿米巴肝脓肿病理标本：10% 甲醛浸制，瓶装标本，肉眼观察。溶组织内阿米巴滋养体随血流经门静脉进入肝，引起肝组织坏死、液化，形成脓肿。脓肿常为单个。大的脓肿可见明显的脓肿壁，为纤维组织所形成，脓腔内有未被溶解的结缔组织，形成肝组织支持架，呈带状贯通脓腔中间。

【实验操作】

1. 滋养体生理盐水直接涂片法

（1）实验材料：载玻片、盖玻片、竹签和生理盐水。

（2）操作方法：在洁净的载玻片中央，滴生理盐水 1 滴，用竹签取火柴头大小的黏液血便，在生理盐水中混匀，摊开呈薄膜状，加盖玻片后镜检。一般在低倍镜下检查，如发现可疑物再转高倍镜观察。

检查滋养体时应与宿主组织细胞相鉴别，区别要点如下：溶组织内阿米巴滋养体大于宿主细胞；虫体胞核与胞质大小比例低于宿主细胞；滋养体为泡状核，核仁居中，核周染粒清晰；滋养体胞质中可含有红细胞和组织碎片。此外还应注意区分滋养体与中性粒细胞。

2. 包囊碘液染色涂片法

（1）实验材料：载玻片、盖玻片、卢戈碘液、竹签和吸水纸。

（2）卢戈碘液配方：碘化钾 4g、碘 2g、蒸馏水 100ml。

（3）操作方法：取 1 滴卢戈碘液加于载玻片中央，用竹签挑取米粒大小的粪便置于碘液中，调匀涂片，厚度以透过涂片约可看清书上的字迹为宜。盖上盖玻片，用吸水纸吸去多余溢出的液体，置于低倍镜下观察，见圆球形小体，再转高倍镜（不可用油镜）观察包囊的结构特点。

（4）注意事项：碘液不宜太多太浓，否则着色过深，粪便凝成团块，包囊折光降低且结构不易看清，不利于观察。

3. 溶组织内阿米巴培养 当受检者临床表现和体征疑为阿米巴病，而病原学检查为阴性时，可采用人工培养进一步确诊，以便及时针对病因进行治疗。

常用培养基：营养琼脂双相培养基、Locke 液鸡蛋血清培养基、鸡蛋斜面培养基、血清斜面培养基。这里以血清斜面培养基为例，简单介绍溶组织内阿米巴的培养。

（1）实验材料：无菌血清、消毒米粉、培养管、接种棒、吸管、温箱、烤箱、载玻片、盖玻片和盖液。

（2）培养液配制：分液相和固相两部分。

液相部分（盖液）：蛋白胨 1g，氯化钠 0.5g，蒸馏水 100ml，55kPa 20min 灭菌待用。

固相部分（血清斜面）：将 4 ml 无菌血清分装到培养管中，放入烤箱内（使试管倾斜），加热到 90℃，1h 后即制成斜面。

取出固相部分，接种前每管加液相部分 4 ～ 5ml，再加少许消毒米粉和青霉素、链霉素各 1000U/ml。

（3）操作方法：用接种棒取被检者黏液血便少许，接种到培养管里与液相部分混匀，置 37℃温箱中培养，于 24h、48h、72h 取沉淀镜检有无阿米巴生长。

（4）结果观察：若粪便中含有溶组织内阿米巴滋养体，镜检时则可见作阿米巴运动的活滋养体。

（5）注意事项：制作斜面使用的血清一定要严格无菌；加热温度不能超过 90℃，否则血清会被烤焦而不能使用；若培养后的镜检物中无滋养体，需再次检查，以免漏诊。

【作业与思考题】

1. 课堂作业 用普通铅笔绘溶组织内阿米巴滋养体和包囊的黑白点线图（铁苏木素染色标本），显示其在油镜下所见特征，并注明结构名称、放大倍数和染色方法。

2. 课后思考题 溶组织内阿米巴致病机制是什么？如何进行诊断？

二、结肠内阿米巴及其他非致病性阿米巴

寄生于人体消化道的阿米巴除溶组织内阿米巴外，其余均为腔道共栖原虫，一般不侵入人体组织，但在重度感染或宿主防御减弱时，也可引起不同程度的肠黏膜浅表炎症，合并细菌感染时可引起腹泻或肠功能紊乱。

结肠内阿米巴（*Entamoeba coli*）寄生于结肠，不侵入组织，亦无临床症状，常与溶组织内阿米巴共同存在，其形态与溶组织内阿米巴非常相似。

迪斯帕内阿米巴（*Entamoeba dispar*）形态、生活史几乎与溶组织内阿米巴完全相同，光学显微镜下不能鉴别，但其滋养体无侵袭性，不吞噬红细胞；且其表面抗原决定簇、同工酶谱和基因与溶组织内阿米巴完全不同，可采用分子生物学技术进行鉴别。

【实验目的】

（1）掌握结肠内阿米巴滋养体及包囊的形态结构特征。

（2）掌握结肠内阿米巴与溶组织内阿米巴滋养体及包囊的形态区别。

（3）了解其他非致病性阿米巴滋养体及包囊的形态特征。

【实验内容】

（1）观察结肠内阿米巴滋养体和包囊的形态。

（2）制作和观察结肠内阿米巴碘液染色包囊。

（3）观察布氏嗜碘阿米巴和微小内蜒阿米巴包囊。

（4）制作和观察齿龈内阿米巴滋养体。

【实验操作与观察】

1. 结肠内阿米巴滋养体　粪便涂片，铁苏木素染色，观察方法同溶组织内阿米巴。

（1）外形：略大于溶组织内阿米巴滋养体，直径为 20 ～ 50μm。

（2）细胞质：外质不分明，内质中可见较多大小不等的食物泡（food vacuole），泡内含有被吞噬的细菌、酵母菌、淀粉颗粒或其他物质等，不含红细胞。

（3）细胞核：1 个，比溶组织内阿米巴的大；核仁粗大，多偏位；核周染粒粗大，且大小及分布不均匀（图 1-3）。

2. 结肠内阿米巴包囊

（1）铁苏木素染色标本：粪便涂片，先找到包囊（方法同溶组织内阿米巴），转油镜观察。

1）外形与颜色：圆球形，蓝黑色，略大于溶组织内阿米巴包囊，直径为 10 ～ 35μm。

2）细胞核：1 ～ 8 个，4 核以上多见，核的结构与滋养体的核相同。

3）囊内容物：未成熟包囊可见空泡状的糖原泡；拟染色体偶见，常不清晰，似碎片状或草束状（两端尖细不整）。

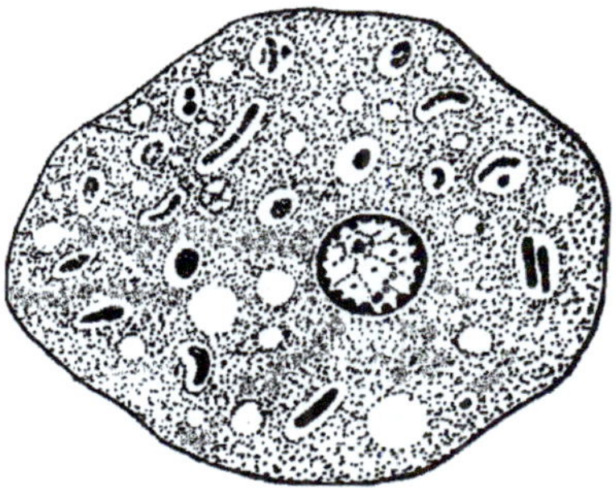

图 1-3　结肠内阿米巴滋养体模式图

（2）碘液染色涂片：吸取 1 ～ 2 滴保存的包囊悬液，滴于载玻片上，经碘液染色后进行观察（方法同溶组织内阿米巴）。圆球形，直径为 10 ～ 35μm；棕黄色，囊壁和核膜不着色；胞核较清楚，1 ～ 8 个（图 1-4 可见 5 个清晰泡状核），成熟包囊为 8 个核，偶有超过 8 个者；未成熟包囊的糖原泡较大，棕黄色；拟染色体呈草束状或碎片状，不着色。

3. 布氏嗜碘阿米巴滋养体　粪便涂片，铁苏木素染色。直径为 8 ～ 20μm，伪足较宽大；食物泡内含有细菌和有机质碎屑物，不吞噬红细胞。核膜染色浅，核周染粒较小，核仁粗大，周围有一层几乎无色的颗粒状结构，中心位或稍偏心位。

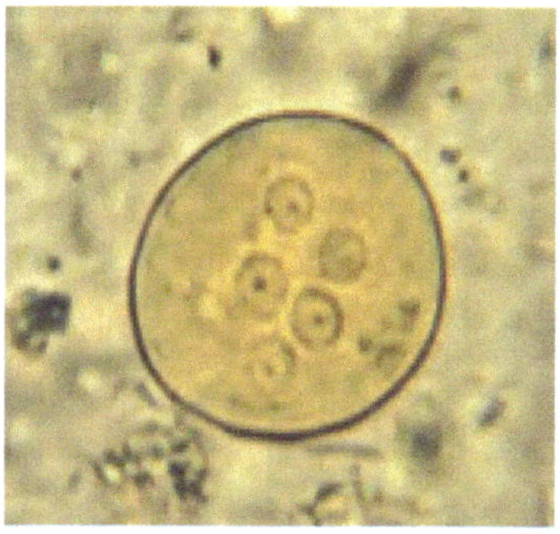

图 1-4　结肠内阿米巴包囊（碘染色）

4. 布氏嗜碘阿米巴包囊　粪便涂片，碘液染色标本。其比溶组织内阿米巴包囊略小，呈椭圆形、梨形或不规则椭圆形，染成黄色。无拟染色体，糖原泡 1 ～ 2 个，经碘液染色后多呈棕色，边界极清晰（此特点为鉴定本虫的重要依据）。细胞核 1 个，被挤于一侧；核仁呈亮点状，核内染色质粒聚于一侧呈新月状。

5. 微小内蜒阿米巴滋养体　粪便涂片，铁苏木素染色标本。直径为 6 ～ 12μm，食物泡内含有细菌和有机质碎屑物；核型特殊，核仁大而形状不规则，占核直径的 1/3 ～ 1/2，无核周染粒。

6. 微小内蜒阿米巴包囊　粪便涂片，碘液染色。其比溶组织内阿米巴包囊略小，平均 9μm，染成黄色；偶见形状不一的棕色糖原泡，无拟染色体；核 1 ～ 4 个，4 核包囊为成熟包囊，核仁粗大、清晰。

7. 齿龈内阿米巴滋养体　生活史中只有滋养体时期，寄生于齿龈组织内，常与齿龈化脓感染并存。用牙签取少许牙垢作生理盐水涂片，观察有无齿龈内阿米巴感染。

滋养体活动频繁，直径一般为 5 ～ 15μm，内外质分界明显，外质透明，内质可见食物泡，泡内含细菌、白细胞等，偶见红细胞。

【作业与思考题】

1. 课堂作业　用普通铅笔绘结肠内阿米巴滋养体及包囊（铁苏木素染色）的黑白点线图，显示其在油镜下所见特征，并注明结构名称、放大倍数和染色方法。

2. 课后思考题　请正确填写表 1-1。

表 1-1　溶组织内阿米巴与结肠内阿米巴形态区别

鉴别要点		溶组织内阿米巴	结肠内阿米巴
滋养体	大小		
	内、外质		
	吞噬物		
	泡状核		
包囊	大小		
	囊内容物		
	泡状核		

三、致病性自由生活阿米巴

致病性自由生活阿米巴（pathogenic free-living amoebae）以福氏耐格里阿米巴（*Naegleria fowleri*）和卡氏棘阿米巴（*Acanthamoeba castellanii*）多见，存在于污水体、游泳池或土壤中。福氏耐格里阿米巴的感染方式主要是接触污染水体，原虫自鼻腔侵入至中枢神经系统，引发原发性阿米巴脑膜脑炎。诊断时可取脑脊液涂片检查有无阿米巴；卡氏棘阿米巴可经呼吸道或皮肤侵入，由血行播散至脑，引起肉芽肿性阿米巴脑炎；角膜接触污水或佩戴不洁隐形眼镜可致阿米巴角膜炎。两种致病性自由生活阿米巴的比较见表 1-2。

表 1-2　耐格里属阿米巴和棘阿米巴属阿米巴的比较

特征	耐格里属	棘阿米巴属
滋养体	分阿米巴型和鞭毛型，直径为 10 ～ 35μm，阿米巴型有叶状伪足	直径 15 ～ 45μm，无鞭毛，有细小的棘状伪足
包囊	圆形，直径 7 ～ 10μm，内壁光滑，不存在于组织中	圆形，直径 9 ～ 27μm，外壁有皱纹，内壁光滑但呈多形性，可存在于组织中
可生长的培养基	必须与细菌或细胞共同生长，在大于 0.4%NaCl 溶液条件下不能生长	可以无需细菌而培养，0.8%NaCl 溶液并不影响其生长

【实验目的】

（1）熟悉福氏耐格里阿米巴滋养体和包囊的形态特征。

（2）熟悉卡氏棘阿米巴滋养体和包囊的形态特征。

【实验内容】

（1）福氏耐格里阿米巴滋养体和包囊。

（2）卡氏棘阿米巴滋养体和包囊。

【实验观察】

1. 福氏耐格里阿米巴

（1）滋养体：活体标本。致病性自由生活阿米巴均以培养标本进行观察，用相差显微镜观察比较清晰。

1）阿米巴型：虫体狭长或椭圆形，有一钝性伪足，可做连续运动；可见一大而居中的细胞核，核膜纤细，核仁圆形致密，核仁与核膜间为透明圈，无核周染粒；细胞质颗粒状，内含食物泡、空泡或伸缩泡。

2）鞭毛型：虫体前端有2根鞭毛，运动活跃，可定向运动。其他结构与阿米巴型虫体相似。

（2）包囊：用相差显微镜观察。包囊呈圆形，直径为7～10μm，内壁光滑，有一大而居中的细胞核，核仁居中。

2. 卡氏棘阿米巴

（1）滋养体：活体标本。长圆形或不规则形，直径为15～45μm，无鞭毛，有细小的棘状伪足，运动缓慢。细胞核较大，位于虫体中央或偏于一侧，核仁明显。

（2）包囊：圆球形，直径为9～27μm，有双层囊壁，外壁有皱纹，内壁光滑但呈多面体型。

【注意事项】

（1）培养的活体致病性自由生活阿米巴标本具有感染性，操作时必须注意防护，需在合格的生物安全柜内进行。

（2）两种致病性自由生活阿米巴的实验室诊断时应注意：福氏耐格里阿米巴感染可疑患者的脑脊液标本在检测前不能低温放置或冻存；福氏耐格里阿米巴和卡氏棘阿米巴与中性粒细胞形态相似，应注意鉴别；福氏耐格里阿米巴和卡氏棘阿米巴可以培养在含有大肠杆菌的无营养琼脂平板上；卡氏棘阿米巴感染时可直接选择组织进行染色（如Evans blue），以检获双壁包囊。

【作业与思考题】　福氏耐格里阿米巴和卡氏棘阿米巴是如何感染人体的？感染后有何危害？

第二节　鞭　毛　虫

一、杜氏利什曼原虫

杜氏利什曼原虫（*Leishmania donovani*）主要寄生在人体单核巨噬细胞内，通过媒介昆虫白蛉的叮咬而传播，在人体内的发育阶段为无鞭毛体（amastigote），又称利杜体（Leishman-Donovan body，LD body），在白蛉体内为前鞭毛体（promastigote）。病原学检查需通过活检（穿刺患者的皮肤、淋巴结、骨髓和肝等）组织作涂片染色后镜检，查找无鞭毛体。

【实验目的】

（1）掌握杜氏利什曼原虫无鞭毛体和前鞭毛体的形态特征。

（2）熟悉杜氏利什曼原虫人工培养与动物接种方法。

（3）了解杜氏利什曼原虫病理标本的特征。

（4）了解传播媒介白蛉的形态。

【实验内容】

1. 实验观察内容

（1）观察杜氏利什曼原虫的无鞭毛体。

（2）观察杜氏利什曼原虫的前鞭毛体。

（3）观察杜氏利什曼原虫感染的病理标本。

（4）观察杜氏利什曼原虫传播媒介白蛉。

2. 实验操作内容

（1）骨髓涂片检查无鞭毛体。

（2）人工培养检查前鞭毛体。

（3）杜氏利什曼原虫的动物接种。

【实验观察】

1. 无鞭毛体（利杜体） 黑热病患者骨髓涂片，甲醛固定，吉姆萨染液（Giemsa's stain，Giemsa 染液）染色玻片标本。先在低倍镜下找到清晰的界面，再转高倍镜找到被感染的巨噬细胞，将其移至视野中央，然后转油镜观察。涂片标本制片过程中因巨噬细胞常被破坏，故无鞭毛体常游离于巨噬细胞外，应注意与血片中的白细胞、血小板和染色渣相鉴别。仔细观察方可找到巨噬细胞或多核形白细胞胞质内的无鞭毛体，其特点为：巨噬细胞很大，胞质浅蓝色，核紫红色，圆形网状，细胞内可见数个至数十个无鞭毛体。

（1）外形：虫体很小，圆形或椭圆形，（2.9 ～ 5.7）μm×（1.8 ～ 4.0）μm，平均为 4.4μm×2.8μm。

（2）结构：细胞膜极薄，一般不易看清。细胞核 1 个，圆形团块状，呈红色或浅紫色，位于虫体一侧。核旁可见细小杆状深紫红色的动基体（kinetoplast）。动基体前还有一红色粒状的基体和丝状的根丝体。动基体、基体及根丝体因距离靠近，在光镜下不易区分。细胞质着色很浅，有的为浅蓝色或浅红色，有的不着色，就像包绕在核外围的亮圈。

2. 前鞭毛体 培养基培养前鞭毛体涂片，甲醛固定，Giemsa 染色玻片标本，油镜观察。

（1）外形：虫体因发育程度不同而变化很大。成熟的前鞭毛体呈梭形或纺锤形，前端稍钝圆，后端尖，大小为（14.3 ～ 20）μm×（1.5 ～ 1.8）μm。

（2）结构：细胞质呈淡蓝色，细胞核呈红色，位于虫体中部。核前有紫红色的动基体，动基体之前有一基体。基体向前发出 1 根鞭毛（flagellum）游离于虫体外，鞭毛与虫体差不多等长。培养基内众多虫体的前端常聚集在一起，相互缠绕排列成菊花状（图 1-5）。

3. 病理标本 无鞭毛体实验感染田鼠病理标本，10% 甲醛固定。与正常田鼠比较，感染田鼠的肝、脾显著肿大（注意杜氏利什曼原虫引起肝脾肿大的致病机制）。

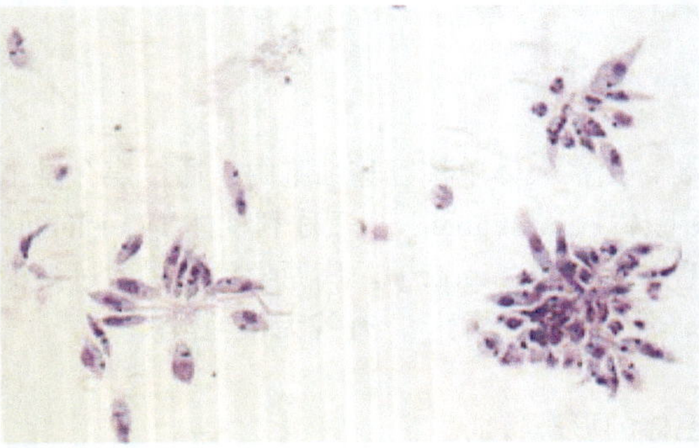

图 1-5 杜氏利什曼原虫前鞭毛体

4. 传播媒介——白蛉（sandfly） 瓶装针插标本和整装玻片标本。白蛉是一种小型昆虫，外形似蚊，较小，体长为 1.5 ～ 4.0mm，有翅 1 对。全身多细毛，头部球形，有复眼 1 对，喙短粗约与头等长。胸部向背面隆凸，在停息时两翅向背面竖起，与躯体形成 45° 角，形成“驼背”状。观察白蛉形态时注意与蚊区别。

【实验操作】

1. 骨髓涂片检查 杜氏利什曼原虫的无鞭毛体在患者的肝、脾、骨髓及淋巴结的穿刺物中很易查见，临床上多采用安全、检出率高、患者易接受的骨髓穿刺法进行病原学检查。本实验用杜氏利什曼原虫阳性沙鼠脾代替骨髓穿刺液。

（1）实验材料：杜氏利什曼原虫阳性沙鼠、乙醚、酒精棉球、碘酒、解剖刀、剪刀、弯止血钳、镊子、橡皮手套、研钵、鼠解剖板、载玻片和瑞氏染液（Wright’s stain，Wright 染液：Wright 染粉 0.2g、甘油 3ml、甲醇 97ml）等。

（2）操作方法

1）用乙醚将杜氏利什曼原虫阳性沙鼠麻醉致死，将鼠固定在解剖板上。

2）带上乳胶橡皮手套以防止感染。用无菌操作法剖开沙鼠腹部，取出脾。

3）剪破脾，将脾的破断面在载玻片上涂抹制成涂片。

4）待涂片自然干燥后，用 Wright（或 Giemsa）染液染色后镜检。

2. 人工培养检查前鞭毛体 前鞭毛体寄生在白蛉的消化道内，但将无鞭毛体接种在 N-N-N 培养基上，在适宜的培养条件下，经过一定时间后，也能发育成前鞭毛体。组织涂片检查有时由于虫少不易发现，用培养法可提高检出率。

（1）实验材料：N-N-N 培养基（琼脂 14g、氯化钠 6g、蒸馏水 900ml），Locke 液（氯化钠 9g、氯化钙 0.2g、氯化钾 0.4g、碳酸氢钠 0.2g、葡萄糖 2.5g、蒸馏水 1000ml），杜氏利什曼原虫阳性沙鼠及解剖沙鼠取脾用的消毒器（同前）、注射器。

（2）操作方法

1）用消毒注射器抽取 0.2ml 的 Locke 液。

2）以无菌手术用注射器抽取患者骨髓或肝、脾、淋巴结及皮肤刮取物与针管内 Locke 液充分混合，接种于培养基内。

3）将杜氏利什曼原虫阳性沙鼠置于乙醚麻醉罐，使其麻醉致死。

4）用无菌操作法剖开沙鼠腹部，取出肝、脾。

5）将肝、脾置于无菌研钵中研碎，加数毫升 Locke 液混匀。

6）用空针吸取上清液注入培养基内数滴。

7）将培养基置于 22 ～ 25℃温箱中培养。

8）接种后 7 ～ 10 日观察结果，如果结果阴性可继续观察到 1 个月左右，如仍无鞭毛体生长，方可确定培养为阴性。

3. 动物接种 为了教学、临床检验或科研的需要，将杜氏利什曼原虫接种于长爪沙鼠体内，进行保种或病原学诊断。

（1）实验材料：杜氏利什曼原虫阳性沙鼠、健康沙鼠、解剖阳性鼠取其肝、脾用的消毒器械（同前）、卡介苗注射器。

（2）实验操作：按上述操作 2）、3）、4）、5）所述的步骤，将阳性鼠的肝或脾制成混悬液，用消毒的卡介苗注射器抽取 0.5ml 悬液，注入健康沙鼠腹腔内，经 3 ～ 4 周后，按实验操作 1 的操作步骤检查实验鼠是否感染。

（3）结果观察：高倍镜观察，光线不宜太强。可见很多前鞭毛体聚集成菊花状，鞭毛自由摆动。

【作业与思考题】

1. 课堂作业 用红蓝铅笔绘制杜氏利什曼原虫无鞭毛体和前鞭毛体的彩图，并注明结构名称、放大倍数和染色方法。

2. 课后思考题

（1）有哪些常用的病原学检查方法可确诊黑热病？

（2）杜氏利什曼原虫主要寄生于人体哪些器官？可引起哪些症状或体征？

二、蓝氏贾第鞭毛虫

蓝氏贾第鞭毛虫（*Giardia lamblia*）简称贾第虫，主要寄生于人或某些哺乳类动物小肠内（偶可侵犯胆道系统），引起贾第虫病（giardiasis），主要症状为腹泻。由于贾第虫病易在旅游者中流行，故引起的腹泻也称为旅游者腹泻。生活史有滋养体和包囊两个阶段，滋养体可落入肠腔，随肠内容物下行至回肠下段及结肠形成包囊，再随粪便排出。人若误食含有4核成熟包囊的食物或水，可引起贾第虫病。

病原学检查方法：取患者粪便生理盐水直接涂片，在水样稀便中查滋养体，成形粪便作碘染色查包囊。临床实验诊断要点为：由于包囊排出具有间断性，粪便检查时应隔日查1次，1周内连续查3次；生理盐水涂片时发现活虫较困难，因为滋养体常黏附在小肠黏膜上，十二指肠引流和肠检胶囊法查滋养体阳性率较高。

【实验目的】

（1）掌握贾第虫滋养体和包囊的形态特征。

（2）掌握贾第虫滋养体的活动特点。

【实验内容】

（1）观察贾第虫滋养体和包囊的形态。

（2）观察贾第虫活滋养体的活动方式。

【实验观察】

1. 滋养体

（1）铁苏木素（或Giemsa）染色玻片标本：慢性腹泻患者的稀便涂片。先在低倍镜下寻找蓝黑色（Giemsa染色时呈紫红色）、倒置梨形或水瓢形的疑似虫体，然后用高倍镜和油镜进行观察。

1）外形：虫体正面观呈倒置梨形，两侧对称，前端宽圆，后端较细；侧面观呈倒置的半个梨形或水瓢状，背面隆起，腹面扁平，前部内凹。

2）大小：长9～21μm，宽5～15μm，厚2～4μm。

3）颜色：活体无色、半透明，经铁苏木素染色后呈蓝黑色（Giemsa染色时呈紫红色）。

4）结构：虫体前半部向内凹陷形成2个吸盘（sucking disk）；吸盘底部并列2个卵圆形泡状核（nucleus），每个核内各有1个深染点状（有研究表明核内确有核仁结构）；虫体正中有1对轴柱（columella）纵贯虫体，轴柱中部有1对逗点状或半月形的中体（median body）；基体（basal body）位于两核间靠前端，由此发出4对鞭毛，即前、后侧、腹侧和尾鞭毛各1对（图1-6）。

（2）活滋养体标本：体外培养滋养体滴片检查，高倍镜观察，视野光线不宜太强。

1）外形：正面观呈倒置梨形，侧面观呈水瓢形。

2）颜色：无色、半透明。

3）运动特点：运动迅速，4对鞭毛不停摆动，虫体前后起伏运动，典型运动时似飘动的落叶。

2. 包囊　取感染者粪便涂片，铁苏木素染色玻片标本。先在低倍镜下找到清晰的界面，再转高倍镜见到蓝黑色、边界清楚的椭圆形虫体，将其移至视野中央，然后转油镜观察。

（1）外形：椭圆形。

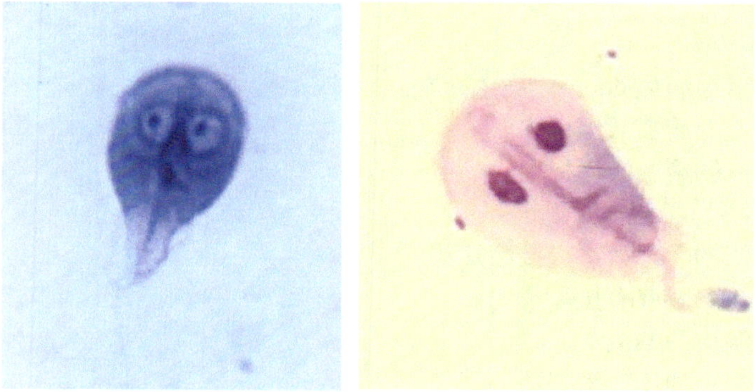

A　　B

图 1-6　贾第虫滋养体

A. 铁苏木素染色；B. Giemsa 染色

（2）大小：（8～14）μm×（7～10）μm。

（3）颜色：蓝黑色，囊壁较厚，一般不着色。

（4）结构：未成熟包囊内有可见 2 个泡状核，成熟包囊内可见 4 个泡状核，核左右对称排列，常聚集在虫体一端，核的结构特征同滋养体；中间有 1 对轴柱；有时还可见到弯曲的中体和残存的鞭毛轴丝（图 1-7）。

观察时应注意：包囊是 1 个立体结构，包囊内泡状核、轴柱可能不在同一焦距层面出现。应正确使用显微镜细螺旋调节器，在不同层面观察包囊的内部结构和计数全部核数目。

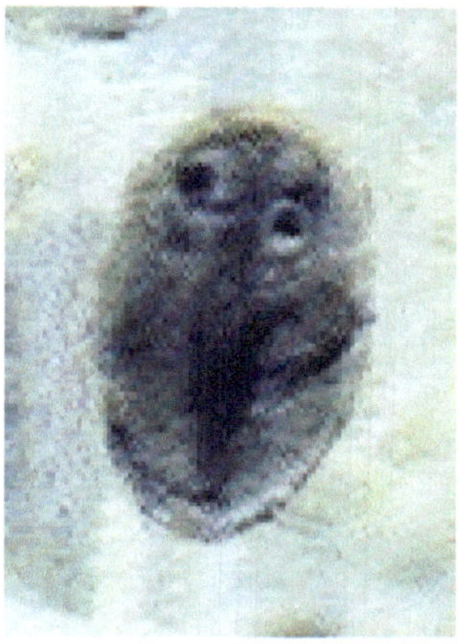

图 1-7　贾第虫包囊（铁苏木素染色）

【作业与思考题】

1. 课堂作业　用普通铅笔绘贾第虫滋养体和包囊图，注明结构名称、放大倍数和染色方法。

2. 课后思考题　贾第虫寄生于人体哪些部位？能引起哪些症状？

三、阴道毛滴虫

阴道毛滴虫（*Trichomonas vaginalis*）常见寄生于女性阴道和泌尿道，引起滴虫性阴道炎和尿道炎，亦可寄生于男性泌尿生殖系统，导致感染。生活史仅有滋养体阶段，主要通过直接接触（性接触方式）或间接接触（被阴道毛滴虫污染的内裤、毛巾及浴具等方式）传播。

病原学检查方法：女性感染者，取阴道分泌物作生理盐水直接涂片法，应快送快检；男性感染者，取尿液或前列腺液作离心沉淀，取沉渣涂片镜检或培养。

【实验目的】

（1）掌握阴道毛滴虫滋养体的形态结构特征。

（2）掌握阴道毛滴虫活滋养体的形态及活动特点。

（3）熟悉阴道分泌物生理盐水直接涂片法。

（4）了解尿液和前列腺液直接涂片检查阴道毛滴虫的方法。

（5）了解阴道毛滴虫的染色法和体外培养法。

【实验内容】

1. 实验观察内容

（1）观察阴道毛滴虫 Giemsa 染色标本。

（2）观察阴道毛滴虫活体标本。

（3）观察小鼠肠滴虫活体标本。

2. 实验操作内容

（1）阴道分泌物生理盐水直接涂片法。

（2）尿液和前列腺液直接涂片法。

（3）阴道毛滴虫的染色法。

（4）阴道毛滴虫的体外培养法。

【实验观察】

1. Giemsa 染色标本　感染者阴道分泌物涂片，甲醇固定，Giemsa 染色。先在低倍镜下寻找浅紫色、倒置的梨形或椭圆形小体（疑似虫体），然后用高倍镜或油镜进行观察。

（1）外形：倒置的梨形或椭圆形。

（2）大小：（7 ～ 23）μm×（10 ～ 15）μm。

（3）颜色：胞质蓝色，胞核紫色，鞭毛粉红色。

（4）结构：虫体前 1/3 处有 1 个紫色、椭圆形细胞核；核前缘有基体（blepharoplast），由此发出 5 根鞭毛，前端有 4 根前鞭毛，各自分开或黏结成簇；1 根后鞭毛不游离，与虫体侧面的波动膜（undulating membrane）外缘相连，且与波动膜等长；虫体中央有 1 根轴柱，较粗，粉红色，自前向后贯穿虫体并伸出体外（图 1-8）。

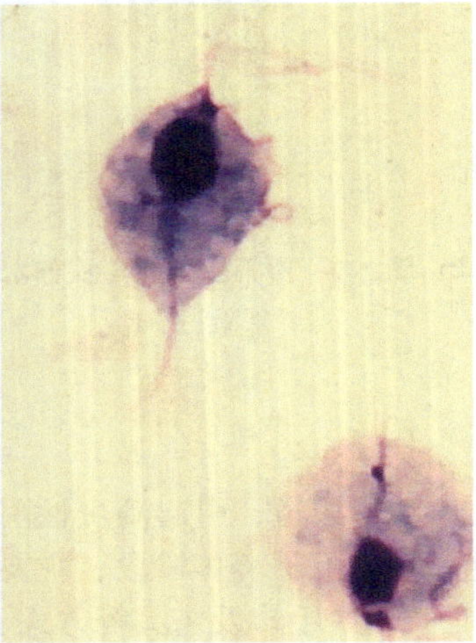

图 1-8　阴道毛滴虫

2. 阴道毛滴虫活体标本　取自滴虫性阴道炎患者的阴道分泌物或经人工培养而获得的标本（保持在 25 ～ 30℃）。实验时吸出观察液 1 滴置于载玻片上，盖上盖玻片，先在低倍镜下找到呈螺旋状旋转运动的虫体后，再转到高倍镜下观察（切勿用油镜）。

虫体似水滴样，无色透明并有折光性，形状为梨形、椭圆形或圆形，作螺旋状旋转运动。下调聚光器，调暗视野，观察 4 根摆动的前鞭毛和虫体腹面弯曲而颤动的波动膜，内部结构一般不可见（但有时能在虫体前端见到椭圆形的细胞核和空泡），体后可见伸出体外的轴柱。

在阴道分泌物的涂片中，还能找到大而呈多角形的阴道上皮细胞、小而圆的白细胞及聚集成堆的脓细胞等，应予以鉴别。

3. 小白鼠肠毛滴虫活体标本　在无阴道毛滴虫感染者阴道分泌物的情况下，可观察小鼠肠滴虫，其在镜下的形态和运动方式与阴道毛滴虫相似。取小鼠肠内容物少许，做生理盐水薄涂片，加盖玻片后观察。观察方法、观察内容及注意事项同阴道毛滴虫活体标本的观察。

【实验操作】

1. 阴道分泌物生理盐水直接涂片法　在医院门诊或病房，对疑似患者用无菌棉签在阴道后穹隆、子宫颈或阴道壁上拭取分泌物，将其涂于预先滴上 1 ～ 2 滴生理盐水的洁净载玻片上制成涂片后镜检，可见活动的滋养体。温度较低时，可将玻片置于保温台上观察，以增强虫体活动力，有助于与其他细胞鉴别。

2. 尿液直接涂片法　取尿液 3 ～ 5ml，离心（2000r/min）3 ～ 5min，取沉渣涂片镜检。

3. 前列腺液直接涂片法　嘱患者排空尿，用前列腺按摩法取前列腺液少许，滴加于载玻片上，加 1 滴生理盐水混匀，加盖玻片，镜下观察有无呈螺旋状旋转运动的阴道毛滴虫。

4. 阴道毛滴虫的染色法

（1）Giemsa 染色法：取患者阴道分泌物在载玻片上涂成薄膜，自然晾干后甲醇固定，滴加 Giemsa 染液覆盖薄膜，染色 30 ～ 60min，用水冲洗、晾干后镜检。

（2）复红美兰染液染色法：取患者阴道分泌物在载玻片上涂成薄膜（不加生理盐水），自然晾干后，滴加染液染色 1 ～ 2min，用水冲洗、晾干后镜检。

（3）荧光色素染色法：取患者阴道分泌物在载玻片上涂成薄膜，自然晾干后，滴加 1/5000 吖啶橙染液染色 1min，用 pH 7.2 磷酸盐缓冲液冲洗，再投入 1.6% 氯化钙溶液中分色 30s，然后放入蒸馏水中 10s，晾干后用荧光显微镜观察。

5. 阴道毛滴虫的体外培养法

（1）培养基（15% 肝浸汤培养基）的配制：具体配制方法和过程见第三篇第七章第二节。

培养基临用前，每管加入灭菌灭活牛血清 20%，青霉素 500U/ml。

（2）接种与培养：用无菌棉拭子从阴道后穹隆处取阴道分泌物，放进盛有 1 ～ 2ml 生理盐水的灭菌容器内，然后取 0.2ml 接种于上述培养基中，37℃温箱培养 24h 后，从试管近底部吸取培养物涂片镜检。

【注意事项】

（1）在观察体外培养滋养体标本时，其形状以卵圆形多见，鞭毛有时不清。

（2）观察活体标本时，应注意安全操作和标本的处理。

（3）阴道分泌物直接涂片检查是最常见的病原学检查方法，但标本必须立即检查，尤其不能冷冻保存，虫体在冻结时会立即死亡。

【作业与思考题】

1. 课堂作业　用红蓝铅笔绘阴道毛滴虫滋养体彩图，注明结构名称、放大倍数和染色方法。

2. 课后思考题　阴道毛滴虫寄生于人体何处？有何危害性？是怎样传播的？

（梁　瑜）

第三节　孢　子　虫

一、疟　原　虫

疟疾是由疟原虫（*Plasmodium*）寄生于人体红细胞内而引起的一种寄生虫病，传播媒介为按蚊。寄生于人体的疟原虫有 4 种，即间日疟原虫（*Plasmodium vivax*，*Pv*）、恶性疟原虫（*Plasmodium falciparum*，*Pf*）、三日疟原虫（*Plasmodium malariae*，*Pm*）和卵形疟原虫（*Plasmodium ovale*，*Po*），我国以 *Pv* 和 *Pf* 多见，*Pm* 少见，*Po* 罕见。

疟原虫生活史需经人体（裂体增殖）和蚊体（有性生殖及孢子增殖）内发育、繁殖；蚊体内子孢子经皮肤进入人体后，先经肝细胞内（红外期）的发育、繁殖，再侵入红细胞内（红内期）发育、繁殖，当红内期虫体形成配子体后即可感染按蚊。疟疾的一次典型发作（paroxysm）表现为寒战、高热和出汗退热 3 个连续阶段，周期性发作是由红细胞内期的裂体增殖所致；反复发作可导致贫血和脾大等。

病原学检查方法：可取患者外周血作薄、厚血膜涂片，Giemsa 或 Wright 染色，镜检疟原虫红内期虫体或配子体。

【实验目的】

（1）掌握薄血膜上 *Pv* 红内期各期和配子体的形态特征。

（2）掌握薄、厚血膜上 *Pf* 环状体和配子体的形态特征。

（3）掌握疟原虫薄、厚血膜的制作和染色方法。

（4）熟悉厚血膜上 *Pv* 红内期各期和配子体的形态特征。

（5）了解疟原虫在蚊体内的发育阶段（卵囊和子孢子）的一般形态特征。

【实验内容】

（1）观察 *Pv* 薄、厚血膜红内期各期和配子体的形态。

（2）观察 *Pf* 薄、厚血膜环状体和配子体的形态。

（3）观察 *Pm* 薄血膜涂片标本形态。

（4）观察疟原虫卵囊和子孢子的一般形态。

（5）观察鼠疟原虫吖啶橙荧光染色标本。

（6）观察雌按蚊针插标本的形态。

【实验观察】

1. *Pv* 薄血膜 Giemsa 染色玻片标本 先在低倍镜下观察薄血膜涂片舌形血膜的末端及边缘部，因受染的红细胞多分布在这些地方。将镜油滴在该处，然后在油镜下顺序寻找。被 *Pv* 寄生的红细胞往往胀大，其上常可见细小而分布均匀的红色小点，称薛氏小点（Schuffner dots）。疟原虫胞质呈浅蓝色或浅紫色，胞核呈红色，疟色素（malarial pigment）呈棕褐色或黄褐色。除此外，有时还可以见到一些红点或蓝色块状异物及白细胞，易与原虫相混淆，注意区别。

（1）滋养体（trophozoite）：包括环状体和大滋养体。

1）环状体（ring form）：又称小滋养体或早期滋养体。虫体形似红宝石戒指状，胞质少，浅蓝色，呈纤细的环状，中间为染色极淡的空泡，环大小约为红细胞直径的1/3；核1个，圆点状，紫红色，位于胞质的一侧。被寄生的红细胞形态尚无明显变化（图 1-9）。

2）大滋养体（large trophozoite）：又称晚期滋养体、阿米巴样滋养体或变形体。虫体增大，胞质增多并向周围呈不规则延伸，可见伪足。核增大，细胞质内开始出现棕褐色、烟丝状的疟色素或散在的疟色素颗粒。此时被寄生的红细胞开始胀大，染色变浅，其内出现许多细小、浅红色的薛氏小点（图 1-10）。

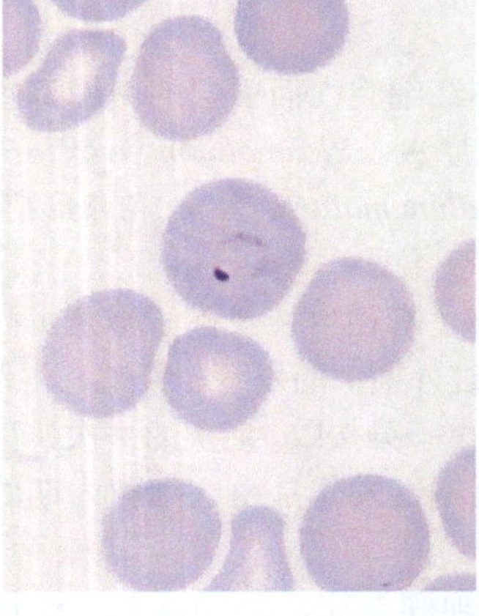

图 1-9 *Pv* 环状体

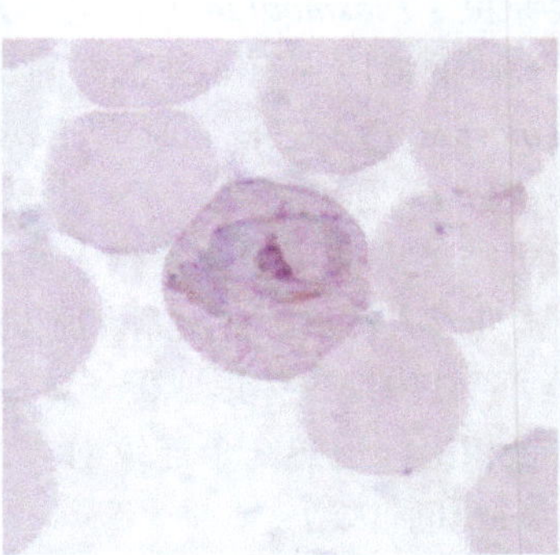

图 1-10 *Pv* 大滋养体

（2）裂殖体（schizont）：胞核开始分裂，即称裂殖体，包括未成熟裂殖体和成熟裂殖体（图1-11）。

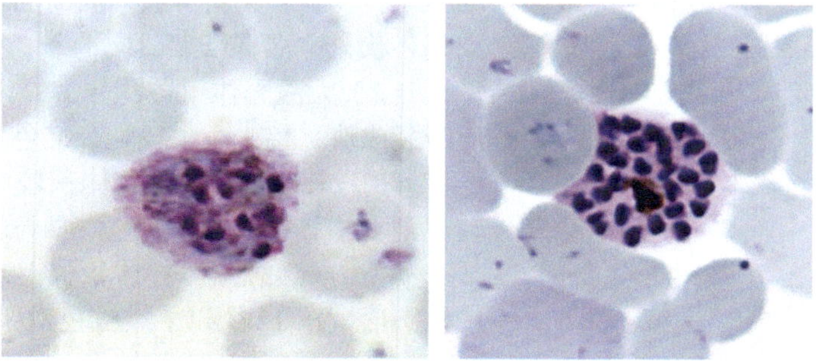

A　　B

图 1-11　*Pv* 裂殖体

A. 未成熟裂殖体；B. 成熟裂殖体

1）未成熟裂殖体（immature schizont）：又称早期裂殖体。核开始分裂为 2 个或多个，细胞质尚未分裂，仍可见空泡。细胞质及疟色素均增多，疟色素分布疏密不均。被寄生的红细胞胀大，薛氏小点清晰可见。

2）成熟裂殖体（mature schizont）：又称晚期裂殖体。核分裂为 12 ～ 24 个，多为 16 个，胞质也随之分裂，每一团细胞质包围着 1 个细胞核，形成椭圆形裂殖子（merozoite），排列不规则，占满了胀大的红细胞。疟色素聚集成团，呈不规则块状，位于在虫体的中央或一侧。

（3）配子体（gametocyte）：有雄配子体和雌配子体之分。

虫体形似苹果，呈圆形或椭圆形，核 1 个，细胞内无空泡，疟色素均匀分布于细胞质中（图 1-12）。

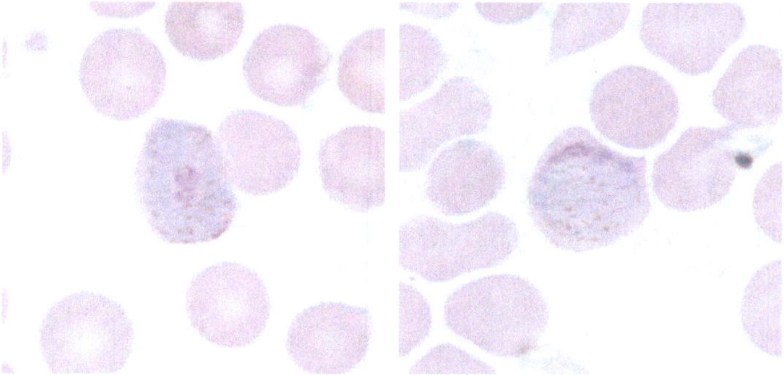

A　　B

图 1-12　*Pv* 配子体

A. 雄配子体；B. 雌配子体

1）雄配子体（male gametocyte）：又称小配子体。核较大，核质疏松，淡红色，多位于虫体的中央；细胞质呈紫蓝色略带红；虫体略大于正常的红细胞。

2）雌配子体（female gametocyte）：又称大配子体。核小，核质致密，深红色，多位于虫体一侧；细胞质呈深蓝色；虫体较大，占满胀大了的红细胞。

2. *Pv* 厚血膜　Giemsa 染色血膜平面，再转油镜观察。疟原虫的形态在厚血膜上与薄血膜上差异很大。原虫皱缩，空泡消失，细胞质缩小而变形（图 1-13）。此外，厚血膜由于已经溶血，故看不到红细胞变化的特点，且无正常红细胞对比，从而也增加了辨认疟原虫的难度。

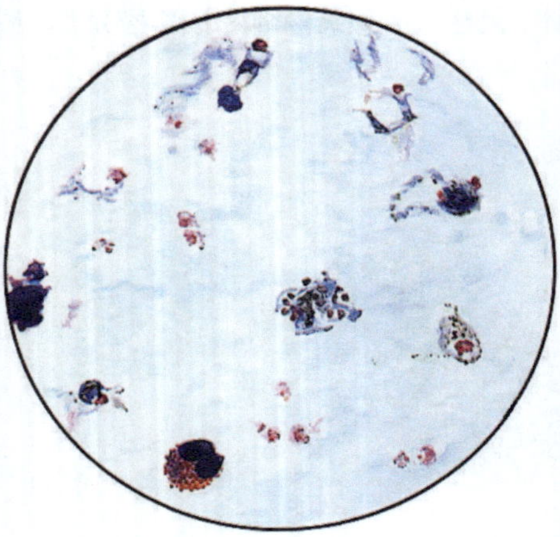

图 1-13　*Pv* 厚血膜模式图

各阶段形态特点如下所示。

（1）环状体：体积较小，形状大多为惊叹号“!”、问号“？”、“飞鸟”或“间断的环”状，有时可见完整环状，空泡有或无，核 1 个。

（2）大滋养体：体积较大，形状多不规则，胞质断裂成块，核 1 个，较大，疟色素颗粒较明显。

（3）未成熟裂殖体：体积较大，形状不规则或较规则，核 2 个以上，疟色素颗粒较多。

（4）成熟裂殖体：体积较大，为不规则的圆形或椭圆形，核 12 个以上，疟色素聚集成块。

（5）配子体：体积较大，圆形或椭圆形，细胞质有时断裂成块或腐蚀（有不着色的缺损处），核 1 个，疏松（雄配子体）或致密（雌配子体），疟色素颗粒较多，分布均匀。

3. *Pf* 薄血膜 Giemsa 染色玻片标本　取 *Pf* 薄血膜染色玻片标本，观察方法同 *Pv*。被 *Pf* 寄生的红细胞大小正常或缩小。*Pf* 胞质和胞核的染色同 *Pv*。由于 *Pf* 大滋养体和裂殖体通常多在内脏的毛细血管里发育，一般不出现在外周血液中，因此，在恶性疟疾患者的末梢血液里常常只能检查到环状体和成熟配子体两个阶段。

（1）环状体：基本形态特征与 *Pv* 环状体相似。不同的是核更小，细胞质更纤细，环的直径为红细胞的 1/6 ～ 1/5，除此外，还常具有以下几个特点。

1）细胞核：1 个环上常见 2 个核。

2）1 个红细胞内寄生的虫数：常见 2 个或 2 个以上环状体寄生（图 1-14）。

3）“飞鸟”状环状体：有的环状体胞质可沿红细胞边缘伸展如“飞鸟”状。

4）被寄生的红细胞：大小正常或略小。

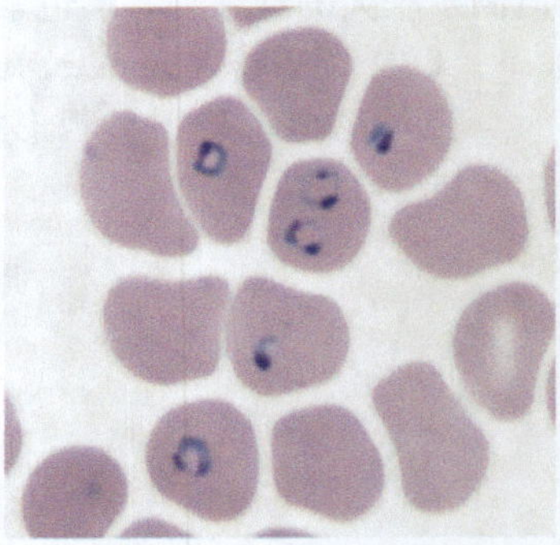

图 1-14　*Pf* 环状体

（2）配子体：有雄配子体和雌配子体之分。

虫体呈香蕉形，被寄生的红细胞常因胀破而看不到，或仅能看到一部分，附在配子体凹面的一侧。核居中，疟色素多分布在核周围（图 1-15）。

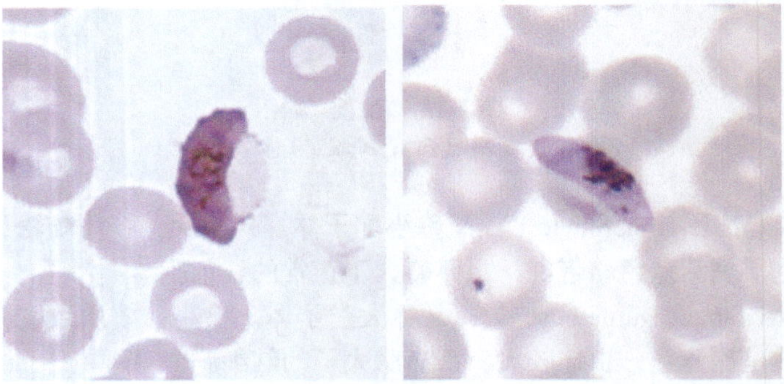

A　　B

图 1-15　*Pf* 配子体

A. 雄配子体；B. 雌配子体

1）雄配子体：两端钝圆，似腊肠形；核 1 个，居中，核质疏松，浅红色；胞质紫蓝略带红色；疟色素棕黄色，小杆状，核周围较多。

2）雌配子体：两端较尖，呈新月形；核 1 个，居中，核质致密，深红色；胞质深蓝色；疟色素深褐色，核周围较多。

4. *Pf* 厚血膜 Giemsa 染色玻片标本

（1）环状体：油镜下观察。红细胞已被溶解，只剩下原虫部分。原虫数量多，形态不典型，皱缩变形。视野中可见许多紫红色的核，每个核带有一团蓝色的细胞质呈“:”或“!”等形状（图 1-16）。

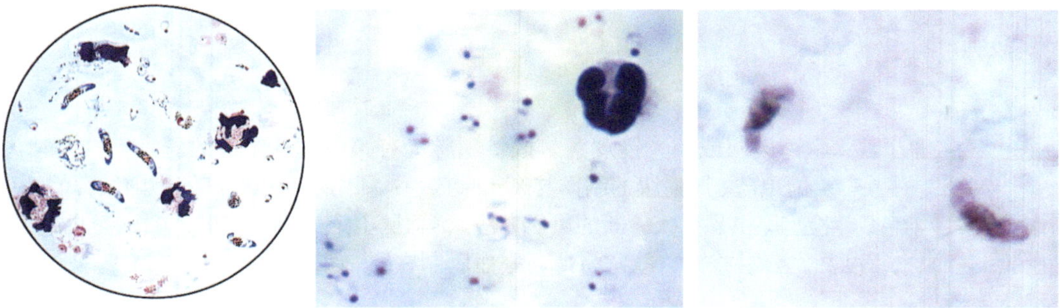

A　　B　　C

图 1-16　*Pf* 厚血膜

A. 厚血膜模式图；B. 环状体；C. 配子体

（2）配子体：油镜下观察。红细胞已破坏，视野下可见多个雌、雄配子体（图 1-16）。

5. *Pm* 薄血膜 Giemsa 染色玻片标本　油镜下观察，观察方法同 *Pv* 薄血膜。

（1）滋养体：虫体除圆形外，有时呈带状，贯穿整个红细胞，故称带状体。疟色素分布于虫体边缘，被寄生的红细胞不胀大（图 1-17）。

（2）裂殖体：成熟裂殖体内可见裂殖子 6 ～ 12 个，排成 1 环，呈单瓣菊花状排列，疟色素颗粒粗大，呈深棕色，聚集在虫体中央（图 1-18）。

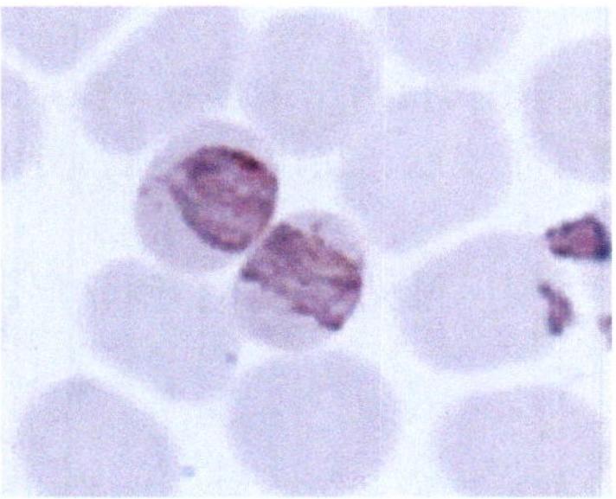

图 1-17　*Pm* 滋养体

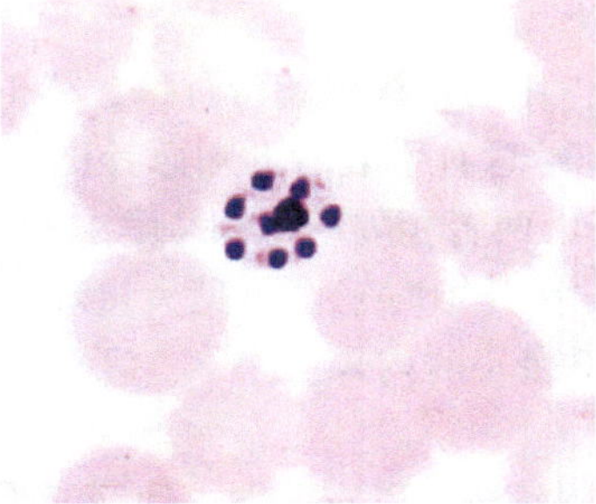

图 1-18　*Pm* 成熟裂殖体

6. *Pv* 子孢子（sporozoite）Giemsa 染色玻片标本　油镜下观察。虫体长 10 ～ 15μm，长梭状，两端尖细。细胞质呈蓝色，细胞核呈紫红色，位于虫体中央（图 1-19）。

7. *Pv* 卵囊（oocyst）Giemsa 染色玻片标本　低倍镜和高倍镜观察。圆球形或椭圆形，直径为 50 ～ 60μm，一个蚊胃壁上的卵囊数可达数个至数十个（图 1-20）。成熟的卵囊内含数千乃至上万个子孢子。低倍镜下可见蚊胃壁上有许多圆形的小囊，囊内可见无数呈细丝状的子孢子。高倍镜下可见囊内有很多呈梭形的子孢子。

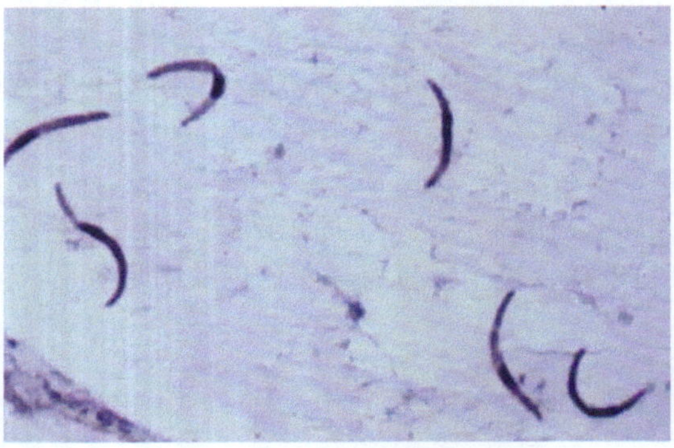

图 1-19　*Pv* 子孢子

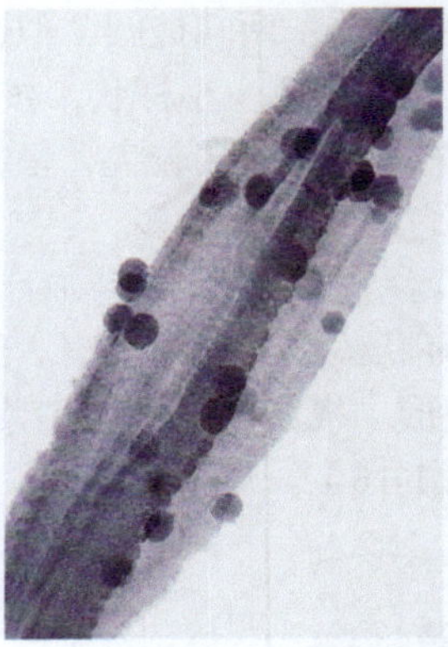

图 1-20　*Pv* 卵囊

8. 雌按蚊针插标本　肉眼或放大镜观察。按蚊翅脉上有黑白鳞片组成的斑点。

【实验操作】　疟原虫薄、厚血膜的制作与 Wright 染色：利用疟原虫经红细胞内发育的特点，制作血涂片、染色、镜检疟原虫是疟疾诊断的可靠方法。薄血膜上疟原虫不变形，可作鉴别虫种用；厚血膜上疟原虫密度高，容易查到，故常将薄、厚血膜制在同一张玻片上（图 1-21）。

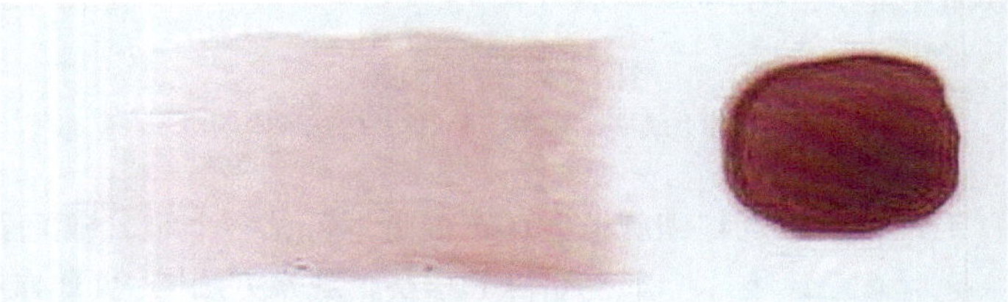

A　　B

图 1-21　疟原虫血涂片（薄血膜和厚血膜）

A. 薄血膜；B. 厚血膜

1. 实验材料　载玻片、推片、酒精棉球、采血针、玻璃铅笔、平皿、Wright 染液和蒸馏水等。

2. 实验步骤

（1）采血：用酒精棉球消毒耳垂，待干后用左手拇指与示指捏着耳垂下方，并使耳垂下侧方皮肤绷紧，同时右手取消毒刺血针迅速刺破耳垂皮肤，挤出 2 滴血，分两处置于载玻片同一端（左端），两者相隔约 1cm（图 1-22）。

恶性疟在发作开始时采血可见大量环状体，1 周后可见配子体；间日疟和三日疟宜在发作后数小时至 10 余小时内采血。

（2）涂片

1）薄血膜制备法：以右手取一边缘光滑的载玻片做推片，将其一端的边缘置于血滴的左边，以 30° ～ 45° 与载玻片左侧的血滴接触，待小血滴均匀沿推片边缘展开后，将推片均匀而迅速地向前推动，即成一薄血膜（图 1-22），用记号笔在血膜上（靠近边缘的部分）写上被检查者的编号，待干后用甲醇固定。

血膜制作前，要选择洁净、无油污的载玻片。如果玻片上有油污，血膜上会出现一些圆形小孔而影响结果观察。推片时还要注意保持两片间的角度和一定速度，用力要均匀，切忌过分用力或中间停顿。如果血膜上出现横的空白条纹，表示推片时速度时快时慢，用力不均所致；血膜太厚，则红细胞相互重叠，不易检出疟原虫；血膜太薄，则红细胞相互间空隙太大，影响观察效果。理想的血膜，应均匀而无间断，血膜呈前窄后宽的舌形薄膜，镜下可见红血细胞单个均匀地平铺在玻片上。

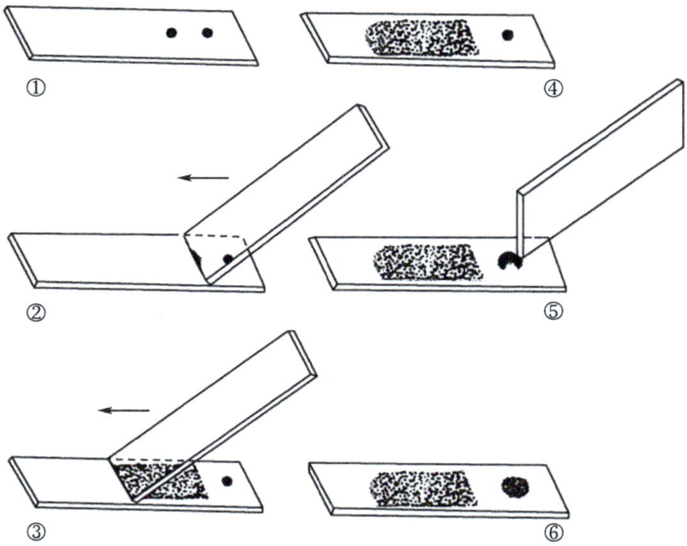

图 1-22　疟原虫血涂片制作步骤示意图（薄血膜和厚血膜）

2）厚血膜制备法：以推片的一角的放在载玻片右侧血滴的中央，将血滴自内向外做螺旋形推开，涂成直径约 1cm 大小的血膜（图 1-22），待干后滴加 1 滴水于血膜上，使其溶血。溶血时间不宜过长，待血膜呈灰白色即可。注意务必不使蒸馏水触及薄血膜；并避免振荡，以防血膜脱落。溶血完毕，将水倾去。完全晾干后进行染色。

（3）染色与镜检：见第四篇第十一章第一节。

【作业与思考题】

1. 课堂作业　用红蓝铅笔绘制薄血膜上 *Pv* 红内期各期和配子体、*Pf* 环状体和配子体的彩图，并注明结构名称、放大倍数和染色方法。

2. 课后思考题

（1）*Pv* 在人体红细胞内发育经过哪几个虫期？各期又包括哪几个阶段？各阶段具有什么形态特征？

（2）简述对疟疾进行病原学诊断时，其取材部位、取材的最佳时间及检查方法。

二、刚地弓形虫

刚地弓形虫（*Toxoplasma gondii*，*To*）生活史需要 2 个宿主，在终宿主猫科动物小肠上皮细胞内进行有性生殖和无性生殖；在中间宿主（人及其他多种动物）有核细胞内进行无性生殖。卵囊随猫粪排出，被中间宿主误食，子孢子逸出，侵入有核细胞并扩散至全身，在有核细胞内分裂增殖并破坏宿主细胞。人体感染不仅来自含卵囊的猫粪，也来自含包囊的肉类或乳品。弓形虫还可经胎盘传播导致先天性弓形虫病，引起死产、流产、畸胎和畸形等。

病原学检查方法有涂片染色法、动物接种分离法和细胞培养法。涂片染色法操作简单，取宿主组织、细胞或体液作涂片染色镜检滋养体和包囊，但查见病原体的阳性率不高。动物接种分离法和细胞培养法是目前比较常用的病原学检查方法。临床和现场调查常用血清学方法作辅助诊断。

【实验目的】

(1)掌握弓形虫滋养体的形态。

(2)熟悉弓形虫卵囊、包囊和假包囊的形态。

(3)了解弓形虫的病原学检查方法。

【实验内容】

1. 实验观察内容

(1)弓形虫滋养体、包囊和假包囊的染色玻片标本。

(2)弓形虫感染猫粪生理盐水涂片。

2. 实验操作内容

(1)弓形虫感染鼠腹腔液涂片(Giemsa 染色)。

(2)弓形虫的动物接种。

【实验观察】

1. 滋养体 Giemsa 染色玻片标本 人工感染的小白鼠腹腔液涂片,Giemsa 染色,油镜观察。弓形虫滋养体包括速殖子(tachyzoite)和缓殖子(bradyzoite)。游离的速殖子呈香蕉形或新月形,一侧扁平,另一侧较膨隆;一端较尖,一端较钝圆。虫体长 4 ~ 7μm,最宽处 2 ~ 4μm。胞质呈蓝色,有少量颗粒。胞核呈紫红色,位于虫体中部或偏稍钝圆端(图 1-23)。

弓形虫滋养体与恶性疟原虫雌雄配子体相似,病原学检查时应注意区别。

2. 速殖子活标本 高倍镜下观察。标本来源:人工感染的小白鼠腹腔液涂片。镜下可见弓形虫速殖子半透明,呈新月形,游离速殖子活动甚活跃,运动方式有滑行、旋转或翻筋斗。

3. 假包囊(pseudocyst)染色玻片标本 油镜观察。宿主细胞膜包围形成的速殖子集合体(数个至 20 个速殖子),没有真正的囊壁。宿主细胞核常被挤到一边(图 1-24)。

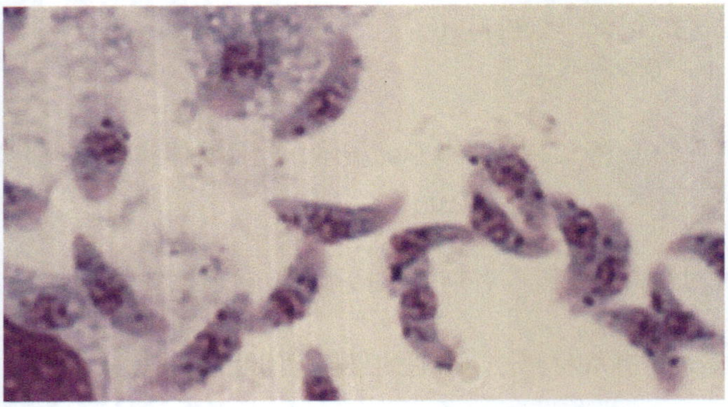

图 1-23 弓形虫速殖子(游离)

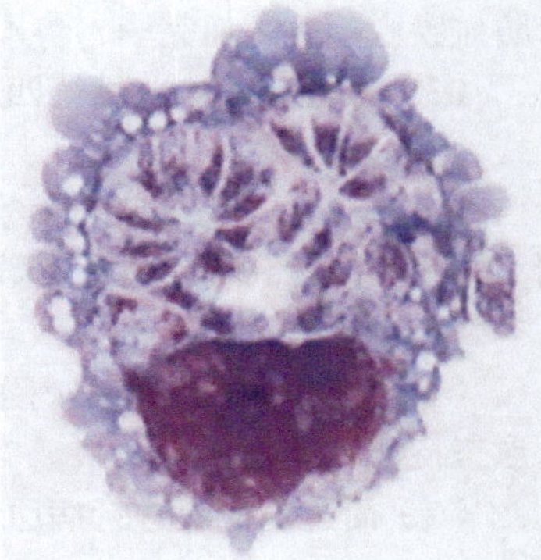

图 1-24 弓形虫假包囊

4. 包囊染色玻片标本 油镜观察。呈圆形或椭圆形,直径 5 ~ 100μm,外有一层富有弹性的囊壁,内含数个至数百个形态与速殖子相似的缓殖子(图 1-25)。

5. 弓形虫感染猫粪的生理盐水涂片 高倍镜观察。弓形虫卵囊(囊合子 oocyst)存在于感染猫粪内。呈圆形或椭圆形,大小为 10 ~ 12μm,有双层透明囊壁,内含 2 个孢子囊,每个孢子囊内含 4 个新月形子孢子。

【实验操作】

1. 弓形虫感染鼠腹腔液涂片(Giemsa 染色)检查 取 1 只弓形虫感染小白鼠,抽取腹腔液涂片,或离心沉淀后吸取沉渣涂片,甲醇固定,Giemsa 染色后油镜观察,查找滋养体。

2. 弓形虫的动物接种 取弓形虫感染者体液或病理材料接种于体重为 18 ~ 25g 的健康小

白鼠腹腔内，接种 5 只。7 ～ 10 日后如小鼠发病，则见其食欲下降、目光呆滞、眼睛干涩、松毛，抽取腹腔液涂片检查可查见弓形虫滋养体。如为阴性再取小鼠肝、脾、脑组织研磨为匀浆，按 1 ∶ 10 加入无菌生理盐水稀释，进行第 2 次接种（盲传）。如仍为阴性，则用同法进行 2 ～ 3 次后报告结果。若为阳性则接种传代，每 4 ～ 7 日 1 次。

用镊子夹提感染弓形虫病鼠的腹部皮肤和腹膜，用 5ml 注射器吸取 1ml 生理盐水，迅速注入腹腔，轻轻揉动腹壁使其混匀，然后再缓慢抽取腹腔液 2 ～ 5ml 镜检，可发现大量弓形虫滋养体。

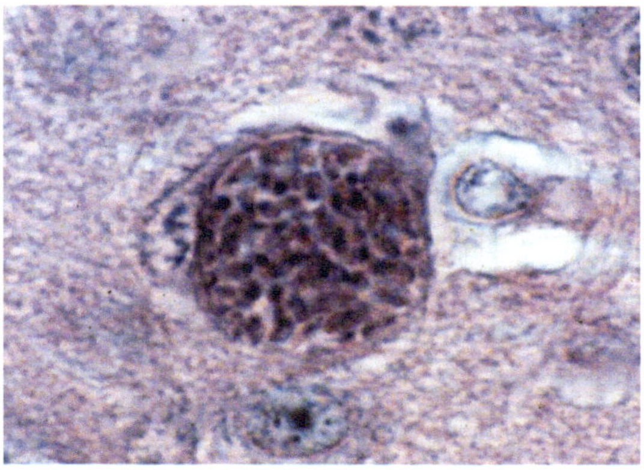
图 1-25　弓形虫包囊

【作业与思考题】

1. 课堂作业　用红蓝铅笔绘制弓形虫滋养体彩图，注明结构名称、放大倍数和染色方法。

2. 课后思考题

（1）举例说明什么是机会性致病寄生虫?

（2）若孕妇感染了弓形虫，可能会出现什么后果?

三、隐孢子虫

隐孢子虫（*Cyptosporidium*）生活史有无性生殖、有性生殖和孢子生殖 3 个阶段，均在同一宿主体内完成。卵囊被人吞食后，在消化液作用下逸出子孢子，子孢子进入肠上皮细胞的刷状缘发育为滋养体、裂殖体和配子体，雌雄配子体进一步发育为雌雄配子，雌雄配子结合形成合子，合子发育为卵囊，孢子化的卵囊随宿主粪便排出体外。成熟卵囊是感染阶段。免疫功能正常者感染本虫后，常表现为自限性腹泻；免疫功能异常者（如艾滋病患者），疾病的发作多为渐进性，腹泻的程度更为严重，隐孢子虫感染常为艾滋病患者并发腹泻而死亡的原因之一。病原学检查时，取患者的粪便（水样或糊状便为好）、呕吐物或痰液直接涂片染色，检出卵囊即可确诊。常用染色方法有金胺 - 酚染色法、改良抗酸染色法和金胺酚 - 改良抗酸染色法。

【实验目的】

（1）掌握隐孢子虫卵囊形态特征。

（2）了解改良抗酸染色法检查隐孢子虫卵囊。

【实验内容】

1. 实验观察内容　隐孢子虫卵囊改良抗酸染色玻片标本。

2. 实验操作内容　隐孢子虫卵囊改良抗酸染色检查。

【实验观察】　卵囊改良抗酸染色玻片标本：改良抗酸染色，油镜下观察。卵囊呈圆形或椭圆形，直径为 4 ～ 6μm，玫瑰红色（背景蓝绿色），囊壁无色透明，呈晕圈状；成熟卵囊内有 4 个月牙形子孢子，排列不规则，有时可见蓝黑色颗粒状的残留体（residual body）（图 1-26）。非特异性颗粒呈蓝黑色，易与卵囊区分。

【实验操作】　卵囊改良抗酸染色检查。

（1）染色液配制如下所示。

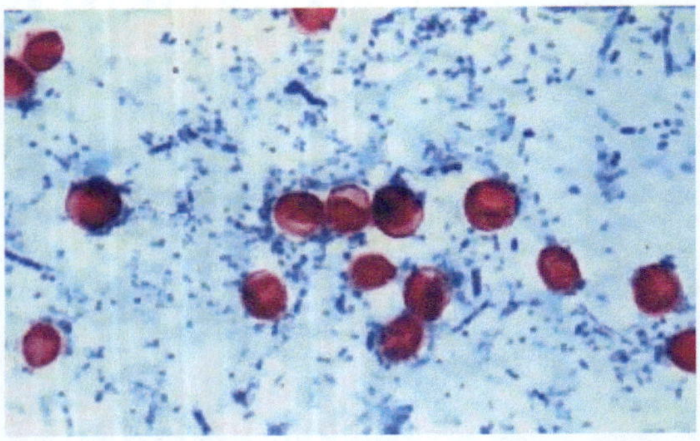

图 1-26　隐孢子虫卵囊（改良抗酸染色）

第 1 液（苯酚复红染色液）：碱性复红 4g，95% 乙醇溶液 20ml，苯酚 8ml，蒸馏水 100ml。

第 2 液（10% 硫酸溶液）：浓硫酸 10ml，缓缓加入 90ml 蒸馏水中，边加边搅拌。

第 3 液（20g/L 孔雀绿溶液）：孔雀绿 0.2g，溶于 100ml 蒸馏水中。

（2）染色方法：先将粪便在洁净的载玻片上涂成薄膜，自然干燥后，滴加第 1 液于粪膜上，1.5～10min 后水洗；滴加第 2 液，1～10min 后水洗；滴加第 3 液，1min 后水洗，晾干，置显微镜下观察。

【作业与思考题】

1. 课堂作业　用红蓝铅笔绘制隐孢子虫卵囊（改良抗酸染色）彩图，并注明结构名称、放大倍数和染色方法。

2. 课后思考题　隐孢子虫的病原学检查方法有哪些？什么性状的粪便中易查到卵囊？

第四节　纤　毛　虫

一、结肠小袋纤毛虫

结肠小袋纤毛虫（*Balantidium coli*）生活史分滋养体和包囊两个时期。当包囊被宿主食入后，在胃肠道脱囊逸出滋养体，滋养体在结肠寄居，包囊随粪便排出。结肠小袋纤毛虫是人体最大的寄生原虫，寄生于人体结肠内，滋养体可侵入肠黏膜，导致溃疡，引起结肠小袋纤毛虫痢疾（Balantidial dysentery）。病原学检查方法为：取稀便作直接涂片查滋养体，取成形便离心沉淀后查包囊，必要时可采用乙状结肠镜进行活组织检查或用阿米巴培养基进行培养后检查。

【实验目的】

（1）熟悉结肠小袋纤毛虫滋养体及包囊的形态。

（2）了解结肠小袋纤毛虫活滋养体的活动方式。

【实验内容】

（1）观察结肠小袋纤毛虫滋养体及包囊的形态。

（2）观察结肠小袋纤毛虫活滋养体的活动方式。

【实验观察】

1. 滋养体

（1）铁苏木素染色玻片标本：高倍镜和油镜下观察。结肠小袋纤毛虫滋养体是人体最大的寄生原虫。大小为（30～150）μm×（25～120）μm，椭圆形，蓝黑色，体表有许多纤毛。体前端有一胞口（cytostome），下连漏斗状的胞咽，后端可见胞肛（cytopyge）。虫体借胞口周围纤毛运动将食物送入胞口，进入胞质内形成食物泡（food vacuole），消化后的食物残渣经胞肛排出体外。虫体中部和后部各有一伸缩泡（contractile vacuole），通过其大小变化以调节渗透压。有 2 个细胞核，蓝黑色，大核肾形；小核球形，位于大核凹陷处。

（2）活体标本：此标本系豚鼠肠内容物生理盐水涂片，高倍镜下观察。虫体无色透明或浅灰色略带绿色。虫体借其体表纤毛有规律地摆动，不断向前做旋转运动，虫体富有弹性，极易变形。虫体前端凹陷形成胞口，借胞口周围纤毛运动将食物送入胞口，细胞质内有较大的肾形细胞核，可见透明的伸缩泡。

2. 包囊　待检粪便涂片，经铁苏木素染色制成玻片标本。高倍镜和油镜下观察。包囊形状为圆形或卵圆形，直径为 40 ～ 60μm，囊壁两层，厚而透明，囊内细胞质呈颗粒状，可见 1 个蓝黑色的腊肠形大核。

【作业与思考题】

1. 课堂作业　用普通铅笔绘制结肠小袋纤毛虫滋养体和包囊黑白图，并注明结构名称、放大倍数和染色方法。

2. 课后思考题　结肠小袋纤毛虫寄生于人体什么部位？临床上可能引起什么症状？

（蒋海兵）

第二章　医学蠕虫

第一节　吸　　虫

一、华支睾吸虫

华支睾吸虫（*Clonorchis sinensis*），又称肝吸虫（liver fluke）。成虫可寄生于人体肝胆管内。虫卵随胆汁进入消化道，然后随粪便排出体外。粪便直接入水后，虫卵被第一中间宿主淡水螺（纹沼螺、豆螺或涵螺）吞食，在螺的消化道内孵出毛蚴，经胞蚴、雷蚴的发育而形成大量尾蚴。成熟的尾蚴自螺体逸出，在水中游动，侵入淡水鱼虾体内，发育为囊蚴。终宿主因食入含有活囊蚴的鱼虾而感染。囊蚴在消化道内经胃蛋白酶、胰蛋白酶和胆汁的作用，在十二指肠脱囊，脱囊的幼虫经总胆管移行至肝胆管内发育为成虫。在粪便或十二指肠抽取液中查到虫卵为确诊的依据。由于本虫虫卵体形小，产卵量少，粪便直接涂片法易漏检，检出率通常仅 50% 左右。为提高检出率可用集卵法，包括漂浮集卵法和沉淀集卵法（如乙酸乙醚沉淀法、水洗沉淀法、小瓶倒置沉淀法、离心沉淀法等），检出率明显高于直接涂片法。从十二指肠抽取液检查虫卵，检出率接近 100%，对在粪便中查不到虫卵的可疑患者可采用此法，但该法操作技术复杂，对患者很不方便，故不常用。寄生于猫、犬肝胆管的猫后睾吸虫和寄生于羊、牛胆管或肝的肝片吸虫，偶尔可引起人体感染，其临床表现与华支睾吸虫病相似，可依据虫卵形态进行鉴别。

【实验目的】

（1）以华支睾吸虫为代表，掌握吸虫基本形态和生活史的基本特点。

（2）掌握华支睾吸虫成虫和虫卵的形态特征及病原学诊断方法。

（3）掌握绘制寄生虫卵形态图的基本技能。

（4）了解华支睾吸虫感染途径、感染方式、寄生部位、致病作用及防治原则。

【实验内容】

1. 实验观察内容

（1）观察成虫液浸标本和染色玻片标本。

（2）观察第一、第二中间宿主液浸标本，尾蚴和囊蚴染色玻片标本。

（3）观察虫卵悬液涂片标本。

（4）观察华支睾吸虫病的病理标本。

2. 实验操作内容

（1）小瓶倒置沉淀法。

（2）十二指肠引流液检查。

（3）华支睾吸虫第二中间宿主淡水鱼感染调查。

（4）华支睾吸虫囊蚴分离法。

（5）华支睾吸虫动物感染方法。

【实验观察】

1. 成虫

（1）液浸标本：肉眼观察（图 2-1）。华支睾吸虫为雌雄同体的吸虫，体狭长，扁平而透明，前端较细，后端稍钝圆，形似葵瓜子仁状。长 10 ～ 25mm，宽 3 ～ 5mm，从外表可透视内部器官，前半部中央可见褐色（由于子宫内充满大量虫卵所致）弯曲的子宫，后半部有前后排列的一对白色分支的睾丸（“支睾”之名即由此而来）。

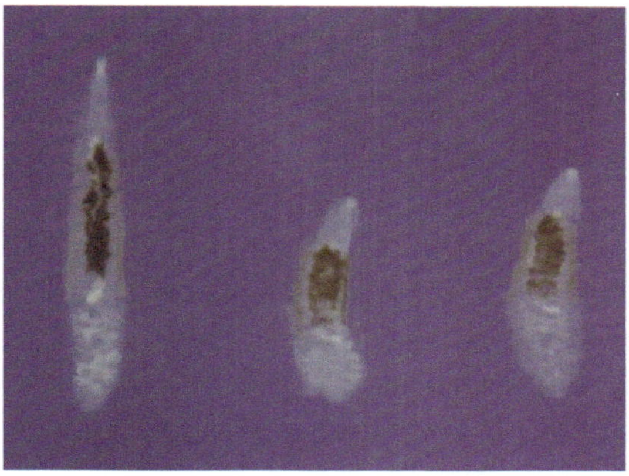

图 2-1　华支睾吸虫成虫（液浸标本）

（2）染色玻片标本：卡红染色。先用肉眼作一般观察，然后在放大镜或低倍镜下观察下列器官的位置、排列方式和形态特征等。体表光滑，无棘。口吸盘（oral sucker）位于虫体的最前端，腹吸盘（acetabulum）位于虫体前端约 1/5 处，口吸盘略大于腹吸盘。口位于口吸盘中央，咽呈球形，食管短，肠支分两支，波浪状弯曲，沿虫体两侧向后延伸，末端是盲端。睾丸（testis）2 个，位于虫体后端 1/3 处，前后排列，高度分支状。卵巢（ovary）边缘分叶，有一指状劳氏管。受精囊（seminal receptacle）大，为椭圆形。卵黄腺（vitellaria）位于虫体两侧，梅氏腺（Mehlis’gland）包绕卵模（ootype），子宫（uterus）为管状，其内充满虫卵。两性生殖系统开口于腹吸盘前的生殖孔，后端可见排泄囊（excretory bladder）和排泄孔（图 2-2，图 2-3）。

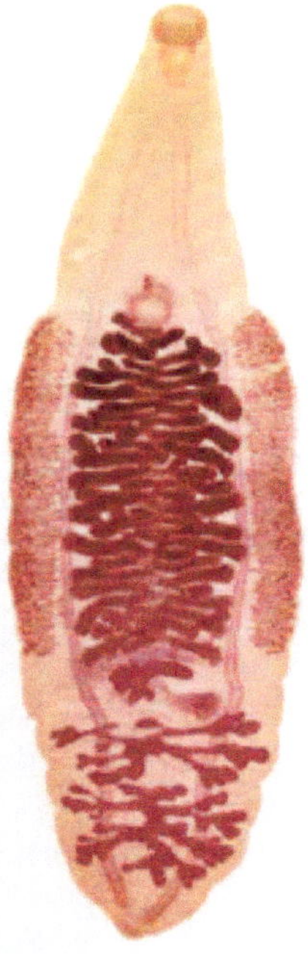

图 2-2　华支睾吸虫成虫（卡红染色）

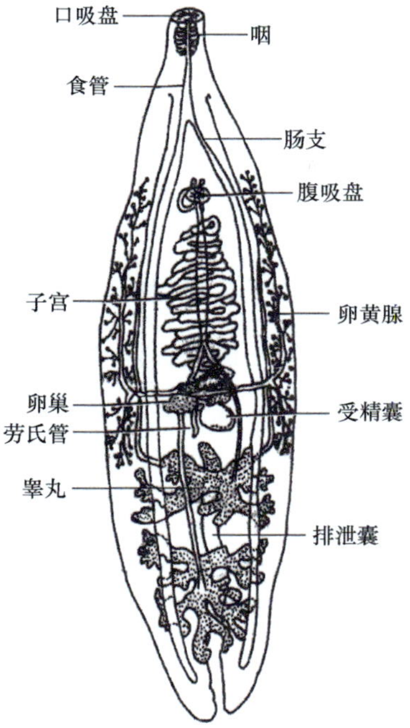

图 2-3　华支睾吸虫成虫模式图

2. 虫卵　悬液涂片操作方法：取一洁净载玻片，左手持平或放于实验桌上；将虫卵悬液标本瓶轻轻摇荡或用虫卵悬液标本瓶的吸管吹打瓶中虫卵悬液；吸取虫卵悬液，滴加 1 ～ 2 滴于载玻片上并均匀涂抹开（将吸管放回原虫卵悬液标本瓶内，注意瓶上标签，不要放错）；将已涂抹好的虫卵悬液滴片置于显微镜下观察。

低倍镜下找到典型虫卵后，转到视野中央，再转高倍镜下仔细观察，从大小、形状、颜色、结构4个方面详细观察。

（1）大小：华支睾吸虫卵为人体寄生虫卵中最小的一种，大小为（27～35）μm×（12～20）μm。

（2）形状：低倍镜下形似芝麻点状，高倍镜下似白炽灯泡状。

（3）颜色：黄褐色。

（4）结构：卵壳（egg shell）较厚，顶端有突起的卵盖（operculum），卵盖和卵壳镶嵌处明显增厚并稍向外突起形成肩峰（rimmed extension）。卵盖的另一端为卵壳增厚所形成的逗点状突起，称小疣（small knob），但由于位置关系往往看不清楚。卵内含有一条发育成熟的毛蚴（miracidium），因用于实验观察的虫卵多已死亡，毛蚴的结构往往看不清楚，仅能看到轮廓（图2-4）。

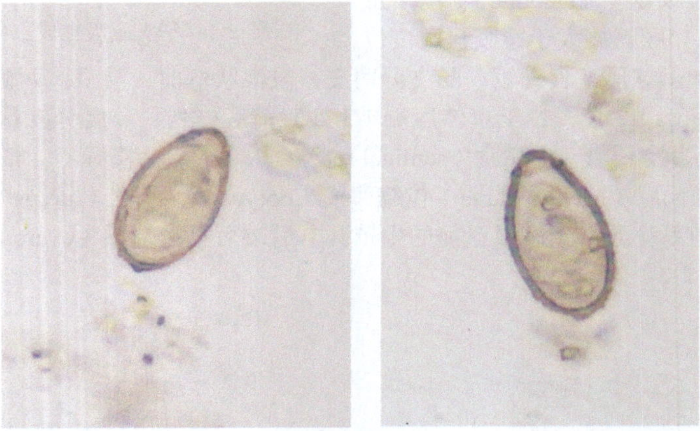

图2-4 华支睾吸虫卵

华支睾吸虫卵与异形异形吸虫卵和猫后睾吸虫卵十分相似（表2-1）。此外，灵芝孢子的形态与华支睾吸虫卵也很相似，应注意鉴别（图2-5）。

表2-1 华支睾吸虫卵与异形异形吸虫卵和猫后睾吸虫卵的区别

鉴别点	华支睾吸虫卵	异形异形吸虫卵	猫后睾吸虫卵
大小（μm）	29×17	（28～30）×（15～17）	30×11
形状	白炽灯泡状	卵圆形	稍狭长芝麻粒状
卵盖	明显隆起	隆起不明显	明显隆起
肩峰	明显	不明显	不明显
末端小疣	有，明显	偶见	有，明显
卵内毛蚴	不对称	对称	不对称

3. 中间宿主

（1）第一中间宿主：常见淡水螺有纹沼螺、豆螺和涵螺（图2-6）。

纹沼螺：黄豆大小，螺壳呈长圆锥形螺旋状，壳顶尖，螺壳上有横纹。

豆螺：黄豆大小，螺壳呈长圆锥形螺旋状，壳顶尖，螺壳上无横纹。

涵螺：黄豆大小，螺壳呈短圆锥形螺旋状，壳顶钝，螺壳上无横纹。

（2）第二中间宿主：淡水鱼如鲤鱼、麦穗鱼等鱼类及淡水虾为华支睾吸虫的第二中间宿主。

4. 幼虫

（1）尾蚴染色标本：为长尾型尾蚴，体前端有一对眼点。静止时，虫体呈烟斗状。

（2）囊蚴染色标本：椭圆形，平均大小为 0.138mm×0.115mm，囊壁两层，内含幼虫，可见口吸盘、腹吸盘、肠道及含有黑色颗粒的排泄囊（图 2-7）。

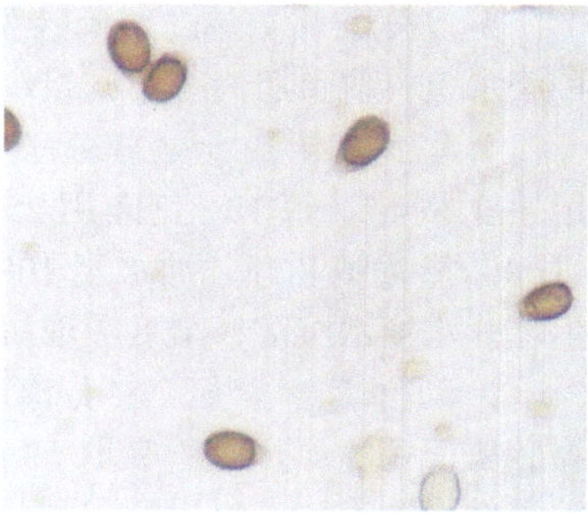

图 2-5　人体粪便中的灵芝孢子

5. 病理标本　成虫寄生于肝胆管内的病理组织切片。在肝切面上可见肝内胆管明显扩张，管壁增厚。有的胆管内有华支睾吸虫虫体寄生，可见成虫横切面。大量虫卵散布在子宫腔内，胆管上皮细胞增生，呈乳头状突向管腔，胆管周围纤维组织增生，压迫肝实质。

A　B　C

图 2-6　华支睾吸虫第一中间宿主

A. 纹沼螺；B. 豆螺；C. 涵螺

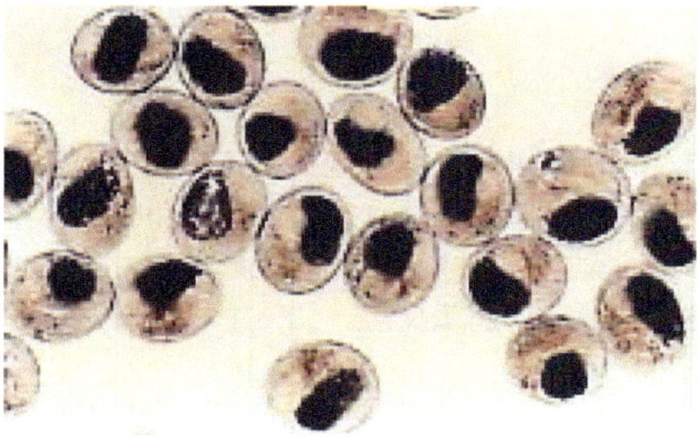

图 2-7　华支睾吸虫囊蚴

【实验操作】

1. 小瓶倒置沉淀法　用竹签取约 0.5g 粪便置一洁净青霉素瓶内，滴加少许蒸馏水并调匀，再加蒸馏水至大半瓶，用双层湿纱布或 60 目金属筛过滤至另一青霉素瓶中，细心滴加蒸馏水至满但不溢出时止。取一洁净载玻片轻轻置于青霉素瓶口上，将两者一起倒转（青霉素瓶倒置于载玻片上）。静置 15～20min，将青霉素瓶与载玻片一起迅速翻转，立即提起载玻片并快速翻转后（翻片时谨防水滴洒落）镜检。此法快速、简便，适用于华支睾吸虫卵等比重较大的蠕虫卵，但视野清晰度稍差。

2. 十二指肠引流液检查　用十二指肠导管细心地插入十二指肠，抽取十二指肠液。将引流液滴于载玻片上，加盖玻片后直接镜检。为了提高检出率，亦可用离心法浓集后再镜检，即将引流液加适量生理盐水稀释混匀后，分装离心管内，以 2000r/min 离心 5～10min，吸取沉渣涂片镜检。若引流物过于黏稠，可先加 10%NaOH 溶液消化后再离心。本方法往往在临床症状可疑而粪检阴性时采用。

3. 华支睾吸虫第二中间宿主淡水鱼感染调查 在鱼塘、水沟内捕捉或市场等处购买的各种淡水鱼，取鱼肌肉等不同组织，切成小块置玻片下压片检查华支睾吸虫囊蚴。

4. 华支睾吸虫囊蚴分离法 将华支睾吸虫第二中间宿主淡水鱼置搅肉机内搅碎，亦可用手工剁碎。每 10g 鱼肉用 250ml 消化液（人工消化液配方：胃蛋白酶 4.9g，1mol/L 盐酸 41ml，氯化钠 8.5g，加水至 1000ml）消化 4 ～ 12h，用铜筛过滤去掉粗渣，滤液经反复多次生理盐水换水沉淀，最后吸取沉淀物置培养皿内在双目镜下检查囊蚴。

5. 动物感染方法 将分离出的形态不同的各种囊蚴按编号分别置于培养皿内，取实验动物豚鼠或家兔，用吸管吸取 50 或 200 个囊蚴分别经食管喂给豚鼠或家兔，标记实验动物。同等条件下饲养，40 日后麻醉致死，剖开腹腔，取出肝胆器官，沿胆总管至胆囊剪开，寻找成虫。然后检查肝内胆管，把组织剪成数块，向剪开处轻轻挤压，把成虫挤出置盛有生理盐水的器皿中进行观察鉴定，必要时可染色鉴别。

注意事项：经食管灌喂豚鼠或家兔时，注意不要错误地灌入气管致动物死亡。

【参考资料】 受精过程和虫卵形成：吸虫可进行自体受精。精子产生后，经雄性生殖孔进入雌性生殖孔内，到达受精囊。受精过程通常在输卵管内进行。受精卵进入卵模，来自卵黄腺的卵黄细胞亦随之而入，同时也有来自梅氏腺和卵黄腺分泌的卵壳前体物进入卵模。当输卵管末端收缩时卵模成关闭状态，随后卵模收缩形成卵壳的特殊形状。卵壳形成时先从中间部分开始、末端部分跟着出现，最后配上卵盖。

吸虫亦可进行异体受精，即一方的精子经生殖孔或劳氏管进入另一方体内。

【作业与思考题】

1. 课堂作业 用铅笔绘制华支睾吸虫卵黑白点线图，并注明结构名称和放大倍数（以点和线绘制成轮廓图，线条要平滑，不涂阴影，注意虫卵大小比例和形态特征，力求真实准确）。

2. 课后思考题

（1）用箭头简图描述华支睾吸虫的生活史过程，并概述该虫的终宿主、保虫宿主、成虫寄生部位及其主要损害器官，虫卵排出途径和病原学诊断方法，第一、第二中间宿主及其幼虫在宿主体内的发育过程，感染阶段、感染方式和途径。

（2）食入未煮熟的淡水鱼虾可能会感染什么寄生虫病？

二、布氏姜片吸虫

布氏姜片吸虫（*Fasciolopsis buski*），简称姜片虫，成虫寄生于小肠。人体感染主要是由于误食含有活囊蚴的水生植物，如菱角、荸荠、茭白等。囊蚴被误食后在消化液和胆汁的作用下脱囊，发育为成虫。虫体大，吸盘发达，吸附力强，可造成肠壁机械性损伤，虫数多时覆盖肠壁妨碍宿主的吸收与消化，同时虫体代谢产物可引起超敏反应。粪便中检获虫卵或成虫是确诊姜片虫感染的依据，各种虫卵浓缩法可提高检出率。

【实验目的】

（1）掌握成虫和虫卵形态特征和病原学诊断方法。

（2）熟悉植物媒介的种类，掌握姜片吸虫病的防治要点。

（3）从成虫的体积和腹吸盘的大小理解其机械致病作用。

【实验内容】

（1）观察成虫液浸标本和染色标本。

（2）观察虫卵悬液涂片。

（3）观察中间宿主、囊蚴和植物媒介。

【实验观察】

1. 成虫

（1）液浸标本：肉眼观察。形似姜片，长椭圆形，虫体肥厚，新鲜虫体呈肉红色，固定后为灰白色。背腹扁平，前窄后宽。虫体体长 20 ～ 75mm，宽 8 ～ 20mm，厚为 0.5 ～ 3mm，是人体最大吸虫。虫体前端腹面肉眼可见一明显陷窝，即为腹吸盘（图 2-8）。

（2）染色玻片标本：卡红染色，放大镜或肉眼观察。体表有体棘，口吸盘近体前端，直径约 0.5mm。腹吸盘靠近口吸盘后方，漏斗状，肌肉相当发达，较口吸盘大 4 ～ 5 倍，肉眼可见。咽和食管短，肠支呈波浪状弯曲，向后延至虫体末端。睾丸两个，高度分支，前后排列于虫体的后半部。阴茎袋呈长袋状。卵巢具分支。子宫盘曲在卵巢和腹吸盘之间。缺受精囊，有劳氏管。卵黄腺非常发达，分布于虫体的两侧。生殖孔位于腹吸盘的前缘（图 2-9）。

图 2-8 姜片虫成虫液浸标本

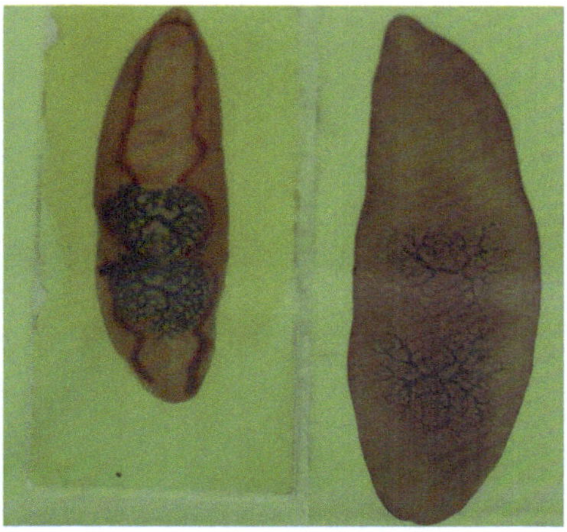

图 2-9 姜片虫成虫玻片标本

2. 虫卵 悬液涂片，制作和观察方法同华支睾吸虫卵。

（1）大小：（130 ～ 140）μm×（80 ～ 85）μm，是人体最大蠕虫卵。

（2）形状：椭圆形。

（3）颜色：淡黄色。

（4）结构：卵壳薄，卵盖小，内含 1 个卵细胞和数十个卵黄细胞，但在虫卵悬液固定标本中不易见到卵细胞（图 2-10）。

3. 中间宿主、囊蚴和植物媒介

（1）中间宿主扁卷螺：体小呈棕黄色，扁平盘曲，螺旋在 1 个平面上如小圆盘，表面光滑，常漂浮于水面（图 2-11）。

（2）囊蚴染色标本：低倍镜和高倍镜观察。略扁圆，双层囊壁，外壁脆弱易破，排泄集合管内有许多折光颗粒分布于囊内两侧，注意与其他囊蚴相区别。

（3）植物媒介：菱角、荸荠、茭白等干制或浸制标本（图 2-12）。

【作业与思考题】

1. 课堂作业 用普通铅笔绘制布氏姜片吸虫卵形态图，并注明结构名称和放大倍数。

2. 课后思考题

（1）布氏姜片吸虫病的诊断阶段是什么？怎样识别粪便中排出来的虫体是姜片虫？姜片吸虫卵和肝吸虫卵有何不同点？

（2）询问病史时要注意哪些问题对临床诊断姜片虫病有帮助？

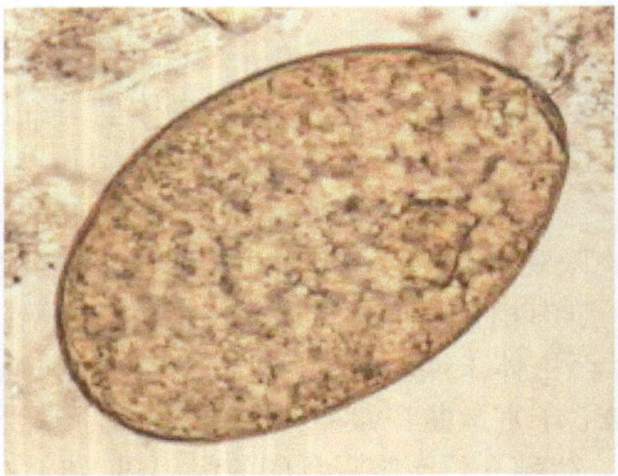

图 2-10　姜片虫虫卵

图 2-11　扁卷螺

A　B　C

图 2-12　姜片虫的植物媒介

A. 菱角；B. 荸荠；C. 茭白

三、卫氏并殖吸虫和斯氏狸殖吸虫

卫氏并殖吸虫（*Paragonimus westermani*），又称卫氏肺吸虫。成虫主要寄生在人体肺内，产出的虫卵随终宿主的痰或粪便排出体外，卵入水后，孵出毛蚴，毛蚴侵入川卷螺体内，经过胞蚴、两代雷蚴的发育和繁殖，形成大量尾蚴。成熟尾蚴从螺体逸出至水中，侵入溪蟹、蝲蛄体内发育为囊蚴。人因生食或半生食含囊蚴的溪蟹、蝲蛄而感染。在小肠内囊蚴经消化液的作用，童虫脱囊而出，穿过肠壁进入腹腔，穿过膈肌经胸腔入肺，发育为成虫。童虫还可侵入其他组织器官，如脑、脊髓、肝、胸腔、腹腔及皮下等，引起异位寄生。取患者痰液或粪便进行病原学检查，查到虫卵即可确诊。还可取患者的皮下肌肉结节或包块、肿大的淋巴结、阴囊结节等组织标本，经病理学检查，找到虫卵、童虫、成虫或虫囊，可作为诊断依据。若虫体已移行他处，也可根据肺吸虫病典型的病变特征 - 嗜酸性肉芽肿进行诊断。

斯氏狸殖吸虫（*Pagumogonimus skrjabini*），又称斯氏肺吸虫。成虫主要寄生于果子狸、猫等动物体内，人体若感染本虫，绝大部分只发育为童虫，童虫到处游窜，致组织损伤，引起幼虫移行症。

【实验目的】

（1）掌握卫氏并殖吸虫卵的形态特征和病原学诊断方法。

（2）掌握卫氏并殖吸虫与斯氏狸殖吸虫的成虫形态区别。

（3）了解并殖吸虫生活史发育过程、寄生部位及主要致病作用。

【实验内容】

1. 实验观察内容

（1）卫氏并殖吸虫

1）观察成虫液浸标本和染色玻片标本。

2）观察卫氏并殖吸虫卵悬液涂片。

3）观察幼虫和中间宿主。

4）观察肺吸虫病肺、肝病理标本。

（2）斯氏狸殖吸虫

1）观察成虫液浸标本和染色玻片标本。

2）观察第一中间宿主。

2. 实验操作内容

（1）肺吸虫病痰液虫卵检查。

（2）肺吸虫囊蚴分离。

（3）动物感染实验和脱囊试验。

【实验观察】

1. 卫氏并殖吸虫

（1）成虫

1）液浸标本：肉眼或放大镜观察。虫体肥厚，腹面扁平，背面隆起；活时红褐色，虫体固定后呈青灰色；虫体体长为 7 ～ 12mm，宽 4 ～ 6mm，厚 2 ～ 4mm，长宽比约为 2 ： 1。

2）染色玻片标本：卡红染色，低倍镜下观察。口吸盘位于虫体前端，腹吸盘位于虫体腹面中线前缘，口吸盘与腹吸盘大小相似。两个睾丸左右并列位于虫体后 1/3 处，卵巢与子宫并列于腹吸盘之后（图 2-13）。

（2）虫卵：悬液涂片，制作和观察方法同华支睾吸虫卵。

1）大小：（80 ～ 118）μm×（48 ～ 60）μm。

2）形状：椭圆形（不规则），左右常不对称。

3）颜色：金黄色。

4）结构：卵壳厚薄不均，两侧薄，底端增厚。卵盖大，常倾斜。卵内含有 1 个卵细胞和 10 多个卵黄细胞（图 2-14）。

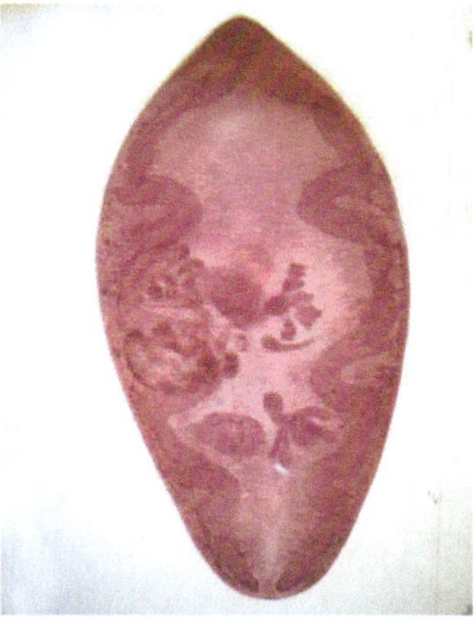

图 2-13　卫氏并殖吸虫成虫

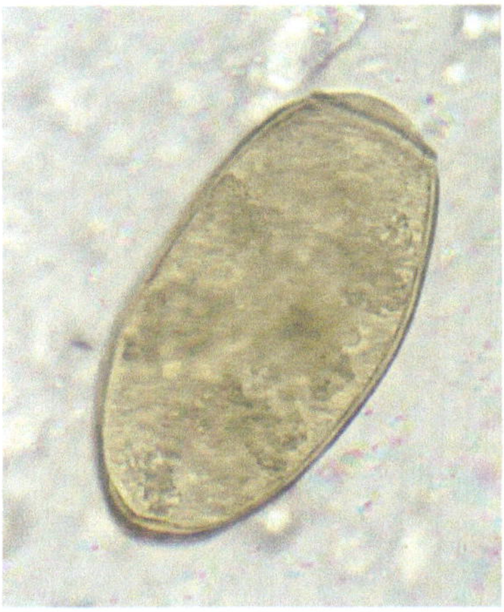

图 2-14　卫氏并殖吸虫卵

图 2-15　川卷螺

（3）幼虫和中间宿主

1）尾蚴染色标本：尾部短小，呈圆球状。

2）囊蚴染色标本：圆球形，囊壁两层，内含 1 条卷缩的幼虫；两侧可见波浪状的肠管；排泄囊为椭圆形，内含大量黑色颗粒；有时可见口吸盘，腹吸盘一般被排泄囊所遮盖。

3）第一中间宿主：川卷螺（图 2-15）。

4）第二中间宿主：溪蟹、蝲蛄（图 2-16）。

（4）病理标本

1）肺吸虫病肺病理标本：注意观察结节状或半球状突出的虫囊（图 2-17）。

2）肺吸虫病肝病理标本：注意肝表面的窟穴状或隧道状病变。

A　　B

图 2-16　卫氏并殖吸虫第二中间宿主

A. 溪蟹；B. 蝲蛄

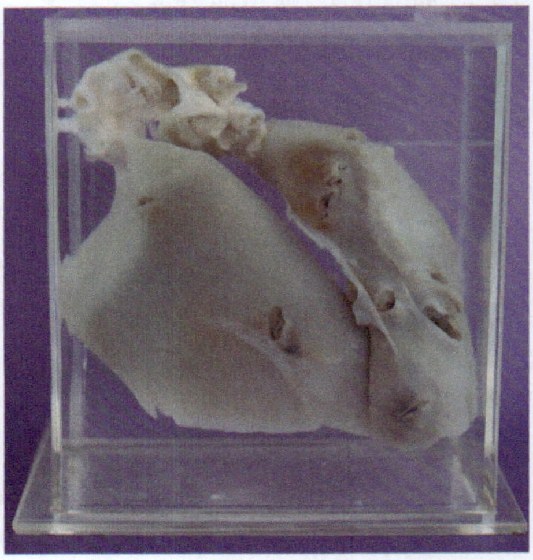

图 2-17　肺吸虫病病理肺

2. 斯氏狸殖吸虫

（1）液浸标本：体窄长，两端较尖，显梭形。大小为（11.0 ～ 18.5）mm×（3.5 ～ 6.0）mm，长宽比约为 3 ∶ 1，最宽处位于虫体前 1/3 处或稍后。

（2）染色玻片标本：卡红染色，低倍镜下观察。结构特征与卫氏并殖吸虫相似，主要区别是：腹吸盘位于体前端 1/3 处，略大于口吸盘；睾丸、卵巢分支多。

（3）第一中间宿主：拟钉螺，瓶装标本。螺体非常细小，观察时需轻轻振摇瓶体，使螺晃动时易见。

【实验操作】

1. 痰液虫卵检查　可先用直接涂片法检查，如为阴性，改用离心浓集法集卵，以提高检出率。

（1）直接涂片法：在洁净载玻片上先加 1 ～ 2 滴生理盐水，挑取痰液少许，最好选带铁锈色痰，涂成痰膜，加盖片镜检。如未发现肺吸虫卵，但见有夏科 - 雷登晶体，提示可能是肺吸虫患者，多次涂片检查为阴性者，可改用离心浓集法。

（2）离心浓集法：收集患者24h痰液，置于烧杯中，加入等量10%NaOH溶液，用玻棒搅匀后，置37℃温箱中消化数小时，待痰液变成稀液状即可。将消化后的痰液分装于数个离心管内，以1500r/min离心5～10min，弃去上清液，取沉渣涂片检查。

2. 囊蚴分离　取溪蟹1只，去壳后用研钵磨碎，加入适量的0.45%氯化钠溶液，用钢筛滤去粗渣，滤液自然沉淀，倾去上清液（换水2～3次，至上清液澄清为止），吸取沉渣于培养皿内置双目镜下检查囊蚴。囊蚴圆球形，具双层囊壁，外层薄而易破，内层厚而坚韧。内含一条卷缩的幼虫，两侧可见波浪状的肠管，排泄囊为椭圆形，内含黑色颗粒。有时可见口吸盘，腹吸盘一般被排泄囊所遮盖。

3. 动物感染实验　从溪蟹分离出并殖吸虫囊蚴，用肉类将囊蚴包裹后，喂犬。视实验犬的大小而定，每只喂100～200个囊蚴。饲养2～3个月后将实验犬麻醉致死，剖开胸腔暴露肺，可见肺表面有结节状或球状虫囊，剪开虫囊找出虫体。

4. 脱囊试验　将活囊蚴置于盛有猫胆汁的培养皿内，然后置于37℃温箱内孵育1～2h，取出镜下观察后尾蚴。

【作业与思考题】

1. 课堂作业　用普通铅笔绘制卫氏并殖吸虫卵图，并注明结构名称和放大倍数。

2. 课后思考题

（1）怎样理解一些山区森林地带肺吸虫病是自然疫源性疾病？肺吸虫病流行区有何特点？

（2）用箭头简图描述卫氏并殖吸虫的生活史过程。

四、日本血吸虫

寄生于人体的血吸虫有6种，即日本血吸虫（*Schistosoma japonicum*），曼氏血吸虫（*S.mansoni*），埃及血吸虫（*S.haematobium*），间插血吸虫（*S.intercalatum*），湄公血吸虫（*S.mekongi*）和马来血吸虫（*S.malayensis*），在我国流行的是日本血吸虫。

日本血吸虫成虫寄生于人及多种哺乳动物的门脉 - 肠系膜静脉系统。雌虫产卵于肠黏膜下层静脉末梢内，虫卵可随血流沉积于肝和肠壁组织。虫卵发育成熟后，肠黏膜内虫卵可随坏死的溃疡组织落入肠腔，随粪便排出体外。虫卵入水后，卵内毛蚴孵出，毛蚴在水中遇到中间宿主钉螺，即主动钻入螺体内，经无性繁殖产生大量尾蚴。尾蚴成熟后离开钉螺，常常分布在水的表层。人或其他哺乳动物接触含有尾蚴的疫水后，尾蚴主动侵入宿主皮肤，转变为童虫。童虫随血流或淋巴液到右心、肺，再通过肺泡小血管到左心，进入体循环。在肠系膜动脉的童虫，可经小静脉顺血流方向移行至肝门静脉，遇到异性童虫即开始合抱，然后逆门静脉血流移行至肠系膜静脉，发育为成虫并交配产卵。

日本血吸虫的尾蚴、童虫、成虫和虫卵均可对人体产生不同程度的损伤和复杂的免疫病理反应。虫卵沉积于肝、肠等组织内诱发的虫卵肉芽肿及纤维化是血吸虫病的病变基础，临床上出现肝脾肿大、门脉高压和因侧支循环形成所致的以食管下端及胃底静脉曲张为主的综合征。病原学诊断具有确诊患者的优点，但该法对轻度感染者、晚期患者及经过有效防治的疫区感染人群，其诊断效果不理想，常常会因虫卵少而漏检，免疫学检查可辅助诊断。

【实验目的】

（1）掌握日本血吸虫成虫及虫卵的形态特征。

（2）掌握日本血吸虫病的病原学诊断方法。

（3）了解日本血吸虫毛蚴、尾蚴、钉螺形态及日本血吸虫生活史特点。

（4）通过动物实验，了解日本血吸虫的感染阶段、感染途径和致病作用。

（5）了解日本血吸虫病的一些常用免疫学检查方法。

【实验内容】

1. 实验观察内容

（1）成虫：活体标本、液浸标本和染色玻片标本。

（2）虫卵：日本血吸虫卵、曼氏血吸虫卵和埃及血吸虫卵悬液涂片。

（3）幼虫：毛蚴、胞蚴和尾蚴。

（4）钉螺：肋壳钉螺和光壳钉螺。

（5）病理标本：病理肠标本、病理肝标本和病理肝组织切片。

（6）流行病学：晚期血吸虫患者照片、血吸虫病流行区照片和灭螺方法照片。

2. 实验操作内容

（1）解剖感染日本血吸虫的实验动物（家兔）。

（2）实验诊断方法

1）病原学诊断方法：毛蚴孵化、直肠黏膜活组织检查。

2）免疫学诊断方法：环卵沉淀试验、快速 ELISA 法。

【实验观察】

1. 日本血吸虫成虫

（1）活体标本：灌洗实验感染日本血吸虫家兔的肠系膜静脉和门静脉，获得成虫，置于盛有 37℃生理盐水的培养皿中，肉眼或放大镜观察。

雌雄异体，虫体呈圆柱形，外观似线虫。雄虫长 10 ～ 20mm，宽 0.5 ～ 0.55mm，乳白色，外观呈圆柱形，腹面有一条沟槽称抱雌沟。雌虫圆柱形，前细后粗。虫体长 12 ～ 28mm，宽 0.1 ～ 0.3mm。因肠管内含较多的红细胞消化后残留的物质，故虫体呈灰褐色。雌虫常居留于抱雌沟内，与雄虫呈合抱状态。

（2）液浸标本：灌洗实验感染日本血吸虫家兔的肠系膜静脉和门静脉，获得成虫，保存在 10% 福尔马林液中（图 2-18）。

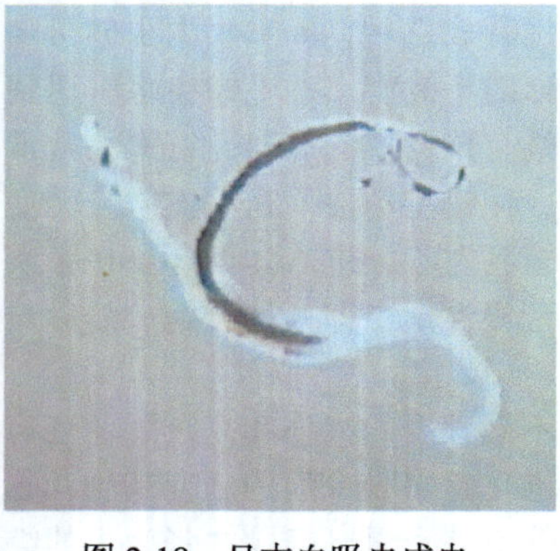

图 2-18　日本血吸虫成虫

肉眼或放大镜观察。雌雄异体、合抱。雄虫乳白色，体较短粗，常向腹面弯曲而呈镰刀状，有抱雌沟 1 条。雌虫比雄虫显著细长，灰褐色或灰色，前半部较细，后半部较粗。

（3）染色玻片标本：卡红染色，低倍镜下观察。

1）消化系统：由口、食管和肠管组成。口吸盘和腹吸盘位于虫体前端，腹吸盘如杯状，突出虫体体表。肠在腹吸盘前分为左右两支，延伸至虫体中部之后汇合成单一的盲管，终止于虫体末端。雌虫肠管内由于尚有大量未消化的血液及其代谢产物，使肠支呈褐色或黑色（图 2-19）。

2）生殖系统：雄虫由睾丸、输出管、输精管和贮精囊、生殖孔组成。睾丸 6 ～ 8 个，多为 7 个，椭圆形，呈串珠状排列，每个睾丸发出一输出管，汇于输精管，向前通于贮精囊，生殖孔开口于腹吸盘后方。雌虫有卵巢 1 个，呈长椭圆形，位于虫体中部。由卵巢下部发出一输卵管，绕过卵巢向前，与来自虫体后部的卵黄管在卵巢前汇合于卵模。卵模为虫卵的成形器官，外被梅氏腺并与子宫相接。子宫为一直管状，开口于腹吸盘下方的生殖孔，内含虫卵 50 ～ 300 个（图 2-20）。

A　　B　　C

图 2-19　日本血吸虫成虫

A. 雌雄合抱；B. 雄虫；C. 雄虫前端

2. 虫卵

（1）日本血吸虫卵：自患者粪便（或实验感染日本血吸虫尾蚴的家兔肝）淘洗获得虫卵。低倍镜下寻找虫卵，高倍镜观察。虫卵呈类椭圆形或椭圆形，平均大小为 89μm×67μm，淡黄色，无卵盖，卵壳薄而均匀，有一小侧棘。在粪便中查见的虫卵，其卵壳周围常有脏物黏附。内含物为一成熟毛蚴，毛蚴与卵壳间可见一些大小不等的油滴状分泌物（图 2-21）。来自实验感染日本血吸虫的家兔肝脏的虫卵，可查见未成熟虫卵，内含物可为卵细胞、卵黄细胞或胚团。

（2）曼氏血吸虫卵：长椭圆形，有粗大侧棘（图 2-22）。

（3）埃及血吸虫卵：长椭圆形，有端棘（图 2-22）。

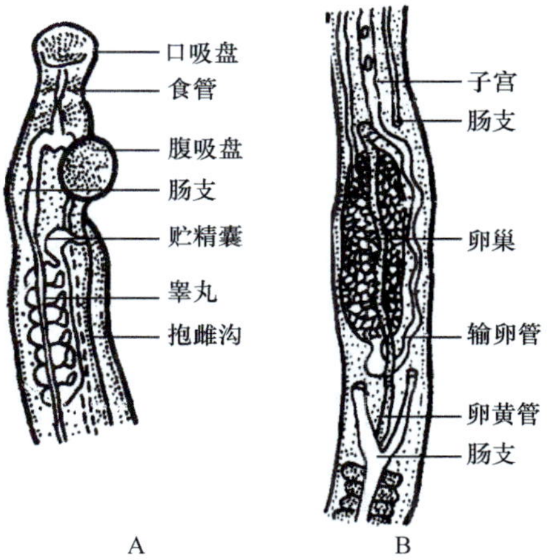

图 2-20　日本血吸虫成虫结构模式图

A. 雄虫前段；B. 雌虫中段

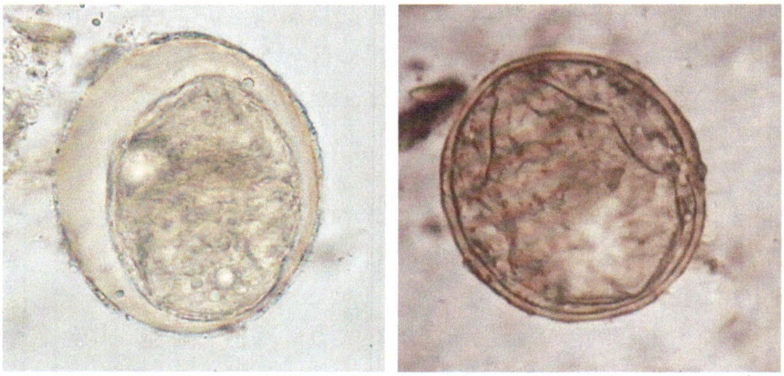

图 2-21　日本血吸虫卵

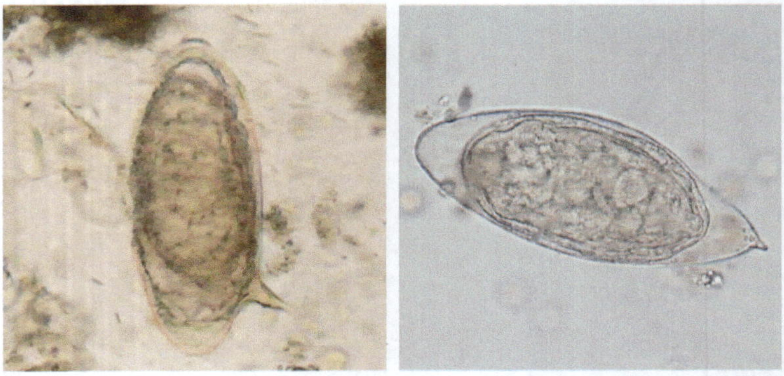

图 2-22 曼氏血吸虫卵和埃及血吸虫卵

A. 曼氏血吸虫卵；B. 埃及血吸虫卵

3. 日本血吸虫幼虫

（1）毛蚴：游动时呈长椭圆形，静止或固定后呈梨形，平均大小为 99μm×35μm。周身被有纤毛，为其运动器官。前端有一锥形的顶突（亦称钻孔腺），体内前部中央有一袋状的顶腺，开口于顶突，顶腺两侧稍后各有 1 个长梨形的侧腺，开口于顶腺开口的两旁。

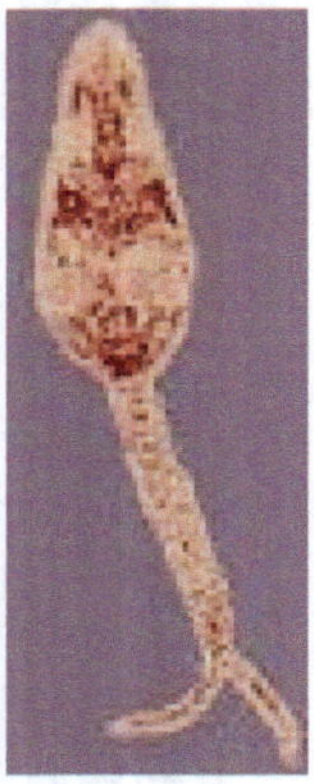

图 2-23 日本血吸虫尾蚴

（2）尾蚴

1）活体标本：静止时尾蚴体部悬挂在水面，活动时体部伸缩，尾干作反复弧形摆动，尾叉作旋桨式转动，使身体向前推进。

注意：尾蚴能主动侵入人体皮肤及黏膜，观察时要注意安全防护。

2）染色玻片标本：卡红染色。低倍镜或高倍镜下观察。属叉尾型，长 280 ～ 360μm，分体部和尾部，尾部又分尾干和尾叉。体部长 100 ～ 150μm，尾干长 140 ～ 160μm，尾叉长 50 ～ 70μm。口孔位于虫体前端正腹面，腹吸盘位于体部后 1/3 处（图 2-23）。

（3）胞蚴：有母胞蚴和子胞蚴，注意观察两者的区别。

4. 钉螺 瓶装标本，肉眼观察。外形似小鞋钉，长 7 ～ 10mm，6 ～ 9 个螺层，属小型螺类。壳口卵圆形，周缘完整，外缘背侧有一条粗的隆起称唇嵴。壳上的螺旋围绕纵轴，自壳尖向壳底，由左向右即顺时针方向旋转。在我国不同地区分布的钉螺均为湖北钉螺，可分为肋壳钉螺和光壳钉螺两个亚种。肋壳钉螺的壳面粗糙，上有纵肋；光壳钉螺的壳面光滑，无纵肋（图 2-24）。

5. 病理标本

（1）病理肝标本：肝表面有许多灰白色粟米粒状、散在性分布的虫卵结节（图 2-25）。切面上可见：在静脉周围有灰白色树枝状纤维素。

（2）病理肝组织切片如下所示。

急性虫卵肉芽肿（虫卵结节）：虫卵周围有大量的嗜酸粒细胞、中性粒细胞浸润及以虫卵为中心向四周发出的放射状嗜酸性物质沉积。

慢性虫卵肉芽肿（虫卵结节）：虫卵已死亡或钙化，虫卵周围可见到上皮样细胞，异物巨细胞聚集和纤维细胞增生等。

A　　　　B

图 2-24　湖北钉螺

A. 肋壳钉螺；B. 光壳钉螺

（3）病理肠标本：可见在肠系膜静脉血管内呈乳白色的雄虫（与血管颜色相似，不易观察）和灰褐色的雌虫合抱在一起（图 2-25）。

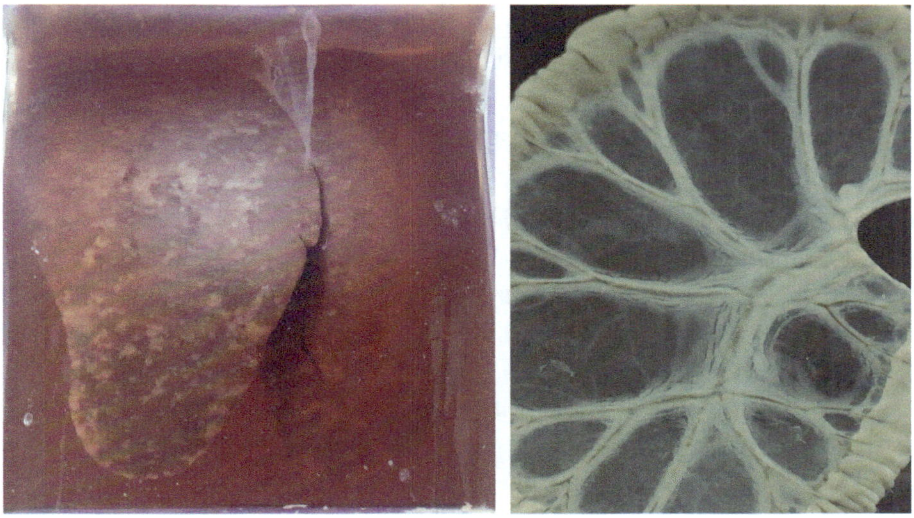

A　　　　B

图 2-25　日本血吸虫病理标本（液浸标本）

A. 肝；B. 肠系膜

6. 流行病学　晚期血吸虫患者照片、血吸虫病流行区照片和灭螺方法照片。

【实验操作】

1. 解剖实验动物（家兔）　将感染日本血吸虫尾蚴 50 日左右的家兔处死（从耳缘静脉注入空气），剖开腹腔后注意观察记录下列内容：

（1）有无腹水？

（2）肝有何变化？

（3）肠组织压片法检查：取米粒大小的直肠黏膜组织，置玻片上，取另一玻片压片检查，可见虫卵如何排列？并见到什么时期的虫卵？肠壁有何变化？

（4）在何处找到了血吸虫成虫？

（5）是否有异位损害现象？

2. 实验诊断方法

（1）病原学诊断

1）毛蚴孵化：操作方法见第四篇第十一章第一节。

成熟虫卵在适宜条件下，24 ～ 48h 可孵出毛蚴，且毛蚴具有向光性，向上性，多在水面表层作直线运动。毛蚴孵化后，可置放大镜或体视镜下观察：毛蚴体表被纤毛，前端突出。主要根据以下特征辨认：针尖大小，活动时长圆形，大小一致；半透明，灰白色，有折光；作直线的斜向或横向运动；一般在水面下 1 ～ 4cm 处。

2）直肠黏膜活组织检查：通过直肠或乙状结肠镜自病变处或可疑病变处摄取黏膜组织，置于玻片上，直接镜检或经染色后镜检，可用于观察有无虫卵及鉴定虫卵的死活。

（2）免疫学诊断：常见方法有环卵沉淀试验（COPT）和快速 ELISA 法（FAST-ELISA）：见第二篇第五章第三节。

【参考资料】

1. 组织内各期日本血吸虫卵的性状　由于虫卵发育的程度和虫卵死亡时间的不同，沉积在肠黏膜和其他组织内的虫卵可有不同性状。通常可分为活卵、近期变性卵和死卵。

活卵：淡黄色，卵壳薄，胚膜、毛蚴的轮廓及结构清晰。

近期变性卵：黄色带灰白或黄褐色，毛蚴萎缩成块状，壳稍厚但均匀，胚膜尚清楚。

死卵：灰白色至黑色，内容物模糊或呈块状裂开、壳厚而不平整，甚至破裂。

2. 虫卵分离方法　1500 ～ 2000 条日本血吸虫尾蚴感染家兔。感染约 50 日后将家兔处死，取出肝，冲洗。把肝剪成小块，除去结缔组织和血管等，放入组织捣碎机内，加适量 1% ～ 2% 氯化钠溶液，用 12 000r/min 的速度捣碎，每次 3min，间歇 5min，通常捣碎 3 ～ 4 次即可。将捣碎的肝组织悬液加 1000ml 1% 氯化钠溶液调匀，用 80 目、120 目的铜筛过滤，去渣将滤液分别盛装在尖底离心管内，1500r/min 离心 3min。此时管内分 3 层，上层是清液，中层为肝组织碎片，下层为金黄色的虫卵和肝组织的混合物。吸去中、上层。将各管底层沉淀物加氯化钠溶液制成悬液，然后合并，如此反复离心沉淀，除去中上层，最后获得较纯净的虫卵。

3. 荧光显微技术及间接免疫荧光实验（IFA）在日本血吸虫病研究中的应用

（1）原理：几乎所有寄生虫（包括原虫、蠕虫等）都可用荧光显微技术进行研究。例如，抗原抗体反应在组织和细胞的定位研究，追踪寄生虫在人体的转移过程，形态变化和寄生虫病发病机制等。还可利用荧光抗体的免疫学特性研究抗体对寄生虫虫体作用部位及宿主抵抗寄生虫侵袭的免疫反应机制等。

免疫荧光法可检出特异性抗体或抗原。此法敏感性高，特异性同其他血清学方法类似。现在较常用于血吸虫病，丝虫病和疟疾的研究和诊断。

间接免疫荧光实验（IFA）在日本血吸虫研究中的应用：间接免疫荧光实验是敏感性高、特异性强、操作简便、所需反应物（抗原、抗体）量少的一种免疫学实验。首先将已知抗原（组织切片）固定在玻片上，将待测抗体滴加到玻片上，如血清含有相应抗体，即可在特定部位与抗原起反应形成抗原抗体复合物，此种复合物再与荧光色素标记的抗体反应，形成带荧光的抗原 + 抗体 + 第二抗体的第二复合物，在荧光光源激发下，特异复合物呈现特异荧光。如待测血清无特异抗体，则不形成特异复合物而不显荧光；如抗体特异性不同，则形成特异复合物的位置不同，特异荧光可在组织切片不同部位显示出来。此法可用于诊断或抗原定位。

（2）材料

1）抗原：感染日本血吸虫尾蚴约 50 日的家兔，解剖后取出肝及门静脉 - 肠系膜静脉系统中的血吸虫虫体，洗净后置 Rossman 液中过夜，取出，在 75% 乙醇溶液中洗去残存 Rossman 液并在 75% 乙醇溶液中储存。按常规制成 5μm 切片，脱蜡后备用。

2）第一抗体：感染日本血吸虫的家兔血清。

3）第二抗体：异硫氰酸荧光素标记的羊抗兔 IgG。

4）对比染色液：溶解 10mg 伊文思蓝于 10ml 磷酸盐缓冲液中，置 4℃冰箱待用。

5）缓冲液：0.05mol/L pH 7.8 磷酸盐缓冲液（PBS）。

6）正常家兔血清：用作对照。

（3）反应步骤

1）用油性笔在玻片上组织切片周围划一小圈，加 10μl 第一抗体于切片上，置湿盒中在 37℃温箱下反应 30min。另一组织切片滴加正常家兔血清做对照。

2）用 0.05mol/L pH 7.8 PBS 轻轻彻底洗去第一抗体（切勿用力冲洗，以免切片脱落），玻片自然干燥。

3）预先用伊文思蓝液及 PBS 稀释第二抗体至工作浓度，使第二抗体工作液的伊文思蓝最终浓度为 2/10 000。加 10μl 于切片上，置湿盒中 37℃反应 30min。

4）用 PBS 彻底洗去第二抗体，玻片自然干燥。

5）用 0.1mol/L pH7.8 PBS 1ml 加甘油 9ml 制成缓冲甘油液。加一滴于切片上，加盖玻片（注意勿使切片上残留小气泡，否则会影响观察）。

6）置荧光显微镜下观察结果（用通过 BG12+BG38 滤光片产生的紫蓝光作激发光）。

结果：在紫蓝光的激发下，经荧光素标记第二抗体所形成的特异复合物的部位显现明亮的黄绿色荧光，不形成特异复合物的部位因伊文思蓝着色的关系，呈现暗红色荧光。依特异荧光的强弱及出现部位的不同，可对抗原的特异性和定位做出估计。与阳性血清起反应的抗原按感染进程出现的先后顺序依次为肠相关抗原（GAA）、膜相关抗原（MAA）、虫卵可溶性抗原（SEA）及体抗原（SA）。

GAA: 属诊断性抗原，定位于血吸虫成虫的肠上皮组织，有时在肠内容物中亦可见到。呈现明亮的黄绿色荧光。在感染过程中最早出现（尾蚴感染后 4 ～ 5 周），最迟消退。

MAA：主要为保护性抗原，定位于成虫表膜，在感染尾蚴后 5 ～ 6 周出现，荧光较弱，反应不够稳定。MAA 在诱发血吸虫保护性免疫中具有重要作用。

SEA：属诊断性抗原，定位于成熟虫卵的毛蚴、卵黄膜、卵内分泌物及虫卵结节环绕虫卵的部位，有时亦可见于宿主肝窦的星状细胞中，于尾蚴感染后的第 6 周出现，在卵内毛蚴（特别是头腺）及毛蚴周围出现明亮荧光。在急性虫卵结节内虫卵的周围呈现雾状光点，反应稳定。

SA：定位于成虫的间质组织，在尾蚴感染后约第 7 周出现，呈大小不等亮度中等的点状荧光，显示虫体组织代谢物，是虫体抗原的重要来源。

4. 死卵与活卵的染色鉴别法　吖啶橙染色法原理：用吖啶橙处理后的生物标本，在荧光显微镜下含 DNA 的成分发出绿色荧光，含 RNA 的成分发出红色荧光。因此，血吸虫卵经吖啶橙处理后，初产期虫卵和空泡期虫卵因含丰富的 RNA，故卵内呈现粗细不等的红色荧光亮点。以后虫胚逐渐发育，DNA 迅速增加，分布在虫胚四周，形成黄绿色荧光的胚团。虫卵内毛蚴发育成熟后，含丰富 RNA 的头腺发出明亮的橙红色荧光，而生殖细胞和神经中枢发绿色荧光，整个虫卵呈红绿相嵌的荧光色彩。虫卵死亡后，核酸逐渐分解，橙红色或绿色的特异荧光也相继消失。

方法：将带有血吸虫卵的肠黏膜（或其他组织）碎片置康氏管内，加入 0.5 ～ 1.0ml 1 ∶ 10 000 吖啶橙溶液，摇荡，置 37℃温箱内染色 2h，用 pH 7.4 PBS 洗涤两次。将组织碎片置载玻片上，覆以盖玻片，在荧光显微镜下检查。

结果：活卵呈橙红色或红绿相嵌的荧光。死卵无橙红色荧光亮点，或因吖啶橙不着色而使虫卵呈黄色自发荧光。

5. 血吸虫病免疫学诊断方法　概况：①纯化抗原、重组抗原、合成抗原等新一代诊断抗原的应用使循环抗体（CAb）检测的诊断效能大为改观；②单克隆抗体（mAb）在检测循环抗原（CAg）中的应用已较为普遍；③循环免疫复合物（CIC）检测已取得一定进展，可望成为血吸虫病尤其是晚期血吸虫病患者有效和可取的诊断方法。日本血吸虫感染，早期（10周内）CAg检测显示优势；中期（10～20周）循环抗体（CAb）检测显示优势；晚期（14～28周）CIC检测显示优势。由于查病对象主要是急、慢性病人和晚期患者，用CAg和CAb联合检测，可起诊断互补作用。

（1）血吸虫CAg的检测：检测CAg较检测CAb更具优点，CAg是现症感染的依据，能反映感染虫荷，可用于考核疗效并可检测疫苗效果。从尿中检测血吸虫CAg可避免采血所致的肝炎、艾滋病传播的潜在危险。它的无创伤性、简单、方便的特点易于被患者接受，更适合现场应用。

检测CAg所用的抗体特性：MCAb能识别血吸虫特有抗原，识别位点为血吸虫重复性表位，具有较高的亲和力。

（2）目前常用的血吸虫CAg的检测方法：反向间接血凝、直接斑点ELISA、双抗体夹心ELISA及改良一步法等。常为血清和尿液联合检测，或单独尿液检测。

（3）影响血吸虫CAg检测的因素

1）患者体内CAg的存在状态直接影响CAg的检测效果。

2）各类CAg在宿主体内代谢消长规律的不同影响检测结果。

3）血吸虫感染程度不同影响CAg检出率。

4）感染后期患者体内抗独特型抗体的出现可造成体内CAg存在的假象。

【作业与思考题】

1. 课堂作业　用普通铅笔绘日本血吸虫卵图，并注明结构名称和放大倍数。

2. 课后思考题

（1）观察实验动物感染结果后，思考日本血吸虫对宿主可造成什么损害？

（2）从生活史过程比较，日本血吸虫与其他吸虫的感染方式和感染途径有何不同？

（3）日本血吸虫的防治措施与其他吸虫比较有何不同？为什么？

（4）为什么说血吸虫病是一种免疫性疾病？

（杨秋林）

第二节　绦　虫

一、曼氏迭宫绦虫

曼氏迭宫绦虫（*Spirometra mansoni*）裂头蚴可在人体眼、四肢躯体皮下、口腔颌面部、脑和内脏等组织内寄生，导致曼氏裂头蚴病（sparganosis mansoni）。成虫主要寄生在猫科动物（偶然可寄生于人体）的小肠内，卵自虫体子宫孔中产出，随宿主粪便排出体外，在水中发育为钩球蚴，被剑水蚤吞食，进入血腔，发育为原尾蚴。带有原尾蚴的剑水蚤被蝌蚪吞食后，随着蝌蚪逐渐发育成蛙，原尾蚴也发育成为裂头蚴。裂头蚴具有很强的收缩和移动能力，常迁移到蛙的肌肉，特别是在大腿或小腿的肌肉中寄居，多卷曲穴居在肌肉间隙的一小囊内，或游离于皮下。当受染的蛙被蛇、鸟类或猪等兽类非正常宿主吞食后，裂头蚴不能在其肠中发育为成虫，而是穿出肠壁，移居到腹腔、肌肉或皮下等处继续生存，蛇、鸟、兽即成为其转续宿主。当猫、犬等终宿主吞食了带有裂头蚴的第二中间宿主蛙或转续宿主后，裂头蚴逐渐在其肠内发育为成虫。

【实验目的】

（1）掌握曼氏迭宫绦虫裂头蚴的鉴别要点。

（2）熟悉裂头蚴病对人体的危害。

（3）了解曼氏迭宫绦虫基本形态和生活史特点。

【实验内容】

1. 实验观察内容

（1）成虫液浸标本和成节染色标本。

（2）曼氏迭宫绦虫虫卵悬液涂片。

（3）裂头蚴和原尾蚴。

（4）第一中间宿主剑水蚤。

（5）病理标本。

2. 实验操作内容

（1）解剖青蛙找裂头蚴。

（2）实验感染剑水蚤。

【实验观察】

1. 成虫

（1）液浸标本：肉眼观察。乳白色，扁平长带状，长 60 ～ 100cm，宽 0.5 ～ 0.6cm。头节细小，长 1 ～ 1.5mm，宽 0.4 ～ 0.8mm，呈指状。颈部细长，链体有节片约 1000 个，绝大多数节片的宽度均大于长度，但远端的节片长宽几近相等。成节和孕节的结构基本相似，肉眼即可见到每个节片中部有一个凸起的小黄点，即为发髻状盘曲的子宫（图 2-26）。

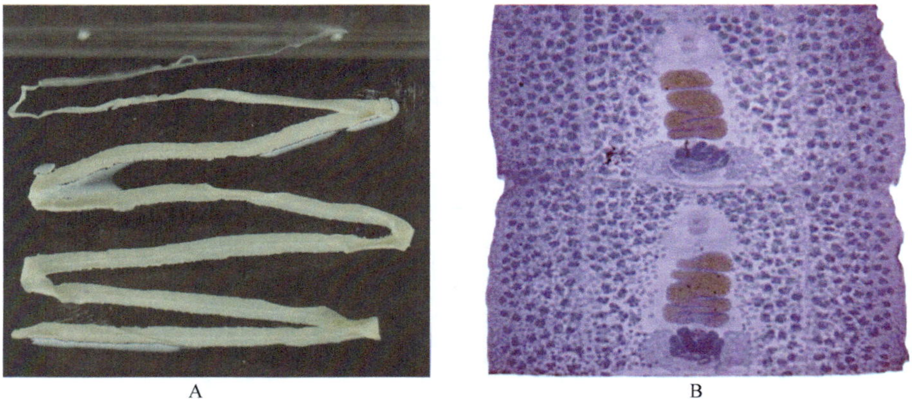

图 2-26　曼氏迭宫绦虫成虫

A. 液浸标本；B. 卡红染色玻片标本（成节）

（2）头节染色玻片标本：卡红染色，低倍镜下观察。头节细小（长 1 ～ 1.5mm，宽 0.4 ～ 0.8mm），呈指状，背、腹面各有 1 条纵行的吸槽，浅而宽（图 2-27）。

（3）成节染色玻片标本：卡红染色，低倍镜下观察。节片呈扁平形，每节中均具有发育成熟的雌、雄生殖器官各一套。睾丸呈小泡形，有 320 ～ 540 个，散布在节片靠中部的实质中，由睾丸发生的输出管在节片中央汇合成输精管，然后弯曲向前并膨大成贮精囊和阴茎，再通入节片前部中央腹面的圆形雄性生殖孔。卵巢分两叶，位于节片后部，自卵巢中央伸出短的输卵管，其末端膨大为卵模，卵膜外有梅氏腺包绕。阴道为纵行的小管，其月牙形的外口位于雄性生殖孔之后，另端膨大为受精囊再连接输卵管。卵黄腺滤泡状，散布在实质的表层，包绕着其他器官。子宫位于节片中部，作 3 ～ 4 个或多至 7 ～ 8 个螺旋状盘曲，紧密重叠，基部宽而顶端窄小，略呈发髻状，子宫孔开口于阴道口之后。孕节结构与成节相似，子宫中充满虫卵（图 2-26）。

2. 虫卵　在洁净载玻片上作悬液涂片，低倍镜下寻找虫卵，高倍镜下仔细观察。虫卵近椭圆形或橄榄形，两端稍尖，大小为（52 ～ 76）μm×（31 ～ 44）μm，呈浅灰褐色。卵盖大，不明显。壳较薄，内含 1 个受精卵细胞和若干个卵黄细胞（图 2-28）。

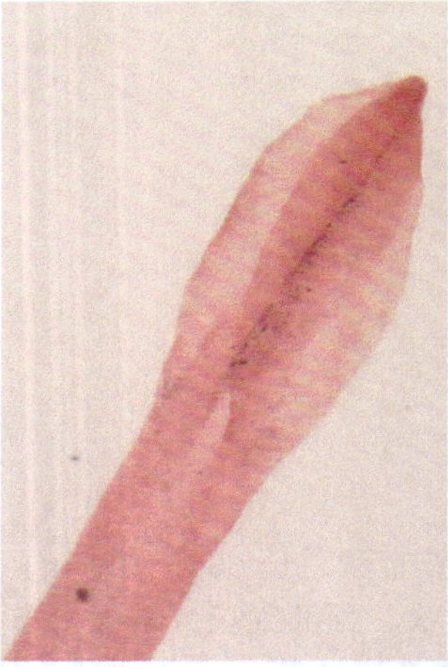

图 2-27　曼氏迭宫绦虫头节

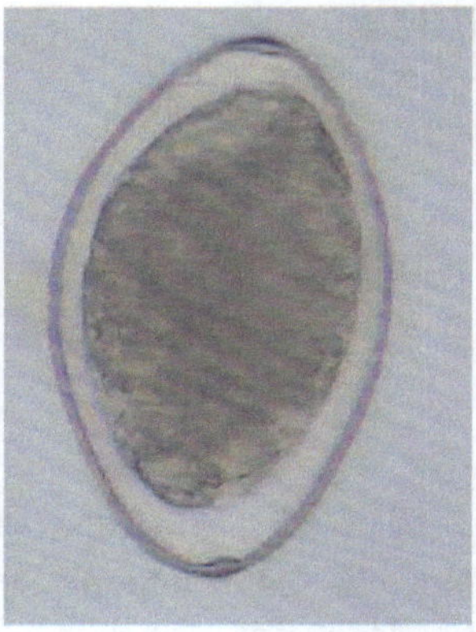

图 2-28　曼氏迭宫绦虫卵

3. 幼虫

（1）裂头蚴液浸标本：肉眼观察。虫体细长，呈扁平条带状，乳白色，长 30 ～ 300mm，多数为 40 ～ 60mm，宽约 0.7mm。头部膨大，中央有一个明显凹陷体不分节但具不规则横皱褶，虫体末端钝圆（图 2-29）。

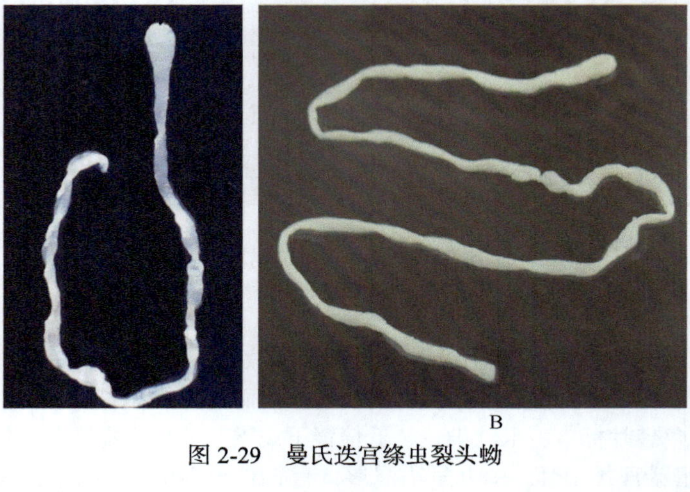

B

图 2-29　曼氏迭宫绦虫裂头蚴

（2）原尾蚴：低倍镜下观察。长椭圆形，大小为 260μm×（44 ～ 100）μm，前端略凹，后端有一椭圆形小尾球，内含6个小钩。

4. 第一中间宿主（剑水蚤） 用小烧杯从池塘取水，对着光线从杯侧面肉眼观察活动的剑水蚤。体小，长1～3mm。头胸部粗大，呈卵圆形，腹部细小。尾叉较短，各有一簇羽状尾毛，雌剑水蚤常在体侧携带卵袋。剑水蚤在水中游动时速度较快。

5. 病理标本

（1）裂头蚴在蛙体肌肉内成团或条形寄生状态。

（2）眼部裂头蚴寄生的患者照片。

【实验操作】

1. 解剖青蛙找裂头蚴

（1）实验材料：小锥、解剖刀、手术剪、镊子、载玻片、盖玻片和生理盐水等。

（2）操作方法：用小锥从枕骨大孔刺入，处死青蛙。使蛙腹朝上，四肢伸展，固定在解剖板上，剪开腹部皮肤，剥去外皮，在蛙肌肉内及肌肉束间寻找乳白色小圆点（裂头蚴），用针慢慢挑出，放置在有生理盐水的玻璃平皿中观察虫体的体态、颜色和活动等特征。

（3）注意事项：操作过程中不得污染盘外和操作者，以免造成环境污染和引起感染。

2. 实验感染剑水蚤 从犬、猫肠内检获曼氏迭宫绦虫成虫，撕开孕节的子宫，取出虫卵，置盛有清水的培养皿内，25～28℃培养，经7～14日可孵出钩球蚴。

将剑水蚤放入盛有钩球蚴的培养皿内，同时加入一些藻类及原生动物养育剑水蚤。置29℃温箱培养7～10日后，即可在剑水蚤的血腔内找到成熟的原尾蚴。

【作业与思考题】

1. 课堂作业

（1）用普通铅笔绘制曼氏迭宫绦虫卵图，并注明结构名称和放大倍数。

（2）写出感染剑水蚤的实验报告。

2. 课后思考题

（1）简述裂头蚴的形态特点。

（2）裂头蚴对人体可造成哪些危害？

二、猪带绦虫和牛带绦虫

人是猪带绦虫（*Taenia solium*）和牛带绦虫（*Taenia saginata*）的唯一终宿主。

猪带绦虫成虫寄生于人体小肠，以头节固着于肠壁上，孕节可多节或单节脱离链体，随宿主粪便排出。孕节或虫卵污染食物或水源，人食入虫卵，卵内六钩蚴在小肠内逸出并钻入小肠壁，经血液循环或淋巴循环到达身体各处，发育为囊尾蚴。囊尾蚴病的感染方式有自体内感染、自体外感染和异体感染3种。囊尾蚴可寄生于人体皮下、肌肉、脑及眼等组织器官引起猪囊尾蚴病（囊尾蚴病），对人类危害严重。人若生食或半生食米猪肉，米猪肉中的囊尾蚴在人体小肠发育为成虫，则患猪带绦虫病。实验室诊断以粪便查见虫卵或孕节、活检囊尾蚴为确诊的依据。

牛带绦虫成虫也寄生于人体小肠上段，以头节固着于肠壁上。孕节可多节或单节脱离链体，随宿主粪便排出或主动逸出肛门。孕节或虫卵通过污染牧草或水体使牛感染，在牛体内发育为牛囊尾蚴。人若食入生的或未煮熟的含有活囊尾蚴的牛肉，囊尾蚴在消化液的作用下头节翻出，吸附肠壁，发育为成虫，寄生于小肠，导致牛带绦虫病。询问病史对发现牛带绦虫患者更有意义，因牛带绦虫孕节活动力强，常自动逸出肛门。观察孕节子宫侧支数是确诊的重要依据，也可采用粪检虫卵及孕节，采用肛门拭子法查见虫卵的机会更多。

【实验目的】

（1）掌握猪带绦虫、牛带绦虫的鉴别要点。

（2）熟悉猪带绦虫、牛带绦虫的基本形态和生活史特点。

（3）了解带绦虫病、猪囊尾蚴病对人体的危害。

【实验内容】

1. 实验观察内容

（1）成虫

1）猪带绦虫、牛带绦虫成虫液浸标本。

2）猪带绦虫和牛带绦虫头节、成节、孕节染色玻片标本。

（2）带绦虫卵悬液涂片。

（3）囊尾蚴

1）猪囊尾蚴浸液标本和猪心肌及其他肌肉组织内的囊尾蚴。

2）牛囊尾蚴染色玻片标本。

2. 实验操作内容

（1）猪囊尾蚴的孵化实验。

（2）带绦虫头节标本制作方法。

（3）带绦虫孕节快速鉴定。

（4）皮下包块猪囊尾蚴的活检及鉴定。

【实验观察】

1. 成虫

（1）猪带绦虫液浸标本：肉眼观察。乳白色，扁长如带，长 2 ～ 4m，节片薄而略透明。头节近似球形，直径 0.6 ～ 1.0mm，颈部纤细，不分节。链体上有节片 700 ～ 1000 节，近颈部的节片短而宽，称为幼节；中部近方形节片为成节；后部的孕节则为长方形（长大于宽），可见树状子宫分支（图 2-30）。

（2）牛带绦虫液浸标本：肉眼观察。乳白色，扁长带状，体长 4 ～ 8m。节片数为 1000 ～ 2000 个，节片肥厚不透明（图 2-31）。

图 2-30　猪带绦虫成虫

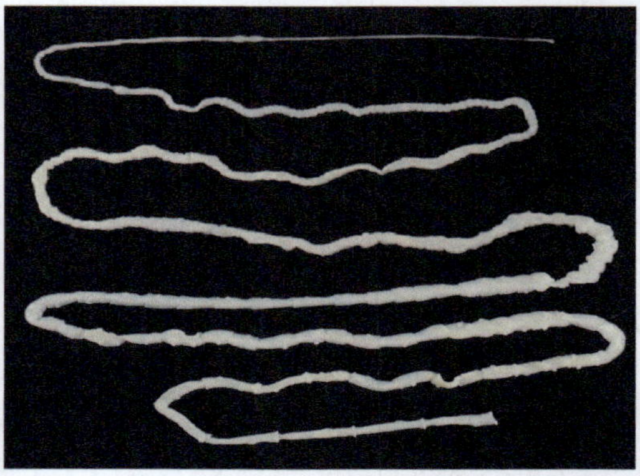

图 2-31　牛带绦虫成虫

着重观察虫体外形、长度、头节和链体的特征，同时与猪带绦虫比较异同点。

（3）猪带绦虫头节染色标本：卡红染色，低倍镜下观察。略呈圆球状，具 4 个吸盘，顶端具有顶突，顶突上可见内外交错排列的 2 圈小钩，25 ～ 50 个（图 2-32）。

（4）牛带绦虫头节染色标本：卡红染色，低倍镜下观察。近似方形，具4个吸盘，无顶突和小钩（图2-33）。

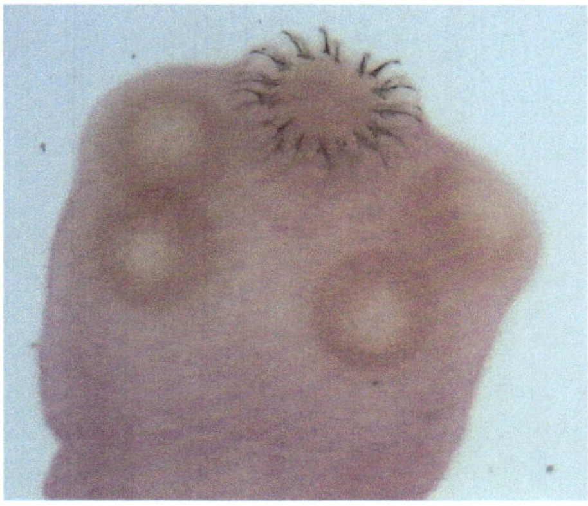

图2-32　猪带绦虫头节

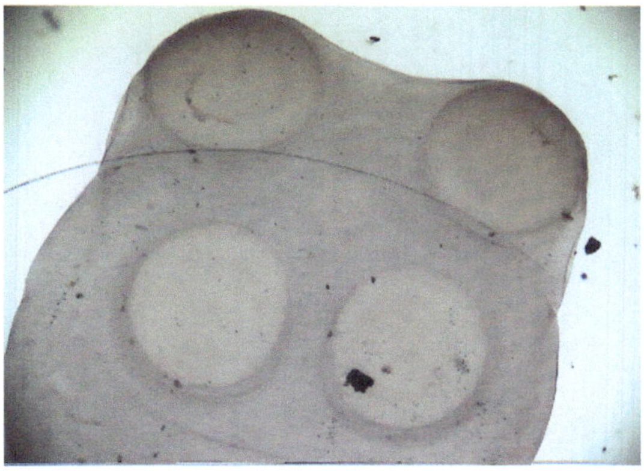

图2-33　牛带绦虫头节

（5）猪带绦虫成节染色标本：卡红染色，低倍镜下观察。每一成节具雌雄生殖器官各一套。睾丸呈小滤泡状，有150～200个，散布于节片的两侧。各睾丸发出一输出管，各输出管汇集而成输精管（位于节片中央），输精管横向一侧经阴茎开口于生殖腔。卵巢位于节片后1/3处，分3叶，即左右两叶及中央小叶。子宫纵列于节片中部，为一短棒状盲囊，无子宫孔。卵黄腺横列于卵巢之后。阴道在输精管下方走行，也通向生殖腔。生殖腔不规则地交替开口于节片的左右侧（图2-34）。

（6）牛带绦虫成节染色标本：卡红染色，低倍镜下观察。与猪带绦虫比较观察，两种绦虫成节结构大体相同，主要区别为：睾丸数量多，为300～400个。卵巢分左右2叶，无中央小叶（图2-35）。

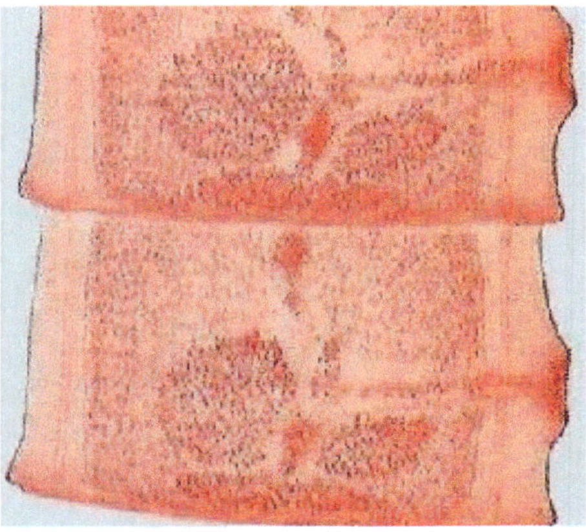

图2-34　猪带绦虫成节

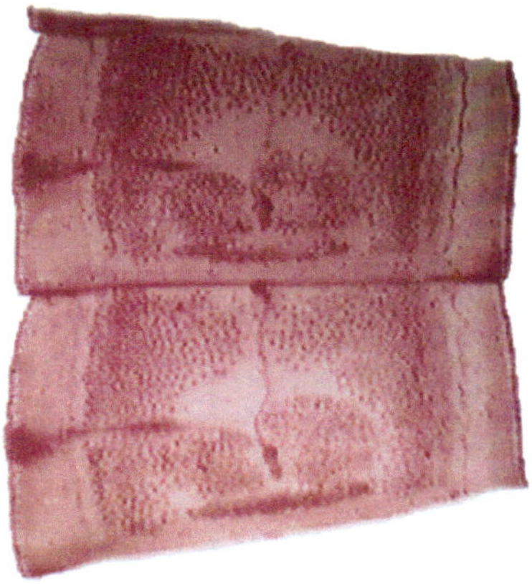

图2-35　牛带绦虫成节

（7）猪带绦虫和牛带绦虫孕节：墨汁染色。将标本置于眼睛与光源之间，用放大镜或肉眼观察。节片一侧可见生殖腔，内部仅见充满树枝状的子宫，其他器官退化。子宫主干纵贯节片，两侧有许多分支，子宫两侧的一级分支数是鉴别两种带绦虫的重要依据。通常猪带绦虫孕节每侧一级分支为7～13支（图2-36）；牛带绦虫为15～30支，支端再分支（图2-37）。

图 2-36　猪带绦虫孕节

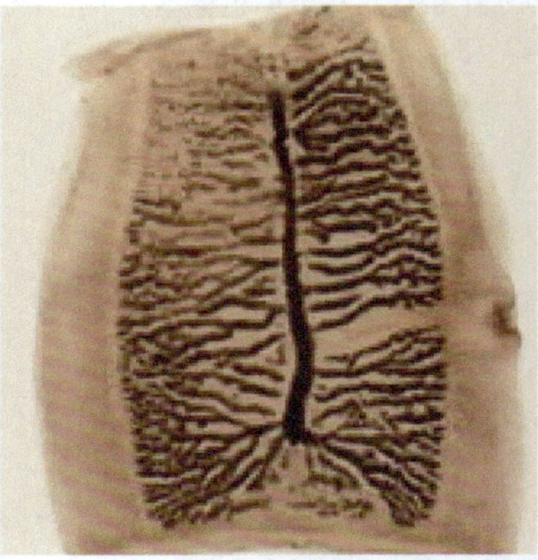

图 2-37　牛带绦虫孕节

2. 带绦虫卵悬液涂片　低倍镜下寻找虫卵，高倍镜下仔细观察。猪带绦虫卵与牛带绦虫卵形态相似，光镜下不能区分，故统称为带绦虫卵。带绦虫卵在排出宿主时，卵壳多已破碎脱落或仅见残余部分，成为不完整虫卵。通常镜检所见的虫卵大多为不完整虫卵，呈球形或近似球形，直径为 31 ～ 43μm，棕黄色。外有很厚胚膜，具放射状条纹，内含有六钩蚴，新鲜虫卵内的六钩蚴可见 6 条关刀样的小钩，但有时由于立体位置关系或固定保存时间较久，有些虫卵仅可见 3 ～ 4 个小钩（图 2-38）。完整带绦虫卵直径为 50 ～ 60μm，椭圆形，在胚膜外尚有一层薄而透明的卵壳，卵壳与胚膜间含有无色透明的液体，内含卵黄颗粒。

3. 囊尾蚴

（1）猪囊尾蚴液浸标本：肉眼观察。猪带囊尾蚴俗称猪囊虫，石榴籽状，黄豆大小，乳白色、半透明囊状物，囊内充满透明的液体，内有一小白点，即为向内翻卷的头节（图 2-39），其形态结构（需在低倍镜下观察）特点与成虫头节相同。

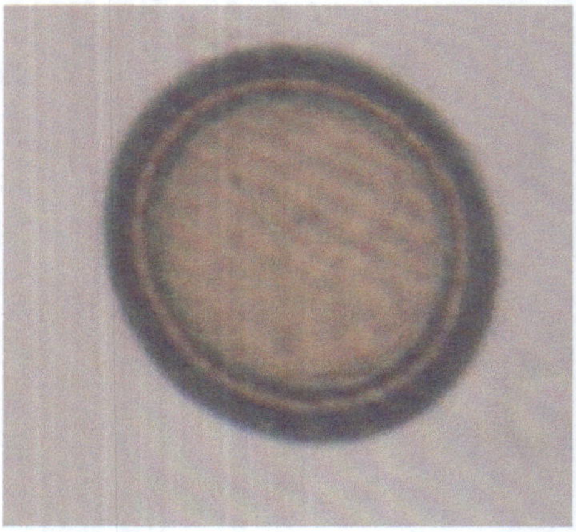

图 2-38　带绦虫虫卵（不完整虫卵）

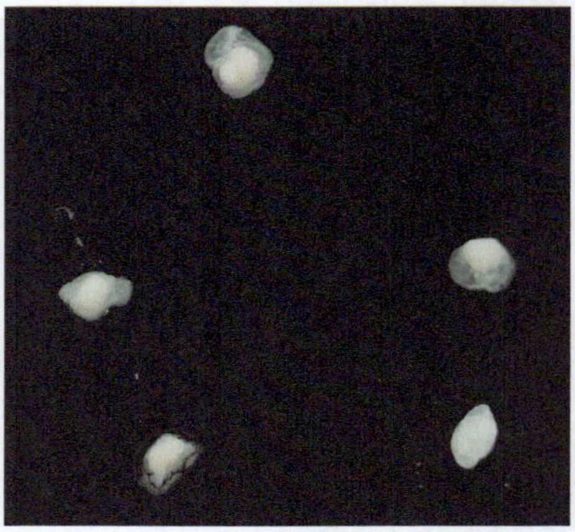

图 2-39　猪囊尾蚴

（2）囊尾蚴染色玻片标本：卡红染色，低倍镜下观察。两种带绦虫囊尾蚴液浸标本外形相似，难以区别，但头节与各自成虫头节结构相同，可镜下观察头节翻出的囊尾蚴染色标本进行鉴别。

（3）猪骨骼肌肉组织内的囊尾蚴：液浸标本，肉眼观察。有猪囊尾蚴寄生的猪肉，俗称“米猪肉”或“豆猪肉”。可见猪肌肉组织间有多个黄豆大小、乳白色的囊状物，呈圆形或椭圆形。（图 2-40）。

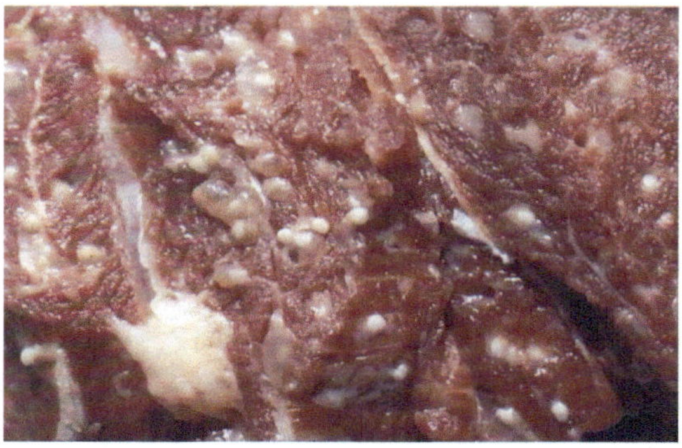

图 2-40　米猪肉

（4）猪心肌内的囊尾蚴：液浸标本，肉眼观察。可见猪心肌纤维间有数个黄豆大小、乳白色、椭圆形的囊状物，即为囊尾蚴。其外形、大小及其颜色等特点与寄生于骨骼肌肉内的相同。有囊尾蚴寄生的猪心，俗称“米猪心”或“豆猪心”。

【实验操作】

1. 猪囊尾蚴的孵化实验

（1）材料：米猪肉、手术刀、胆汁、生理盐水和培养皿等。

（2）步骤：取米猪肉适量，用手术刀将其中的囊尾蚴完整地剥离（操作仔细，防止弄破囊壁）出来，放入 40% 的胆汁生理盐水中，置 37 ～ 42℃温箱内孵化，一般 1h 内便可孵出头节。在解剖镜下观察囊尾蚴头节的活动情况。

2. 带绦虫头节标本制作方法　把牛肉或猪肉内的囊尾蚴用刀顺肌肉纤维剥下，用生理盐水洗涤干净，投入盛有稀胆汁的器皿中（胆汁 1 份、生理盐水 1 份）置 37℃温箱内，头节很快伸出。经生理盐水洗涤干净后，用 5% 福尔马林直接固定，并保存在 70% 乙醇溶液中。

3. 带绦虫孕节快速鉴定　夹取带绦虫孕节，水洗后置于两载玻片间，轻压固定，对光肉眼观察子宫分支情况，计数子宫一侧一级分支数目。

若子宫分支不清，可采用墨汁注射法：即水洗后用滤纸吸干虫体表面的水分，用 0.1 ～ 0.2 ml 注射器吸取少许墨汁，从孕节生殖孔插入后缓慢注入，使全部子宫分支完全充满墨汁而显示出来，水洗多余墨汁，将孕节夹于两载玻片间观察并计数子宫分支情况，确定虫种。鉴定新鲜孕节时应戴橡皮手套以防感染。

4. 皮下包块猪囊尾蚴的活检及鉴定　从以手术方法摘取皮下结节或浅部肌肉的包块中，分离出虫体，直接观察鉴定。如为病理组织切片，应根据猪囊尾蚴的囊壁和头节的形态结构特征进行确诊。

【作业与思考题】

1. 课堂作业　用普通铅笔绘制带绦虫卵图，并注明结构名称和放大倍数。

2. 课后思考题

（1）填写表 2-2，比较猪带绦虫和牛带绦虫的形态区别。

表 2-2　猪带绦虫与牛带绦虫的形态鉴别

鉴别点	猪带绦虫	牛带绦虫
体长		
节片		
头节		
成节		
孕节		
囊尾蚴		

（2）从生活史、致病作用、流行因素等方面比较猪带绦虫和牛带绦虫。

三、细粒棘球绦虫

细粒棘球绦虫（*Echinococcus granulosus*）的幼虫——棘球蚴寄生于人体，可引起棘球蚴病（包虫病）。成虫寄生于犬、狼等食肉动物的小肠内，孕节或虫卵随宿主粪便排出，污染动物皮毛和周围环境。虫卵或孕节被食草动物（羊、牛、骆驼）等中间宿主食入后，在胃和小肠中经酶和胆汁的作用，卵内六钩蚴逸出，钻进肠壁小静脉，随血循环到达各器官后，逐渐发育为棘球蚴。棘球蚴中含有大量的原头蚴（原头节），被犬、狼等终宿主食入后，在小肠经 7 ～ 8 周，每个原头蚴可发育为 1 条成虫。人体的感染是通过误食虫卵所致，虫卵经胃液及胆汁作用后，六钩蚴逸出，钻入肠壁小静脉，随血流进入体内各器官，逐渐发育为棘球蚴。棘球蚴对人体的危害主要表现为压迫所寄生的器官，破坏周围组织，如囊壁破裂至囊液外溢，则可引起过敏反应，甚至过敏性休克而死亡。棘球蚴的危害程度视其寄生部位、大小和数量而异。棘球蚴在人体内的寄生部位，以肝最常见，肺部次之，其余分布于腹腔、脾、脑、骨、肾、纵隔、胸壁、膈肌、胰腺、乳腺、咽、盆腔、淋巴结和肌肉等部位。棘球蚴病的诊断方法有手术摘除棘球蚴活检，或从痰液、胸膜积液、腹水、尿等检出棘球蚴碎片、小的生发囊或原头蚴等。

【实验目的】

（1）掌握细粒棘球蚴的形态特点。

（2）了解细粒棘球绦虫成虫的形态及生活史特点。

（3）了解棘球蚴病对人体的危害。

【实验内容】

（1）观察成虫染色玻片标本。

（2）观察棘球蚴液浸标本、染色玻片标本及病理标本。

【实验观察】

1. 成虫染色玻片标本　卡红染色，低倍镜下观察。小型绦虫，长 2 ～ 7mm，虫体由头节、颈节、幼节、成节和孕节各 1 个节片组成（图 2-41）。头节呈梨形，有顶突，其上有 4 个吸盘和大小不同的小钩相间排列，小钩为 28 ～ 48 个。幼节为正方形。成节的长大于宽，内有雌、雄生殖器官各一套。孕节最长，子宫呈不规则的盲囊状，内含虫卵。

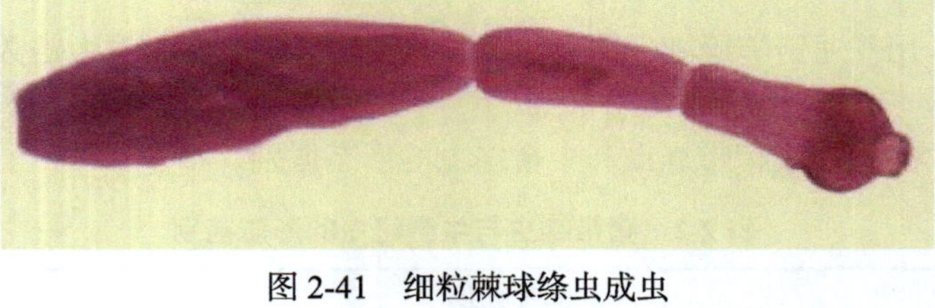

图 2-41　细粒棘球绦虫成虫

2. 棘球蚴

（1）棘球蚴液浸标本：肉眼观察。为球形或近似球形的囊状体（囊壁外有一层宿主纤维结缔组织外膜包绕），大小不等，乳白色，半透明，囊壁分两层，紧密相贴，肉眼不易区分。外层似粉皮状。内壁上可见一些乳白色小点，即为生发囊和原头蚴等结构。其内充满囊液，囊液无色、透明或略带乳黄色（图 2-42）。

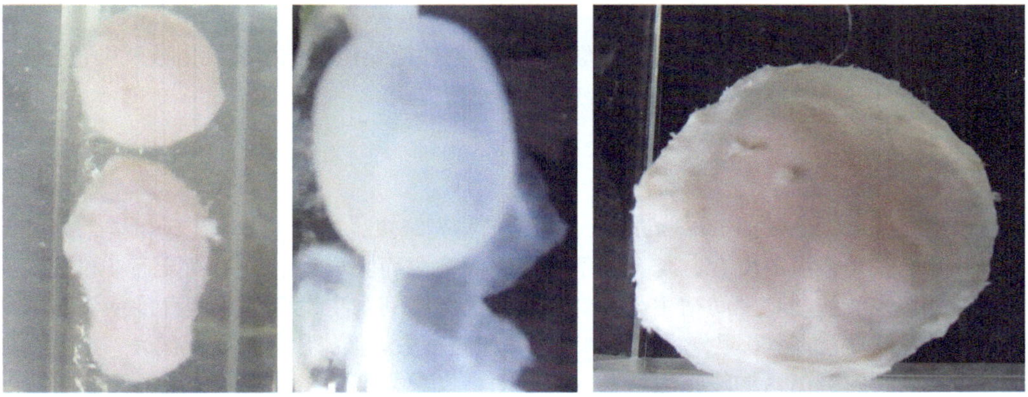

图 2-42　细粒棘球蚴

（2）棘球蚴在肝、心脏等器官内的病理标本：肉眼观察。可见数个棘球蚴，其大小不等，乳白色，半透明，球形或近似球形的囊状体（图 2-43，图 2-44）。

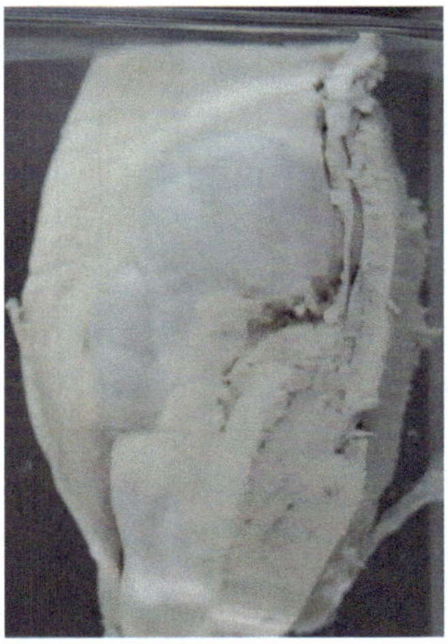

图 2-43　棘球蚴寄生于肝

图 2-44　棘球蚴寄生于心脏

（3）棘球蚴砂染色玻片标本：卡红染色，低倍镜或高倍镜下观察。游离于囊液中的原头蚴、生发囊及子囊等，统称为棘球蚴砂。寻找并观察单个的原头蚴（原头节），原头蚴呈椭圆形，直径约为 0.15mm。结构与成虫头节相似，可见 4 个吸盘（有的吸盘位置重叠，仅可见 2 个）、1 个顶突及 2 圈小钩。有的顶突和吸盘内陷，有的外翻（图 2-45）。

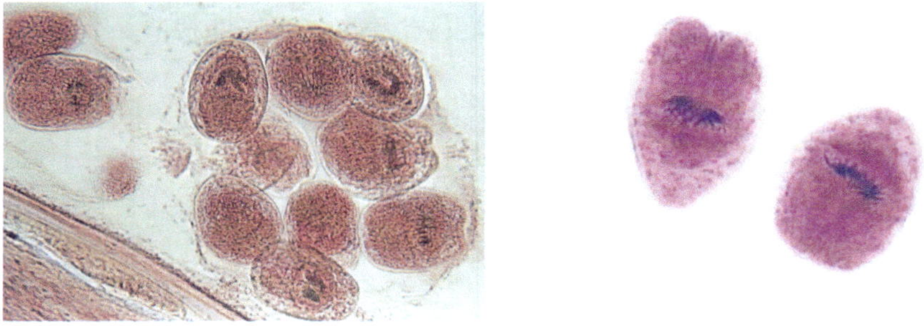

A　　B

图 2-45　棘球蚴砂

A. 子囊；B. 原头蚴

【作业与思考题】

1. 课堂作业　用普通铅笔绘制原头蚴形态图，并注明结构名称、放大倍数及染色方法。

2. 课后思考题　总结细粒棘球蚴病的病原学诊断方法。

四、其他寄生于人体的绦虫

微小膜壳绦虫（*Hymenolepis nana*）也称为短膜壳绦虫，该虫主要寄生于鼠类，亦可寄生于人体。微小膜壳绦虫的发育，既可以不经过中间宿主而完成生活史（直接感染和发育），也可以经过某些节肢动物中间宿主而发育和传播（经中间宿主发育）。①直接感染和发育：成虫寄生在鼠类或人的小肠里，脱落的孕节或虫卵随宿主粪便排出体外，若被另一宿主吞食，虫卵则在其小肠内孵出六钩蚴，然后钻入肠绒毛，发育为似囊尾蚴，似囊尾蚴穿破肠绒毛回到肠腔，发育为成虫。此外，当孕节在宿主肠内被消化而释出虫卵时，亦可孵出六钩蚴，然后钻入肠绒毛发育为似囊尾蚴，再回到肠腔发育为成虫，即在同一宿主肠道内完成其整个生活史，称自体感染。②经中间宿主发育：当某些蚤类昆虫吞食到该绦虫卵后，卵内六钩蚴可在昆虫血腔内发育为似囊尾蚴，若鼠或人吞食带有似囊尾蚴的中间宿主昆虫时，亦可受感染。病原学诊断方法为：从患者粪便中查到虫卵或孕节，采用水洗沉淀法或浮聚浓集法可提高检出率。

缩小膜壳绦虫（*Hymenolepis diminuta*）又称长膜壳绦虫。是鼠类常见的寄生虫，偶然寄生于人体。与微小膜壳绦虫的生活史相似，但发育必须经过昆虫中间宿主。诊断方法同微小膜壳绦虫。

多房棘球绦虫（*Echinococcus nultilocularis*）形态和生活史均与细粒棘球绦虫相似，但其成虫主要寄生于狐，中间宿主是啮齿类或食虫类动物，幼虫期是多房棘球蚴（泡球蚴），寄生人体时可引起比细粒棘球绦虫病更严重的多房性棘球蚴病（multilocular hydatid disease），亦称泡球蚴病（alveococcosis）。人是多房棘球绦虫的非适宜宿主，因误食虫卵而感染，多房棘球蚴病几乎 100% 原发于肝。当体内带有泡球蚴的鼠或动物脏器被狐、犬和狼等终宿主吞食后，原头蚴可以发育为成虫并排出孕节和虫卵。鼠类因觅食终宿主粪便而受感染。用于细粒棘球蚴病的各种仪器和实验室检查如 X 线、B 超、CT、同位素扫描和各种免疫学试验都适用于泡球蚴病诊断。由于泡球蚴周围缺纤维组织被膜，虫体抗原很容易进入血液，故免疫诊断效果尤佳。

【实验目的】

（1）掌握微小膜壳绦虫、缩小膜壳绦虫、多房棘球绦虫的鉴别要点。

（2）了解微小膜壳绦虫、缩小膜壳绦虫、多房棘球绦虫基本形态和生活史特点。

（3）了解微小膜壳绦虫、缩小膜壳绦虫、多房棘球绦虫对人体的危害。

【实验内容】

（1）观察微小膜壳绦虫和缩小膜壳绦虫成虫液浸标本、头节、成节、孕节染色玻片标本及虫卵悬液涂片。

（2）观察多房棘球绦虫成虫染色玻片标本、泡球蚴液浸标本及切片标本。

【实验观察】

1. 微小膜壳绦虫

（1）成虫

1）液浸标本：肉眼观察。小型绦虫，乳白色，体长 5 ～ 80mm。头节呈球形，颈部较长而纤细。链体由 100 ～ 200 个节片组成，最多时可达 1000 个节片。节片宽而短，所有节片均宽大于长并由前向后逐渐增大，孕节达（0.15～0.30）mm×（0.8～1.0）mm。

2）头节、成节、孕节染色玻片标本：卡红染色，低倍镜下观察。头节呈球形，具有4个吸盘和1个短而圆可自由伸缩的顶突。顶突上有20～30个小钩，排成一圈。各节片生殖孔都位于虫体同侧。成节有3个较大的圆球形睾丸，横列在节片中部，贮精囊较发达。卵巢分2叶，位于节片中央。卵黄腺球形，在卵巢后方的腹面。孕节子宫呈袋状，其中充满虫卵并占据整个节片。

（2）虫卵悬液涂片：低倍镜下观察。圆形或近圆形，大小为（48～60）μm×（36～48）μm，无色透明。卵壳很薄，其内有较厚的胚膜，在胚膜与卵壳之间有许多半透明的蛋白质小颗粒。胚膜两端略凸起并由该处各发出4～8根丝状物，弯曲地延伸在卵壳和胚膜之间，胚膜内含有1个六钩蚴（图2-46）。

2. 缩小膜壳绦虫

（1）成虫

1）液浸标本：肉眼观察。中型绦虫，乳白色，长为200～600mm，宽3.5～4.0mm，由800～1000个节片组成。

2）头节、成节、孕节染色玻片标本：卡红染色，低倍镜下观察。头节顶突发育不良，藏在头顶凹中，不易伸出，上无小钩。成节与微小膜壳绦虫相似，睾丸2～5个不等。孕节子宫袋状，但四周向内凹陷呈瓣状。

（2）虫卵悬液涂片：低倍镜下观察。虫卵多为长圆形，（60～79）μm×86μm，黄褐色。卵壳厚，胚膜两端无丝状物，但卵壳与胚膜间有透明胶状物（图2-47）。

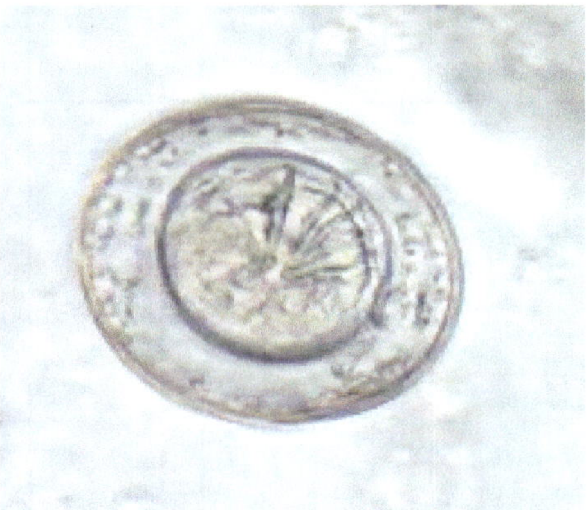

图2-46　微小膜壳绦虫虫卵

图2-47　缩小膜壳绦虫虫卵

3. 多房棘球绦虫

（1）成虫染色玻片标本：低倍镜下观察。长1.2～3.7mm，平均2.13mm，头节、顶突、小钩和吸盘等都相应偏小，顶突小钩为13～34个。虫体常有4～5个节片。成节生殖孔位于节片中线偏前，睾丸数较少，为26～36个，都分布在生殖孔后方。孕节子宫为简单的囊状，无侧囊，内含虫卵187～404个。虫卵形态和大小均与细粒棘球绦虫难以区别。

（2）多房棘球蚴（泡球蚴）液浸标本：肉眼观察。泡球蚴为淡黄色或白色的囊泡状团块，常由无数大小囊泡相互连接、聚集而成。囊泡圆形或椭圆形，直径为0.1～0.7cm，囊泡内有的含透明囊液和许多原头蚴。囊泡外壁角皮层很薄且常不完整，整个泡球蚴与宿主组织间无纤维组织被膜分隔。泡球蚴多以外生性出芽生殖不断产生新的囊泡，长入组织，少数也可向内芽生形成隔膜而分离出新囊泡。一般1～2年即可使被寄生的器官几乎全部被大小囊泡占据。

呈葡萄状的囊泡群呈浸润性生长，还可向器官表面蔓延至体腔内，犹如恶性肿瘤。

（3）小鼠肝泡球蚴切片标本：HE 染色，低倍镜下观察。囊壁分角皮层和生发层，角皮层很薄且常不完整，与宿主组织间无纤维组织被膜分隔。囊泡往往成簇分布，在一团数个大囊周围有许多小囊，或大囊上有许多分支状隆起，此为外生性出芽生殖不断产生新囊泡长入组织。一些囊泡为多囊联结，形成双囊共壁或囊内分离出新囊泡，为内生性隔膜形成，呈圆形、椭圆形或分支状囊泡。囊泡之间为纤维组织，囊泡内含有许多原头蚴。

（4）人肝泡球蚴切片标本：HE 染色，低倍镜下观察。人是多房棘球绦虫的非适宜宿主，人体感染的泡球蚴囊泡内含胶状物而无原头蚴，其他特点与小鼠肝泡球蚴切片标本相同。

【作业与思考题】

1. 课堂作业 用普通铅笔绘制微小膜壳绦虫、缩小膜壳绦虫卵图，并注明结构名称和放大倍数。

2. 课后思考题

（1）填写表 2-3，比较微小膜壳绦虫与缩小膜壳绦虫两种绦虫的形态区别。

表 2-3 微小膜壳绦虫与缩小膜壳绦虫的形态鉴别

鉴别点	微小膜壳绦虫	缩小膜壳绦虫
成虫		
头节		
成节		
孕节		
虫卵		

（2）比较细粒棘球蚴与多房棘球蚴的形态及致病差异。

（吴 翔）

第三节 线 虫

一、似蚓蛔线虫

似蚓蛔线虫（*Ascaris lumbricoides*）简称蛔虫，成虫寄生于人体小肠内，引起蛔虫病。受精蛔虫卵随宿主粪便排出体外，在适宜条件下发育为内含第二期幼虫的感染期蛔虫卵，感染期蛔虫卵经口进入人体消化道，在小肠内孵出幼虫，侵入肠黏膜和黏膜下层，进入小静脉血管（或淋巴管），经肝、右心到达肺（侵入淋巴管的经胸导管入静脉而达肺部），穿破肺泡毛细血管，进入肺泡，在此进行第 2 次和第 3 次蜕皮，然后幼虫沿支气管、气管移行至咽部，随吞咽动作进入人体消化道，在小肠内完成第 4 次蜕皮并发育为成虫。由于蛔虫产卵量大，故常采用粪便直接涂片法进行病原学检查，查到虫卵而确诊。

【实验目的】

（1）掌握蛔虫成虫和虫卵的形态特征。

（2）熟悉蛔虫对人体的主要危害及致病机制。

（3）以蛔虫为例了解线虫形态和生活史基本特点。

【实验内容】

1. 实验观察内容

（1）成虫：成虫液浸标本、内部结构解剖标本、横切面及唇瓣染色标本。

（2）虫卵：虫卵悬液涂片（受精蛔虫卵、未受精蛔虫卵、脱蛋白膜蛔虫卵）及感染期虫卵玻片标本。

（3）病理标本：蛔虫性肠梗阻、蛔虫性肠穿孔、蛔虫成虫在胆道和阑尾内的病理标本。

2. 实验操作内容

（1）生理盐水直接涂片法、饱和氯化钠溶液浮聚法、水洗沉淀法和厚涂片透明法。

（2）蛔虫成虫的体外培养。

【实验观察】

1. 成虫

（1）液浸标本：肉眼观察。成虫为长圆柱体状，中间稍膨大，两端逐渐变细（图 2-48）。新鲜虫体呈淡红色或微黄色，固定后呈灰白色或灰黄色。体表可见横纹和两条明显的侧线。雌虫大于雄虫。雄虫长 15 ～ 31cm，最宽处直径为 2 ～ 4mm，末端向腹部卷曲，有时可见 2 根白色象牙状的交合刺。雌虫体长为 20 ～ 35cm，个别可达 40cm，最宽处直径为 3 ～ 6mm，末端尖细而直（图 2-49）。

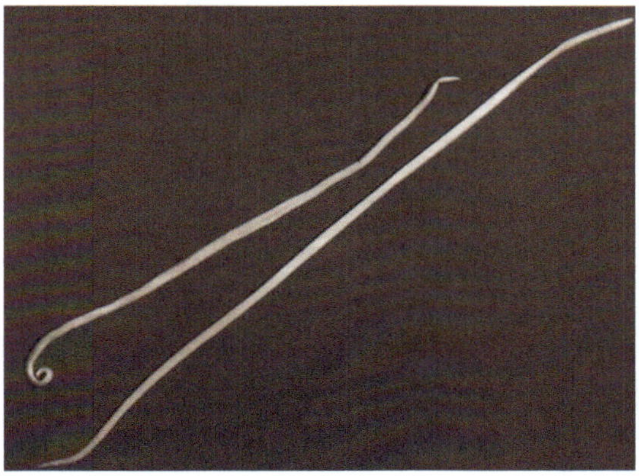

图 2-48　蛔虫成虫

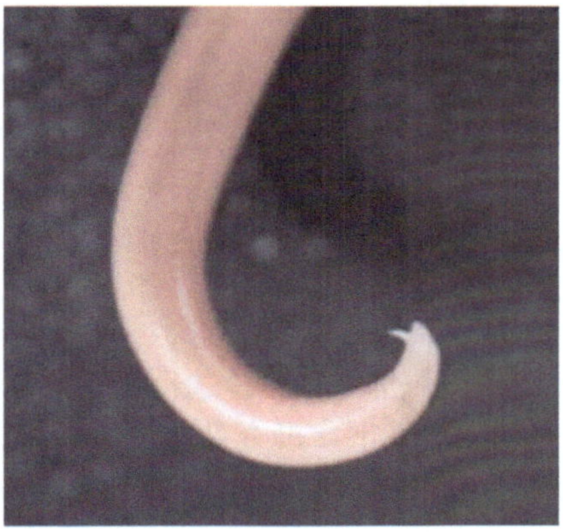

图 2-49　蛔虫雄虫末端

（2）内部结构解剖标本：液浸标本，肉眼观察。

消化系统：虫体中央纵向腹侧面有一粗大的直管，即为消化道，由口、咽、食管和肠管组成。雄虫肠管末端伸入泄殖腔，由泄殖孔通向体外。雌虫肠管末端为肛门。

生殖系统：生殖器官非常发达，细长如线，迂回盘曲。

雄性生殖器官为单管型，由睾丸、输精管、贮精囊和射精管等组成。最细端为起始部即睾丸，然后连接逐渐膨大的输精管、贮精囊、射精管，其中贮精囊最粗，但它们之间的界限肉眼难以分辨。射精管最后与直肠共同通入虫体末端的泄殖腔。

雌性生殖器官为双管型，由卵巢、输卵管、子宫、阴道和阴门等组成。最细端为起始部即卵巢，连接逐渐膨大的输卵管，然后接子宫（最粗），两子宫汇合入阴道，阴门开口于虫体前 1/3 的腹面中线上（图 2-50）。

（3）横切面染色标本：卡红染色，低倍镜下观察。体壁由角皮层、皮下层和纵肌层组成，最外层为角皮层，其下为皮下层和纵肌层。皮下层伸入原体腔内并增厚，背腹及两侧分别形成四条纵索。蛔虫属多肌型，肌肉细胞多而长。肠壁由单层柱状上皮细胞组成。体壁和消化道之间的腔隙为原体腔，腔内充满液体，内部器官，如生殖、消化器官浸浴其中。

（4）唇瓣：卡红染色，低倍镜下观察。标本系将蛔虫前端切下，经固定、染色处理后，用树胶封藏而成。口孔周围有 3 片唇瓣呈“品”字形排列。背唇 1 片，较大，扁椭圆形，近基部两侧有突出的乳突 1 对。腹唇 1 对，较小，每唇基部正中亦各有乳突 1 个，均为感觉器官。唇瓣内缘具有细齿（图 2-51）。

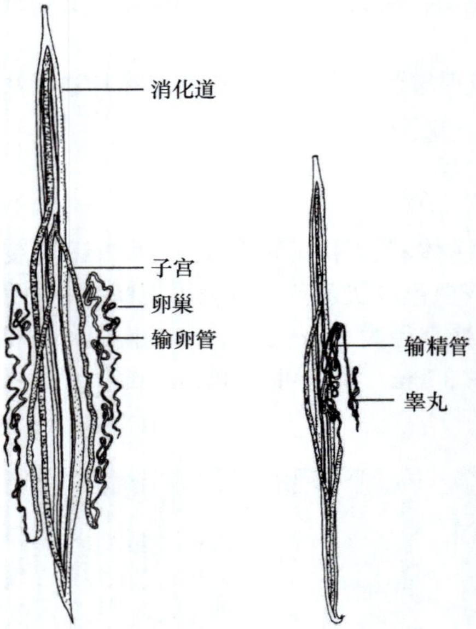

图 2-50 蛔虫成虫内部结构解剖

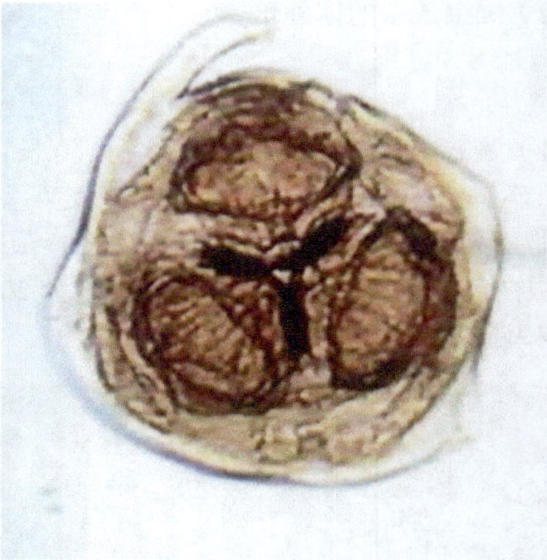

图 2-51 蛔虫唇瓣

2. 虫卵

（1）蛔虫卵悬液涂片：低倍镜下寻找虫卵，高倍镜下仔细观察。虫卵来源于蛔虫病患者的新鲜粪便。镜下常可查见 2 种蛔虫卵，即受精蛔虫卵和未受精蛔虫卵（图 2-52），有时尚可见脱蛋白膜蛔虫卵。

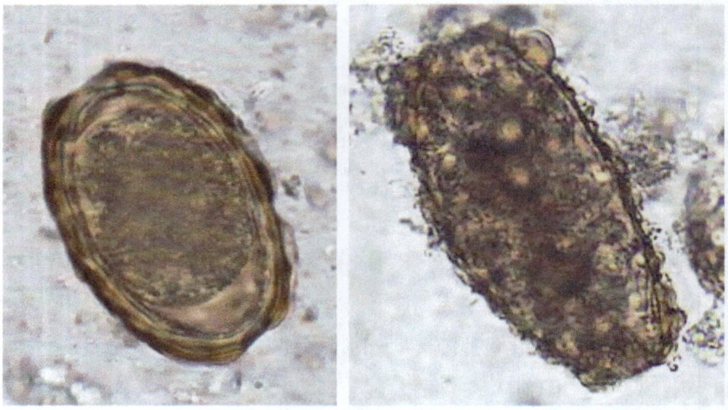

A B

图 2-52 蛔虫卵

A. 受精蛔虫卵；B. 未受精蛔虫卵

1）受精蛔虫卵：宽椭圆形，大小为（45 ～ 75）μm×（35 ～ 50）μm，棕黄色。壳较厚，壳外有一层由虫体子宫分泌的蛋白质膜，表面凹凸不平，且在肠道内被胆汁染成棕黄色。壳内有一大而圆的卵细胞，且与壳间两端形成新月形空隙。

2）未受精蛔虫卵：长椭圆形或不规则形，大小为（88～94）μm×（39～44）μm，棕黄色。卵壳较薄，蛋白质膜亦薄，卵内含有许多大小不一的屈光颗粒。

3）脱蛋白质膜蛔虫卵：无论受精蛔虫卵或未受精蛔虫卵，蛋白质膜有时可全部或部分脱落，此时虫卵无色透明，卵壳表面光滑，其他特点同相应的有蛋白质膜蛔虫卵。脱蛋白膜蛔虫卵与钩虫卵在大小、形状及颜色上相似，但卵壳的厚度和卵内细胞数等不同，应注意区别（图2-53）。

（2）感染期蛔虫卵玻片标本：低倍镜下寻找虫卵，高倍镜下仔细观察。感染期虫卵内含有1条卷曲的幼虫，其他特点同受精蛔虫卵（图2-54）。

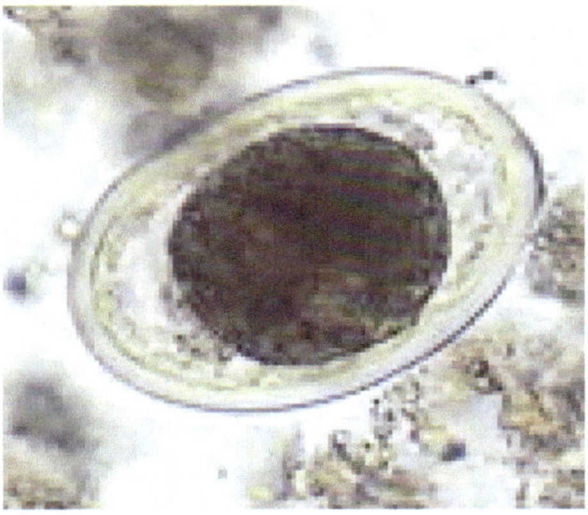

图2-53　脱蛋白质膜蛔虫受精卵

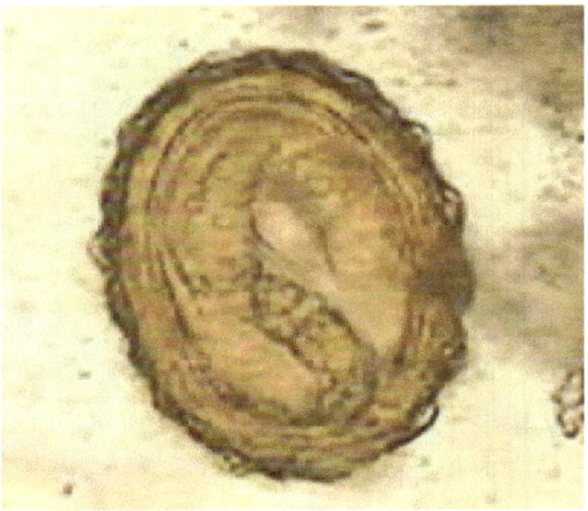

图2-54　感染期蛔虫卵

3. 病理标本

（1）蛔虫性肠梗阻病理标本：肠管内有多条蛔虫扭结在一起，造成肠梗阻（图2-55）。

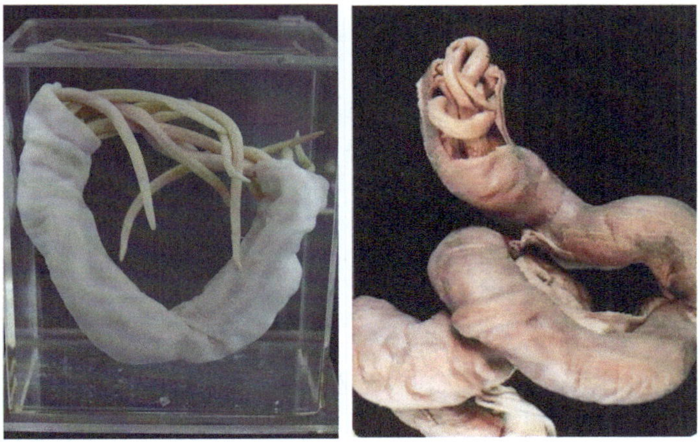

图2-55　蛔虫性肠梗阻

（2）蛔虫性穿孔病理标本：肠管的蛔虫穿孔、穿透患者肠壁。

（3）蛔虫成虫在胆道内的病理标本：蛔虫钻入胆道，引起胆道蛔虫症。肝门胆管内有可见1条蛔虫。

（4）蛔虫成虫钻入阑尾的病理标本：蛔虫钻入阑尾，阑尾腔内可见1条蛔虫寄生。

【实验操作】

（1）生理盐水直接涂片法、饱和氯化钠溶液浮聚法、水洗沉淀法和厚涂片透明法（改良加藤法）：见第四篇第十一章第一节。

（2）蛔虫成虫的体外培养

1）材料：活体蛔虫成虫（猪蛔虫或患者体内刚排出的虫体）、无菌生理盐水、0.1%葡萄糖、100U/ml青霉素、100μg/ml链霉素等。

2）步骤：将活蛔虫迅速置于预温30℃的无菌生理盐水中洗涤5～6次，然后选取成熟、活动性好的雌虫4条、雄虫1条，置于含0.1%葡萄糖、100U/ml青霉素、100μg/ml链霉素的生理盐水中，置30℃恒温箱中培养。每日更换新鲜培养基1次。

【作业与思考题】

1. 课堂作业　用普通铅笔绘制受精蛔虫卵和未受精蛔虫卵图，并注明结构名称及放大倍数。

2. 课后思考题　蛔虫感染后对人体的主要危害是什么？如何进行病原学诊断？若粪检结果为阴性，能否排除蛔虫感染？为什么？

二、毛首鞭形线虫

毛首鞭形线虫（*Trichuris trichiura*）简称鞭虫，成虫寄生于人体盲肠，感染严重时也可寄生于结肠、直肠甚至回肠下端。虫卵随粪便排出，在土壤中，约经3周发育为含幼虫的感染期虫卵。感染期虫卵以污染食物或饮水的方式，经口使人感染，在小肠腔内孵出幼虫，幼虫钻入肠上皮内摄取营养发育，再移行至盲肠发育为成虫。常用直接涂片法、改良加藤法、饱和盐水浮聚法，从粪便中检查虫卵。由于鞭虫卵较小，易漏检，需要反复检查。

【实验目的】

（1）掌握鞭虫卵的形态特征。

（2）熟悉鞭虫成虫形态特征。

（3）了解鞭虫致病机制。

【实验内容】

1. 实验观察内容

（1）观察成虫液浸标本和寄生于肠壁的病理标本。

（2）观察虫卵悬液玻片标本。

2. 实验操作内容

（1）线虫成虫的固定和保存。

（2）虫卵悬液玻片标本的制作。

（3）Stoll氏稀释虫卵计算法。

【实验观察】

1. 成虫液浸标本　肉眼观察。灰白色，外形似马鞭，前3/5细长，后2/5较粗。雌虫长30～50mm，尾端平直钝圆。雄虫长30～45mm，尾端向腹面环状卷曲，交合刺1根（图2-56）。

2. 虫卵悬液玻片标本　低倍镜下寻找虫卵，高倍镜下仔细观察（观察虫卵玻片标本时，光线不宜太强）。虫卵较小，大小为（50～54）μm×（22～23）μm，纺锤形（腰鼓形），黄褐色。卵壳较厚不透明，卵壳两端各有1个透明塞状突起——盖塞（透明栓），从新鲜粪便中检获的虫卵内含1个长椭圆形、尚未分裂的受精卵细胞（图2-57）。

3. 成虫寄生于肠壁的病理标本　前端细长，口囊内有口矛，利于其插入肠壁吸收营养，造成肠壁点状出血与炎症。图2-58示鞭虫成虫以前端插入肠黏膜内寄生，尾端游离于肠腔。

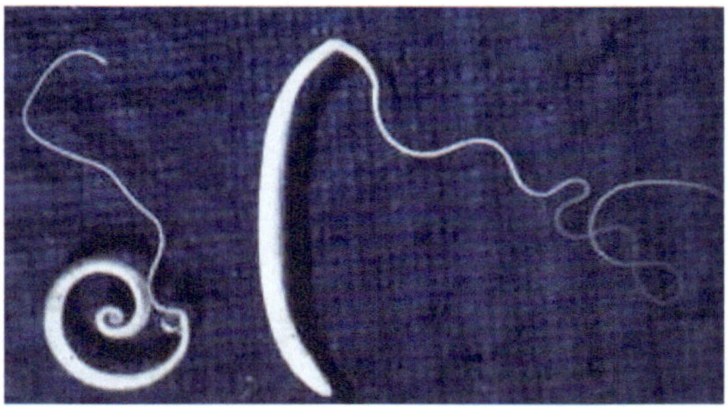

图 2-56　鞭虫成虫

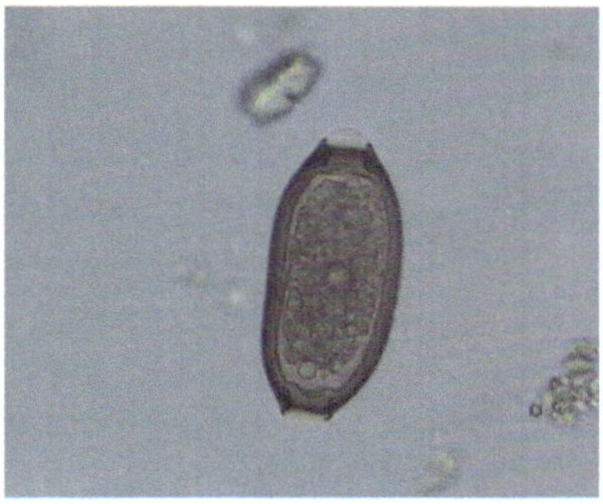

图 2-57　鞭虫卵

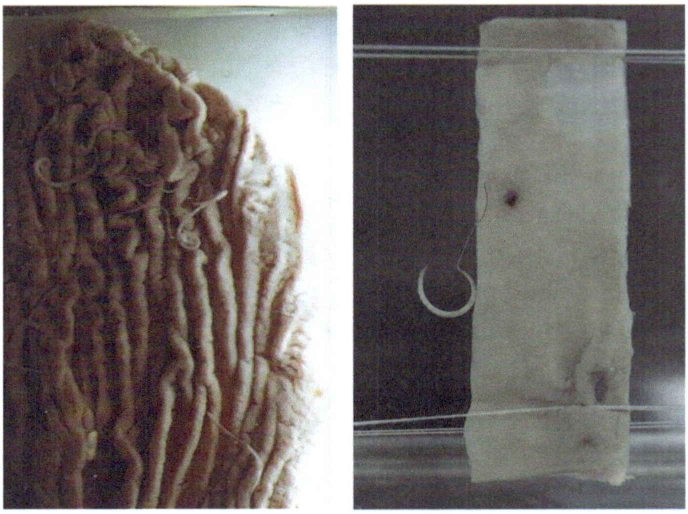

图 2-58　鞭虫成虫寄生于肠壁

【实验操作】

1. 线虫成虫的固定和保存　虫体用生理盐水洗涤后放入固定液内，通常钩虫、鞭虫等用 5% 甘油乙醇溶液（70% 乙醇溶液 95ml，甘油 5ml）固定。甘油乙醇溶液加温后才投入虫体，可令其体态伸直，效果更好，蛔虫虫体较大，用 5% 福尔马林液固定。

上述固定液又可作保存液。此外，亦可保存在 70% 乙醇溶液中。

2. 虫卵悬液玻片标本的制作

（1）虫卵的固定：将收集的虫卵洗涤干净后，根据虫卵的种类选择固定液和固定方法。含有幼虫的虫卵可直接倾入固定液内浸泡，24h 后更换固定液，即可保存。含细胞的虫卵则先将固定液煮沸、然后倾入虫卵，浸泡 24h 后更换固定液保存。

常用固定液：5% 福尔马林、5% 甘油乙醇溶液。

（2）虫卵玻片标本的制作：用镊子取一小试管倒置，将试管口置于酒精灯上加热，稍冷却后在石蜡中蘸取少量石蜡，在一洁净载玻片中央轻轻盖上一个封闭的石蜡圈，吸取 1 滴已经固定的虫卵悬液置石蜡圈内，盖上盖玻片，轻压无液体溢出，然后在盖玻片上滴加拿大树胶 2～3 滴，把盖玻片封于其上，平放自然干燥。此法简易，制作的虫卵标本可较长时间保存。观察时请勿压破盖玻片。

3. Stoll 氏稀释虫卵计算法　本法用作调查感染度，具体操作见第四篇第十一章第一节。

【作业与思考题】

1. 课堂作业　用普通铅笔绘制鞭虫卵图，并注明结构名称和放大倍数。

2. 课后思考题　比较鞭虫与蛔虫生活史的异同。

三、蠕形住肠线虫

蠕形住肠线虫（*Enterobius vermicularis*）简称蛲虫，成虫通常寄生于人体的盲肠、结肠和回肠下段，重度感染时也可达胃和食管等处。雌雄虫在肠腔交配后，雄虫很快死亡；当人睡眠肛门括约肌松弛时，雌虫移行至肛门外，产卵于肛门周围和会阴皮肤皱褶处。排卵后虫体大多死亡，少数可返回肠腔，也可钻入阴道、子宫、尿道、腹腔等部位，引起异位寄生。利用雌蛲虫在人体肛门周围产卵的特点，病原学诊断常用透明胶纸拭子法或棉签拭子法，于清晨便前和洗澡前检查虫卵，在粪便中或夜间在肛门周围检获到雌虫也可确诊。蛲虫一般不在肠道内产卵，故粪便检查虫卵往往为阴性。

【实验目的】

（1）掌握雌虫成虫和蛲虫卵的形态。

（2）熟悉肛周拭子法的操作方法。

（3）了解蛲虫的致病机制及临床表现。

【实验内容】

（1）观察雌雄成虫液浸标本和染色玻片标本。

（2）观察虫卵悬液玻片标本。

【实验操作】

（1）透明胶纸法。

（2）棉签拭子法。

图 2-59　蛲虫雌虫

【实验观察】

1. 成虫

（1）雌雄成虫液浸标本：用肉眼或放大镜观察。虫体细小，乳白色。雄虫大小为（2 ～ 5）mm×（0.1 ～ 0.2）mm，体后端向腹面卷曲，呈“6”字形，有交合刺 1 根。雌虫大小为（8 ～ 13）mm×（0.3 ～ 0.5）mm，虫体中部因内含充满虫卵的子宫而较膨大，尾端长直而尖细且透明，尖细部分占体长 1/3，整个虫体略呈长纺锤形（图 2-59）。

（2）雌虫染色玻片标本：卡红染色。低倍镜下观察。体前端的角皮膨大形成透明角质状的头翼。咽管末端膨大呈球形，称咽管球（图 2-60）。内部可以观察到消化道和生殖器官。生殖器官为双管型，由卵巢、输卵管和子宫组成，2 个子宫汇合成阴道，开口于虫体前 1/3 处的腹面侧正中线上，有时可见子宫内充满虫卵。

2. 虫卵　悬液玻片标本，低倍镜下寻找虫卵，高倍镜下仔细观察（蛲虫卵无色透明，观察虫卵玻片标本时，光线不宜太强）。虫卵无色透明，大小为（50 ～ 60）μm×（20 ～ 30）μm，呈“D”形，一侧较平，一侧稍凸。卵壳厚，内含一条卷曲的幼虫（图 2-61）。

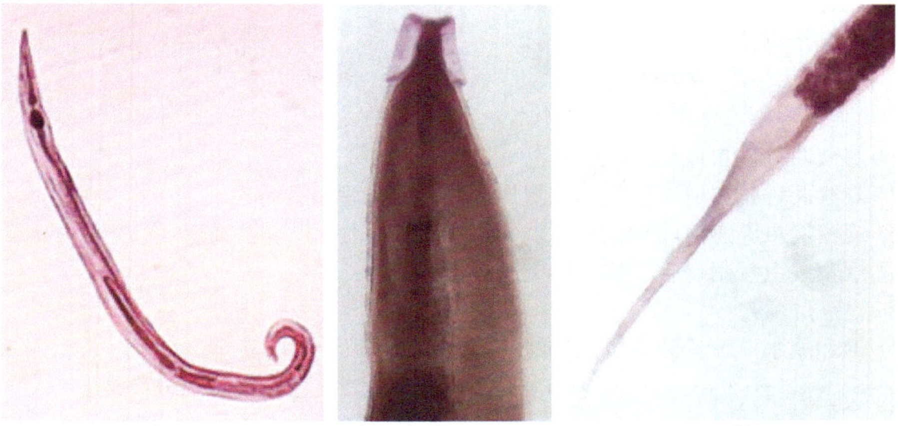

A　　B　　C

图 2-60　蛲虫成虫染色标本

A. 雄虫；B. 雌虫头端；C. 雌虫尾端

【实验操作】

1. 透明胶纸法　清晨便前或洗澡前，用长约 6cm，宽约 2cm 的市售透明胶纸，粘擦待检者肛门周围的皮肤，将有黏胶的一面平贴于洁净载玻片上镜检。

2. 棉签拭子法　用生理盐水湿润的棉签轻轻擦拭待检者肛门周围皮肤，然后放入盛有饱和氯化钠溶液的青霉素小瓶中，用浮聚法检查虫卵。

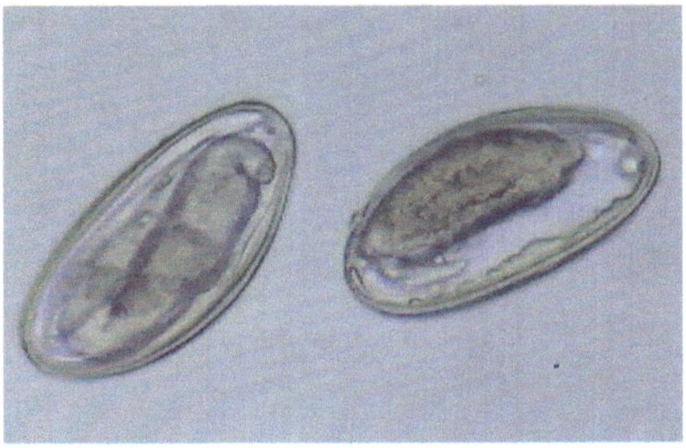

图 2-61　蛲虫卵

【作业与思考题】

1. 课堂作业　用普通铅笔绘制蛲虫卵图，并注明结构名称和放大倍数。

2. 课后思考题　蛲虫感染方式有哪些？为何多见于群居的儿童？

四、十二指肠钩虫和美洲钩虫

寄生人体的钩虫主要有十二指肠钩口线虫（*Ancylostoma duodnale*）和美洲板口线虫（*Necator americanus*），分别简称为十二指肠钩虫和美洲钩虫，可引起以贫血为主要症状的钩虫病。两种钩虫成虫均寄生在人体小肠，靠其口囊内的钩齿或板齿咬附在肠黏膜上，摄食宿主血液作为营养。虫卵随宿主粪便排出体外，在疏松土壤中，孵出幼虫，发育为丝状蚴。丝状蚴钻入人体皮肤，进入血管或淋巴管，随血流到肺，穿过微血管进入肺泡，再沿支气管向上移行到咽，被吞入食管，经胃到达小肠后发育为成虫。粪检发现虫卵或孵出钩蚴是确诊的主要依据。常用方法有饱和盐水浮聚法、生理盐水直接涂片法、厚涂片透明法、玻片浓集法和钩蚴培养法等。

【实验目的】

（1）掌握钩虫卵的形态特征。

（2）掌握钩虫成虫与致病作用相关的形态结构。

（3）掌握钩虫病的病原学诊断方法。

（4）熟悉两种钩虫形态的鉴别要点。

（5）了解钩蚴分离法。

【实验内容】

1. 实验观察内容

（1）观察两种钩虫成虫液浸标本。

（2）观察两种钩虫成虫口囊和雄虫尾部交合伞染色玻片标本。

（3）观察钩虫卵悬液涂片。

（4）观察成虫咬附寄生于宿主肠壁的病理标本。

2. 实验操作内容

（1）饱和盐水浮聚法和钩蚴培养法。

（2）巴门氏钩蚴分离法。

（3）纱布垫钩蚴分离法。

【实验观察】

1. 成虫

（1）液浸标本：肉眼观察。小型虫体，乳白色或米黄色，雌虫长约 1cm，尾端钝圆。雄虫较小，尾端膨大成伞形。两种钩虫成虫弯曲情况不同，可作为虫种鉴别特征之一。十二指肠钩虫头端与尾端均向背面弯曲，弯曲方向一致，似"C"形；美洲钩虫头端向背面弯曲，尾端向腹面弯曲，两者弯曲方向相反，略似"S"形（图 2-62）。

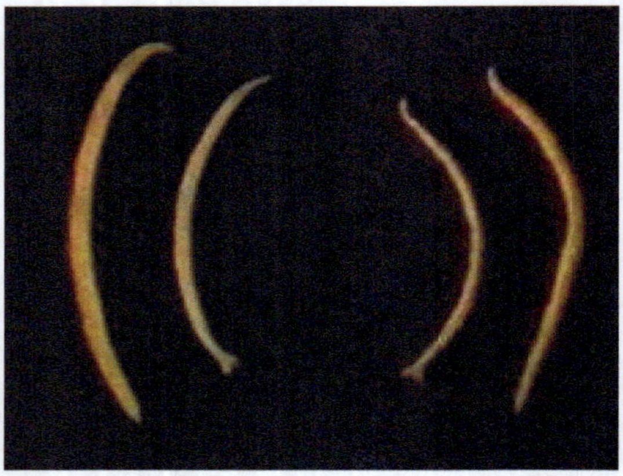

A　　B

图 2-62　两种钩虫成虫

A. 十二指肠钩虫；B. 美洲钩虫

（2）口囊染色玻片标本：取已染色的玻片标本（卡红染色），置于低倍镜下观察虫体的头端，观察钩齿和板齿时，光线不宜太强。十二指肠钩虫口囊腹侧有 2 对钩齿，美洲钩虫口囊腹侧有 1 对半月形板齿（图 2-63）。

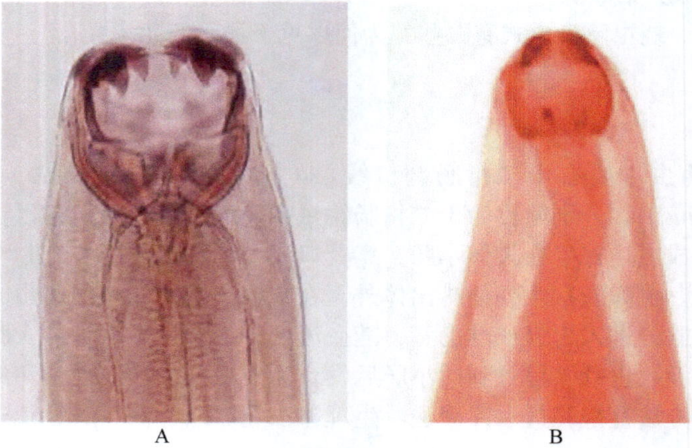

A　　B

图 2-63　两种钩虫口囊

A. 十二指肠钩虫；B. 美洲钩虫

（3）雄虫交合伞染色玻片标本：取已染色（卡红染色）的玻片标本置于低倍镜下，观察雄虫尾部交合伞的特点。交合伞由 2 个侧叶和 1 个背叶组成，其内有许多肌性辐肋，依其部位不同分别称为背辐肋、侧辐肋和腹辐肋。十二指肠钩虫交合伞呈圆形或类圆形，背辐肋在远端 1/3 处分为 2 支，每支再分 3 小支（图 2-64）。美洲钩虫交合伞呈扁形、扇形或椭圆形，背辐肋从基部分为 2 支，每支再分 2 小支（图 2-65）。

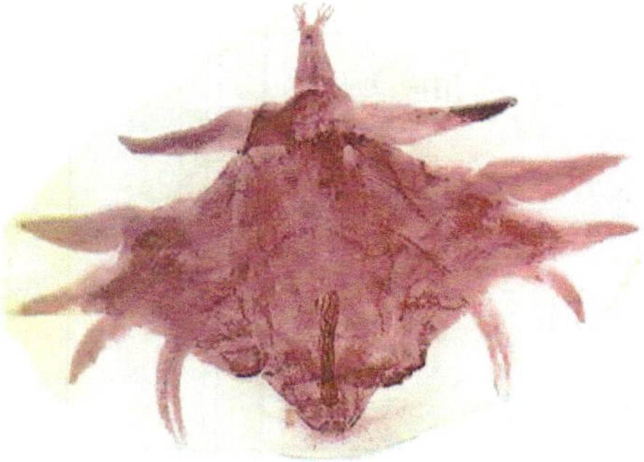

图 2-64 十二指肠钩虫交合伞

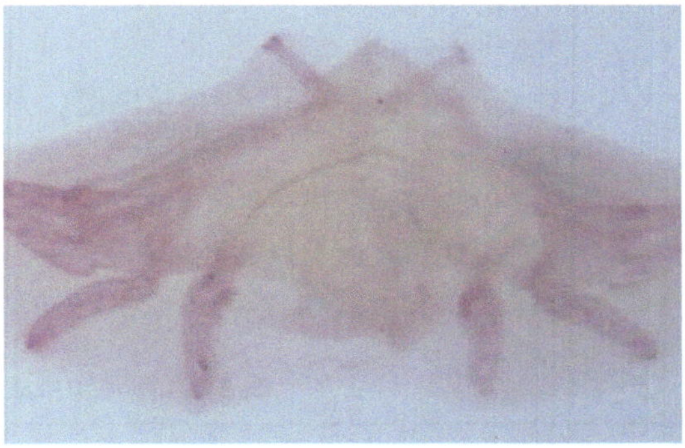

图 2-65 美洲钩虫交合伞

2. 虫卵 悬液涂片，低倍镜下寻找虫卵，高倍镜下仔细观察。钩虫卵无色透明，观察时光线不宜太强。虫卵呈椭圆形，两端较圆，大小为（56 ～ 76）μm×（36 ～ 40）μm，壳很薄，无色透明，内含 2 ～ 8 个卵细胞或多细胞期，若患者便秘或粪便放置过久，虫卵细胞可继续分裂为多细胞期，有时可见桑葚期甚至含蚴卵。卵壳与细胞间有明显的空隙。十二指肠钩虫卵与美洲钩虫卵极为相似，不易区分（图 2-66）。

3. 成虫咬附寄生于肠壁的病理标本 可见数条钩虫成虫以口囊内的板齿或钩齿咬附在宿主肠壁上，同时注意观察肠黏膜表面的小溃疡和出血点（图 2-67）。

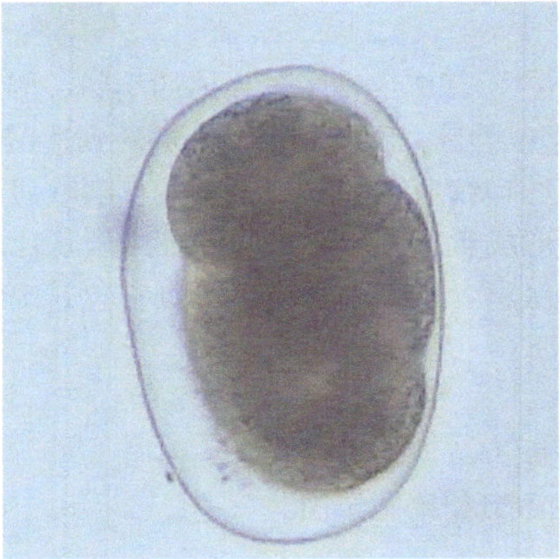

图 2-66 钩虫卵

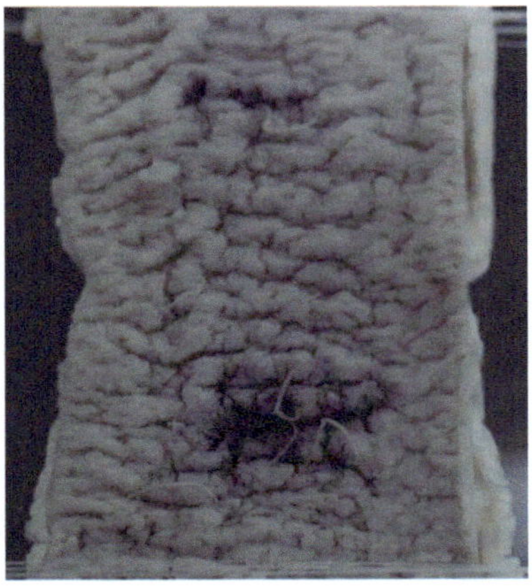

图 2-67 钩虫咬附寄生于肠壁

【实验操作】

1. 饱和盐水浮聚法和钩蚴培养法 见第四篇第十一章第一节。

2. 巴门氏钩蚴分离法

（1）实验原理：钩蚴有向温性，在两个不同的温度中，向温度较高的方向爬动。

（2）操作方法：将被检泥土置于垫有 3 层纱布的铜筛内，把铜筛放在漏斗中。漏斗下方连接胶管，拧紧止水夹。加约 40℃的温水至漏斗内，使水平面接触铜筛底层泥土。20min 后开放止水夹，将漏斗底层液体收集在离心管，离心 1 ～ 2min，或静置 10 ～ 20min，倾去上清液，吸取沉渣滴在玻片上，置解剖镜或低倍镜下检查钩蚴。

3. 纱布垫钩蚴分离法　用约 40℃的温水湿透纱布垫（6 ～ 7 层纱布）盖在被检泥土上面，再盖上培养皿。20min 后取出纱布垫，在清水中荡洗，洗液静置后，吸取沉渣滴在玻片上，置解剖镜或低倍镜下检查钩蚴。

【作业与思考题】

1. 课堂作业　用普通铅笔绘制钩虫卵图，并注明结构名称和放大倍数。

2. 课后思考题

（1）钩虫是如何感染宿主的？对宿主有哪些危害？如何确诊钩虫病？

（2）简述钩虫病流行与自然环境的关系。

（3）填写表 2-4，比较两种钩虫成虫的主要形态区别。

表 2-4　两种钩虫成虫主要形态鉴别

鉴别点	十二指肠钩虫	美洲钩虫
大小		
体形		
口囊		
交合伞		
背辐肋		
交合刺		
尾刺		

五、旋毛形线虫

旋毛形线虫（*Trichnella spiralis*）简称旋毛虫，其成虫寄生于人体的小肠，雌虫产幼虫时侵入肠黏膜内，大多数新生幼虫侵入局部淋巴管或静脉，随淋巴或血液循环到达宿主各器官、组织。侵入部位多为活动较多、血液供应丰富的横纹肌，如膈肌、舌肌、咽喉肌、胸肌及腓肠肌等处。幼虫穿破微血管，进入肌细胞逐渐形成囊包。旋毛虫病的临床表现比较复杂，故单从临床症状及时做出准确的诊断较为困难，从患者肌肉内活检出幼虫囊包是确诊依据，血清学方法可辅助诊断。

【实验目的】

（1）掌握幼虫囊包的形态特点和病原学诊断方法。

（2）通过感染动物实验，了解旋毛虫的生活史和致病作用。

【实验内容】

（1）观察成虫染色标本。

（2）观察幼虫囊包压片染色标本。

【实验操作】

（1）旋毛虫感染实验动物。

（2）旋毛虫幼虫囊包活体检查。

【实验观察】

1. 成虫染色玻片标本　卡红染色，低倍镜下观察。成虫微小，线状，虫体前端细，后端稍粗。雄虫大小为（1.4 ～ 1.6）mm×（0.04 ～ 0.05）mm；雌虫为（3.0 ～ 4.0）mm×0.06 mm。消化道的咽管长度为虫体长的 1/3 ～ 1/2，其结构特殊，前段自口至咽神经环部位为毛细管状，其后略为膨大，后段又变为毛细管状，并与肠管相连。后段咽管的背侧有一列由呈圆盘状的特殊细胞 - 杆细胞组成的杆状体。雌雄成虫生殖器官均为单管型。雄虫末端有 2 片叶状交配附器。雌虫子宫较长，其中段含虫卵，后段和近阴道处充满幼虫。

2. 幼虫囊包压片染色标本　卡红染色，低倍镜和高倍镜下观察。囊包呈梭形，多见于横纹肌内，其纵轴与肌纤维平行，大小为（0.25 ～ 0.5）mm×（0.21 ～ 0.42）mm。有双层囊壁，囊内有 1 ～ 2 条卷曲的幼虫，亦可多达 6 ～ 7 条，幼虫的形态结构与成虫相似（图 2-68）。

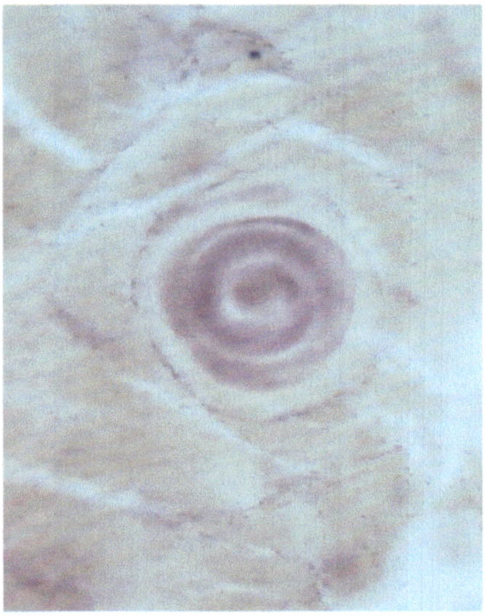

图 2-68　旋毛虫幼虫囊包压片

【实验操作】

1. 旋毛虫感染实验动物　见第二篇第五章第六节。

2. 旋毛虫幼虫囊包活体检查

（1）方法：将感染有旋毛虫的小鼠用乙醚处死，取米粒大小的横纹肌（腿部肌肉或膈肌）置于载玻片上，用另一载玻片加压，将两载玻片重叠，两端用线扎紧，置显微镜下观察。镜下可见梭形囊包，内含幼虫，长约 100μm，直径仅 6μm 左右，盘曲数周，头端在中央。

（2）注意事项：实验用过的小鼠肌肉、器械和玻片等均应煮沸消毒，避免污染和感染。

【作业与思考题】

1. 课堂作业　用普通铅笔绘旋毛虫幼虫囊包形态图，并注明结构名称、放大倍数和染色方法。

2. 课后思考题　简述旋毛虫病的防治原则。

六、班氏丝虫和马来丝虫

已知寄生人体的丝虫有 8 种，我国仅有班氏丝虫（*Wuchereria bancrofti*）和马来丝虫（*Brugia malayi*）流行，雌雄成虫常相互缠绕，寄生于淋巴管及淋巴结内。雌虫生殖器官为双管型，卵巢起于虫体后部，子宫很粗大，几乎充满虫体，近卵巢端内含许多小球状虫卵，向前逐渐成为不同发育时期的虫卵。成熟虫卵卵壳伸展成为鞘膜，包被幼虫成为微丝蚴，从生殖孔产出。微丝蚴具有明显的夜现周期性。雌蚊叮咬微丝蚴阳性患者时，微丝蚴被吸入蚊胃内，脱去鞘膜，穿过胃壁进入胸肌，经腊肠期蚴幼虫、感染前期幼虫发育成丝状蚴（感染期幼虫）。丝状蚴离开胸肌，移行至蚊口器，当蚊叮咬人时，侵入人体，到达淋巴管或淋巴结发育为成虫，导致急性期淋巴管的炎症及慢性期阻塞病变。夜间取外周血检查微丝蚴是确诊丝虫病的主要依据。

【实验目的】

（1）掌握两种微丝蚴的形态及鉴别要点。

（2）了解丝虫生活史、致病和流行病学特点。

（3）了解丝虫病的病原学诊断方法。

【实验内容】

1. 实验观察内容

（1）丝虫成虫

1）班氏丝虫和马来丝虫成虫液浸标本。

2）犬恶丝虫（*Dirofilaria immitis*）成虫液浸标本。

（2）微丝蚴

1）班氏微丝蚴和马来微丝蚴染色玻片标本。

2）微丝蚴未染色标本。

（3）蚊胸肌内的马来丝虫腊肠期幼虫。

（4）蚊喙内的马来丝虫感染期幼虫。

（5）丝虫中间宿主：致倦库蚊和中华按蚊。

（6）晚期丝虫患者照片。

2. 实验操作内容

（1）厚血膜检查法。

（2）新鲜血滴检查法。

（3）血液微丝蚴浓集法。

（4）乳糜尿及淋巴尿检查。

【实验观察】

1. 成虫

（1）班氏丝虫和马来丝虫成虫液浸标本：肉眼观察。两种丝虫成虫的形态相似。虫体乳白色，细长如丝线，雌虫大于雄虫，体表光滑。头端略膨大，呈球形或椭球形，雄虫尾端向腹面呈螺旋状卷曲 2 ～ 3 圈，泄殖腔周围有数对乳突，从中伸出长短交合刺各 1 根。雌虫尾端钝圆，略向腹面弯曲。

（2）犬恶丝虫（*Dirofilaria immitis*）成虫液浸标本：肉眼观察。虫体寄生于犬右心室及肺动脉的丝虫。乳白色，线状。雄虫长约 12 ～ 16cm，尾部短而钝，有 2 根不等长的交合刺，虫体末端呈螺旋状弯曲。雌虫体长 20 ～ 30cm，尾端笔直（图 2-69）。

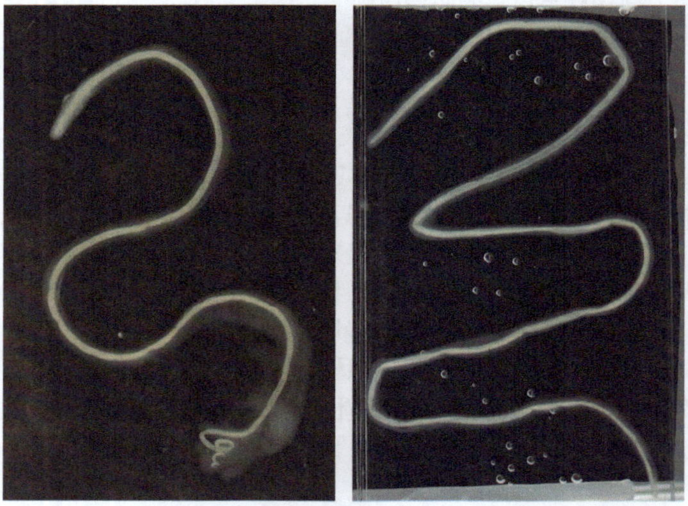

A　　B

图 2-69　犬恶丝虫成虫

A. 雄虫；B. 雌虫

2. 微丝蚴

（1）班氏微丝蚴染色玻片标本：铁苏木素染色。低倍镜下找到微丝蚴，高倍镜和油镜下仔细观察。低倍镜下先找到血细胞，血细胞呈深蓝色，极小点状物，布满整个视野。微丝蚴

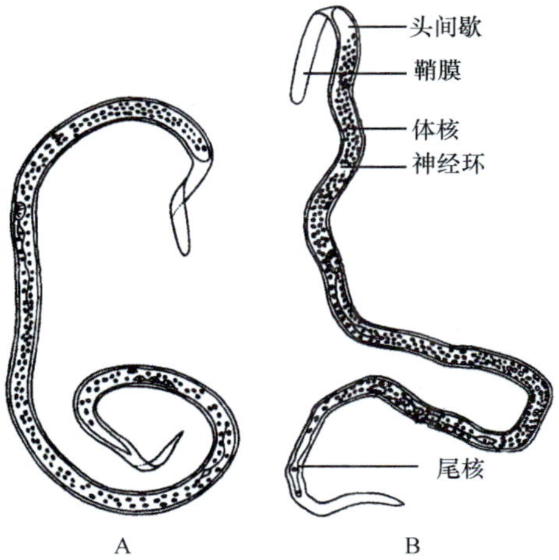

图 2-70　两种丝虫微丝蚴（模式图）
A. 班氏微丝蚴；B. 马来微丝蚴

为细小弯曲的、头发丝样、紫蓝色的丝线状（注意与其他纤维物质区别）。找到微丝蚴后将其调节于视野中心，再滴一滴镜油于玻片标本上，按油镜操作规程转用油镜观察，光圈要全部打开。班氏微丝蚴前端钝圆，后端尖细，体外被有一层无色透明的鞘膜，此鞘膜长于被包围的虫体前端及后端，尤以前端更明显。虫体体态弯曲较自然柔和，体内可观察到有许多被染成深蓝色的体细胞核（简称体核）。体核大小相等，呈圆形或椭圆形，排列整齐，分布均匀，核与核之间染色淡。在虫体最前端有一无体核区的空隙称为头间隙，头间隙的长度与虫体宽度相等或为虫体宽的 1/2。尾部亦无细胞核结构（无尾核）。

（2）马来微丝蚴染色玻片标本：标本染色与观察方法同班氏微丝蚴。一般结构和特点皆与班氏微丝蚴相同，与班氏微丝蚴的形态鉴别（图 2-70）如下所示。

1）体态弯曲不自然，较硬直，大弯上有小弯曲。

2）头间隙较长，其长度等于虫体宽度的 2 ～ 3 倍。

3）体核大小不等，形状不规则，排列紧密，常聚集在一起，不易分辨清楚。

4）尾部有 2 个尾核，前后排列，尾核处角皮略膨大。

重点观察两种微丝蚴在外形、体态、鞘膜、头间隙的长宽比例、体核特点及有无尾核等方面的区别（图 2-71）。

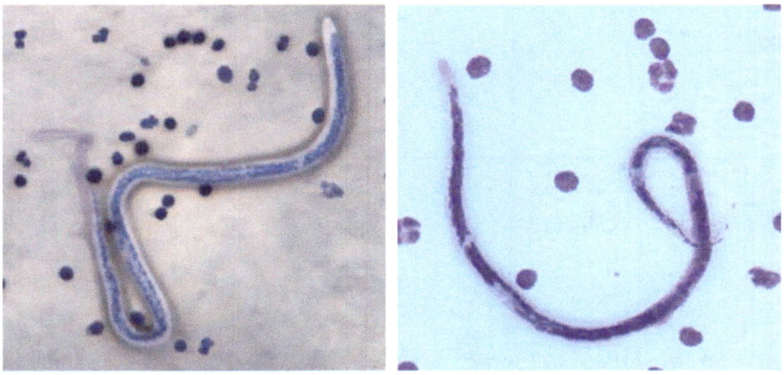

图 2-71　两种丝虫微丝蚴（铁苏木素染色）
A. 班氏微丝蚴；B. 马来微丝蚴

（3）微丝蚴未染色标本：厚血片经溶血后，在低倍镜下找到无色透明，反光性强的细长弯曲或卷曲的线状虫体后，再用高倍镜仔细观察（切忌用油镜，观察时光线不宜太强）。微丝蚴无色透明，细长弯曲或卷曲，反光性强，头端钝圆，尾端尖细。因未染色，体内结构不能见到，只能观察虫体大小及体态弯曲情况（不要与其他纤维物质混淆，纤维物质大小不等，无一定结构，边缘不整齐）。

3. 蚊胸肌内的马来丝虫腊肠期幼虫　腊肠期幼虫粗短，形如腊肠，大小为（124 ～ 250）μm×（10 ～ 17）μm。

4. 蚊喙内的马来丝虫丝状蚴　丝状蚴（感染期幼虫）体形细长、运动活泼，大小为（1400 ～ 1500）μm×（18 ～ 32）μm。

5. 中间宿主　致倦库蚊和中华按蚊，见第一篇第三章第一节。

6. 患者照片　下肢象皮肿、阴囊象皮肿和睾丸鞘膜积液等患者照片。

【实验操作】

1. 厚血膜检查法　见第四篇第十一章第一节。

2. 新鲜血滴检查法　取末梢血 2 大滴（可加入 1/100 000 肝素 1 滴）置载玻片中央，加上盖玻片后，在低倍镜下检查。微丝蚴在血液中扭动，推挤周围红细胞，做卷曲摆动的“蛇样”运动。实验材料取自患者或动物，取血后需及时镜检。

3. 血液微丝蚴浓集法　见第四篇第十一章第一节。

4. 乳糜尿及淋巴尿检查　乳糜尿需加乙醚（5ml 尿液 +2ml 乙醚）于试管内摇荡，溶解脂肪，弃乙醚，加水稀释后离心检查。淋巴尿易凝，应先加抗凝剂后直接涂片或用水稀释 10 倍离心取沉渣镜检。

【作业与思考题】

1. 课堂作业　用普通铅笔绘制两种微丝蚴形态图，显示其在油镜下所见特征，并注明结构名称、放大倍数和染色方法。

2. 课后思考题

（1）填写表 2-5，比较两种微丝蚴的形态区别。

表 2-5　两种微丝蚴的形态区别

鉴别点	班氏微丝蚴	马来微丝蚴
大小		
体态		
头间隙		
体核		
尾核		

（2）简述两种丝虫的致病特点。

七、其他寄生人体的线虫

粪类圆线虫（*Strongyloides stercoralis*）是一种机会致病性寄生虫。生活史复杂，包括自生世代和寄生世代。自生世代在外界土壤中发育。在寄生世代中，成虫主要在人、犬、猫等宿主的小肠内寄生，幼虫可侵入肺、脑、肝、肾等组织器官。粪类圆线虫在宿主体内的生活阶段包括成虫、虫卵、杆状蚴和丝状蚴。病原学检查主要从新鲜粪便、痰液、尿液或脑积液中，检获杆状蚴（或丝状蚴）或培养出丝状蚴。在腹泻患者的粪便中也可检出虫卵，但应进行多次检查以提高检出率，还可从胃和十二指肠液中查虫体。

广州管圆线虫（*Angiostrongylus cantonensis*）成虫寄生于鼠肺部血管。虫卵产出后进入肺毛细血管，孵出第 1 期幼虫，幼虫穿破肺毛细血管进入肺泡，沿呼吸道上行至咽，被吞入消化道，随宿主粪便排出，被中间宿主吞入或主动侵入后，幼虫可进入宿主肺及其他内脏和肌肉等处，经 2 次蜕皮后发育为第 3 期幼虫（感染期幼虫）。人是本虫的非适宜宿主，常因生食或半生食中间宿主（如福寿螺）或转续宿主（如鱼、虾、蟹等）而感染，也可因生吃被幼虫污染的蔬菜、瓜果或喝含幼虫的生水而感染，引起嗜酸粒细胞增多性脑膜脑炎和脑膜炎。诊断本病的依据：有生食或半生食含本虫的中间宿主的经历；又有某种神经系统受损症状和体征；脑脊液压力升高，白细胞总数明显增多，其中嗜酸粒细胞超过10%；免疫学检查阳性；从脑脊液中查出幼虫或发育期成虫，但病原检出率低。

结膜吸吮线虫（*Thelazia callipaeda*）成虫主要寄生于犬、猫等家畜，亦可寄生于人的眼结膜囊及泪管内，以上结膜囊外眦多见，也可见于眼前房、泪小管、泪腺、眼睑和结膜下等处。多侵犯一侧眼，少数病例可双眼感染。

美丽筒线虫（*Gongylonema pulchrum*）成虫寄生于羊、牛、猪、熊、猴及人的口腔和食管的黏膜中。雌虫产出的虫卵自黏膜破溃处掉入消化道中，随宿主粪便排出体外，被中间宿主粪甲虫、蟑螂等吞食后，在其消化道内孵出幼虫。幼虫穿过肠壁进入血腔，形成囊状体。这种昆虫被终宿主吞食后，幼虫在终宿主胃内破囊而出，侵入胃或十二指肠的黏膜内，向上潜行到食管、咽或口腔等处的黏膜，发育为成虫。

【实验目的】

（1）掌握粪类圆线虫、广州管圆线虫、结膜吸吮线虫及美丽筒线虫的鉴别要点。

（2）了解粪类圆线虫、广州管圆线虫、结膜吸吮线虫及美丽筒线虫基本形态和生活史特点。

（3）了解粪类圆线虫、广州管圆线虫、结膜吸吮线虫及美丽筒线虫对人体的危害。

【实验内容】

（1）观察粪类圆线虫自生世代成虫染色玻片标本、寄生世代雌虫染色玻片标本、幼虫染色玻片标本及虫卵悬液玻片标本。

（2）观察广州管圆线虫成虫液浸标本、第3期幼虫染色玻片标本及中间宿主（福寿螺）。

（3）观察结膜吸吮线虫成虫液浸标本、染色玻片标本及初产蚴染色玻片标本。

（4）观察美丽筒线虫成虫液浸标本及染色玻片标本。

【实验观察】

1. 粪类圆线虫

（1）自生世代成虫染色玻片标本：卡红染色，低倍镜下观察。虫体小，长0.7～1.0mm，雄虫尾端向腹面卷曲，具2根交合刺。雌虫尾端尖细，成熟虫体子宫内有单行排列的虫卵。

（2）寄生世代雌虫染色玻片标本：卡红染色，低倍镜下观察。雌虫约2.2mm，虫体半透明，角皮具细横纹，尾端尖细，咽管细长，占虫体长的1/3～2/5，两子宫前后排列，各含单行排列的虫卵8～12个。

（3）幼虫染色玻片标本：卡红染色，低倍镜下观察。在生活史中幼虫有杆状蚴和丝状蚴两个时期，注意与钩虫的幼虫相区别。粪类圆线虫的杆状蚴大小为0.2～0.45mm，具双球形咽管。粪类圆线虫的丝状蚴即为感染期幼虫，虫体细长，大小为0.6～0.7mm，咽管呈柱状，尾端尖细，微分叉。

（4）虫卵悬液玻片标本：低倍镜下寻找虫卵，高倍镜下仔细观察。大小为（50～70）μm×（30～40）μm，椭圆形，略透明，卵壳薄，与钩虫卵相似，但较小，部分虫卵内含胚蚴。

2. 广州管圆线虫

（1）成虫液浸标本：肉眼观察。线状，头顶中央有一小圆口。雄虫长11～26mm。雌虫长17～45mm，子宫双管型，白色，与充满血液的肠管缠绕成螺旋纹。

（2）第三期幼虫染色玻片标本：卡红染色，低倍镜下观察。长为0.462～0.525mm，可见食管、肠管、排泄孔、肛孔及生殖原基。

（3）中间宿主（福寿螺）：肉眼观察。外形与田螺相似，卵圆形，直径为 3 ～ 6cm。螺口为卵圆形。贝壳大，壳薄脆易破。壳右旋、螺旋部不发达，螺层一般为 6 层，第一螺层比田螺大而且扁。螺体颜色随环境及螺龄不同而异，幼螺体一般呈灰白色，小螺为金黄色，成螺多呈深黄褐色。

3. 结膜吸吮线虫

（1）成虫液浸标本：肉眼观察。虫体细长，半透明，在眼结膜囊内寄居时为淡红色，离开人体后为乳白色。头端钝圆，具圆形的角质口囊，无唇。体表具有微细横纹，横纹的边缘锐利呈锯齿形。雄虫长 4.5 ～ 15mm，宽 0.25 ～ 0.75mm，尾端弯曲，2 根交合刺长短不一、形状各异。雌虫大小为（6.2 ～ 20）mm×（0.3 ～ 0.85）mm。

（2）成虫染色玻片标本：卡红染色，低倍镜下观察。细线状，体表具微细横纹，横纹的边缘呈锯齿状。头端钝圆，有角质口囊，其外周体表有内外两圈乳突。雌、雄虫肛周均有乳突数个。雄虫尾端向腹面卷曲，有两根长短和形状各异的交合刺。雌虫肛门距尾端很近。生殖器官双管型，阴门位于虫体前端，子宫内充满虫卵，近阴门处有发育成熟的盘曲幼虫。

（3）初产蚴染色玻片标本：卡红染色，低倍镜下观察。幼虫大小为（350 ～ 414）μm×（13 ～ 19）μm，外被鞘膜，盘曲状，尾部连一个较大的鞘膜囊。

4. 美丽筒线虫

（1）成虫液浸标本：肉眼观察。乳白色，细长如线状，雄虫平均长 25.16mm，雌虫为 52.09mm，体表有明显横纹。

（2）成虫染色玻片标本：低倍镜下观察。卡红染色。虫体体前部表皮有许多大小不等、花纹状的角质突纵行排列。雄虫尾部有较宽的膜状尾翼，两侧不对称。

【作业与思考题】

（1）粪类圆线虫卵与钩虫卵形态相似，鉴别困难，该如何鉴别？

（2）简述广州管圆线虫的致病机制和临床表现。

（高勇强）

第三章　医学节肢动物

第一节　昆　虫　纲

一、蚊

蚊（mosquito）叮吸人血，骚扰人类工作和休息，有些种类是传播疟疾、淋巴丝虫病、登革热和流行性乙型脑炎等疾病的重要媒介。蚊为全变态发育，生活史包括卵、幼虫、蛹和成虫四期。前三期生活在水里，仅雌性成蚊叮人吸血传播病原体。蚊的种类很多，与传播疾病有关的常见蚊种大多属于按蚊、库蚊和伊蚊三属。这三属蚊类，在形态、生态以及与疾病的关系等方面，都有所不同。

【实验目的】

（1）掌握三属蚊成虫的外形基本结构。

（2）掌握三属蚊生活史各期虫体的主要鉴别特征。

（3）熟悉刺吸式口器的构造。

（4）熟悉蚊生活史各期虫体的形态。

（5）了解刺吸式口器的传病方式。

（6）了解我国常见媒介蚊种。

（7）了解蚊虫解剖操作过程。

【实验内容】

（1）观察三属蚊成虫针插标本。

（2）观察蚊生活史各期的玻片标本。

（3）观察雌蚊刺吸式口器玻片标本。

（4）观察蚊翅玻片标本

（5）观察我国常见蚊种成虫针插标本。

【实验操作】　雌蚊成虫解剖：涎腺的解剖、蚊胃的解剖。

【实验观察】

1. 三属蚊成虫针插标本　肉眼或放大镜观察。成蚊体长 1.6 ～ 12.6mm，体色因种而异，分头、胸、腹三部分。注意观察蚊体大小、颜色、翅前缘有无斑点，胸部背面有无白纹，触须、触角，有无白环等特征，借以鉴别蚊种（图 3-1）。

（1）按蚊：体灰褐色，翅上有黑白鳞片聚集而形成的斑点。雌蚊触须有白环。雌、雄蚊触须均与喙等长，但雄蚊触须末端膨大。静止时，体与喙成一直线，与停歇面成一角度。

（2）库蚊：体黄褐色，翅上多无斑点，腹部有黄白条纹。雌蚊触须短于喙，雄蚊触须比喙长。静止时，体与喙不成一直线，与停歇面平行。

（3）伊蚊：体黑色，翅无斑，胸部背面有 1 条明显的纵行白纹，足有白环。雌蚊触须短于喙，雄蚊两者等长。静止时体与喙呈角度，与停歇面平行。

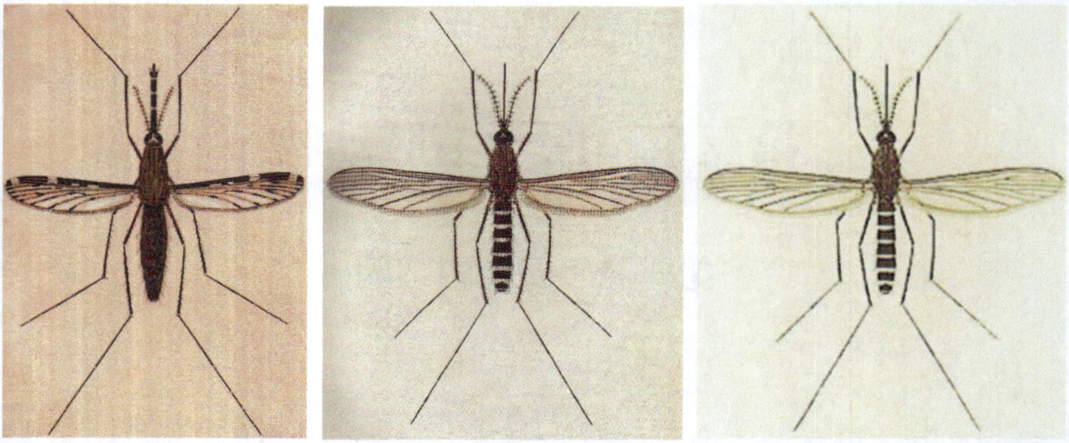

图 3-1　三属蚊成虫

A. 按蚊；B. 库蚊；C. 伊蚊

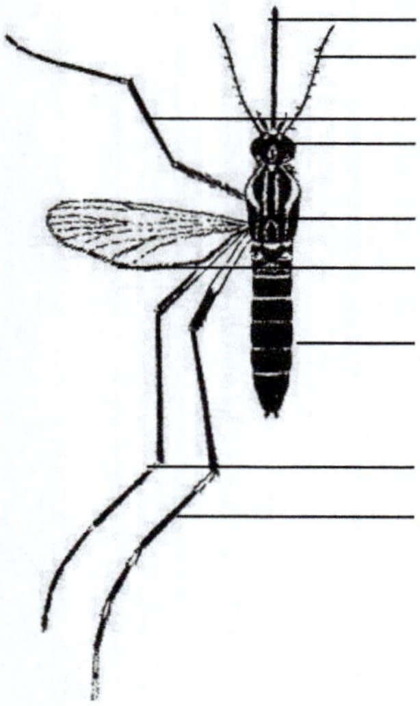

图 3-2　成蚊模式图

2. 蚊生活史各期的玻片标本

（1）成蚊玻片标本：用放大镜或低倍镜下观察。成蚊分头、胸、腹三部分，有翅 1 对及足 3 对（图 3-2）。蚊与其他双翅目昆虫的区别为：喙长，翅脉与翅缘上都有鳞片。

头部：半球形，两侧有 1 对褐色的复眼，眼的内侧有 1 对细长分节的触角，由 15 节组成，第一节称为柄节，第二节称为梗节，第三节以后称为鞭节，各鞭节上有一圈长刚毛，称为轮毛。雌雄蚊的主要区别是根据触角上轮毛的长短和疏密的不同来区别。雄蚊的触角有长而密的轮毛，外观如鸡毛掸子。雌蚊的触角轮毛短而稀。头的前下方为 1 根较粗长的喙（即口器），喙的两侧有 1 对分为 5 节的触须，喙与触须上均密生鳞片。触须的长短与形状，因种而异。库蚊和伊蚊雌蚊的触须明显比喙短，而雄蚊的触须则比喙长或与喙等长；雌雄按蚊的触须与喙略等长，但雄蚊触须的末端膨大，且向外弯。

胸部：分前、中、后 3 个胸节。前后胸节均退化，不易见。中胸发达，占胸部的大部分，其上有 1 对窄长的翅，翅脉与翅缘上都有鳞片，翅后缘有较长的鳞片，称缘缨。翅的鳞片可形成各种斑纹，有些种类可作为分类的依据。后胸上的翅退化为 1 对鼓槌样的平衡棒。中胸和后胸各具气门 1 对。足 3 对，细长，每足分基、转、股、胫、跗节共 5 节，跗节又分为 5 小节。

腹部：分 11 节，仅可见 8 节，末端 3 节特化为外生殖器。雌蚊末端有 1 对尾须，雄蚊则为复杂的钳状外生殖器。

（2）三属蚊幼虫玻片标本：解剖镜或低倍镜下观察。蚊幼虫可分头、胸、腹 3 部分。各部生有毛或毛丛。

头部：似梨状而略扁，有触角、复眼和单眼各 1 对，腹面有咀嚼式口器，两侧有口刷。

胸部：略呈方形，前胸、中胸、后胸融合为 1 节。

腹部：细长，可见 9 节。前 7 节形状相似。第 8 节背面有气门或呼吸管。注意库蚊和伊蚊的呼吸管、按蚊的气门及掌状毛的形态。

1）按蚊幼虫：无呼吸管，第 8 节背面有 1 对气门，除周身被有毛丛外，在 1 ～ 7 各腹节背面两侧有掌状毛。

2）库蚊幼虫：第 8 节背面有一向背后方伸展的细长呼吸管，上有呼吸管毛 1 对。

3）伊蚊幼虫：呼吸管较粗短，上有呼吸管毛多对。

（3）三属蚊蛹玻片标本：解剖镜或低倍镜下观察。蚊蛹形似逗点，分为头胸部和腹部，头胸部背面有呼吸管 1 对，腹部细长。

1）按蚊蛹：呼吸管短而粗，开口较大似漏斗状，前方有裂缝。

2）库蚊蛹：呼吸管细长，管口较小，前方无裂缝。

3）伊蚊蛹：呼吸管短而宽，口呈三角形，前方无裂隙。

（4）三属蚊卵玻片标本：解剖镜或低倍镜下观察。蚊卵大小为 0.5 ～ 1mm，外有卵壳。卵可分为前端、后端、背面和腹面。前端较大，后端较小，腹面较平，背面较凸。

1）按蚊卵：浅棕色，呈舟形，两侧有透明的浮囊，产出后分散漂浮在水面。

2）库蚊卵：浅褐色，圆锥形，无浮囊，前端较宽，顶部有 1 个小突起，后端较窄。产出后集成筏块，漂浮在水面。

3）伊蚊卵：深褐色，呈橄榄形，无浮囊，卵壳上有多角形的纹饰，产出后单个沉入水底。

3. 雌蚊口器玻片标本　低倍镜下观察。雌蚊口器（该标本是将雌蚊口器经 10% NaOH 溶液浸泡处理后，使紧卷的下唇松开，散出藏于其中的 6 根刺针状结构）属刺吸式，细长，由以下 5 部分结构组成：①下唇 1 根，粗大，呈槽形，外表有鳞片，末端有 2 个发达的唇瓣，槽内藏有 6 根刺针状结构；②上内唇 1 根，腹面凹陷，构成食管的内壁，横切面呈马蹄形；③舌 1 根，位于上内唇之下，扁薄，末端如针状；④上腭 1 对，末端较宽如刀状，具细锯齿，是蚊吸血时切割皮肤的工具；⑤下腭 1 对，末端较窄呈细刀状，其上锯齿粗稀，吸血时起锯刺皮肤的作用（图 3-3）。

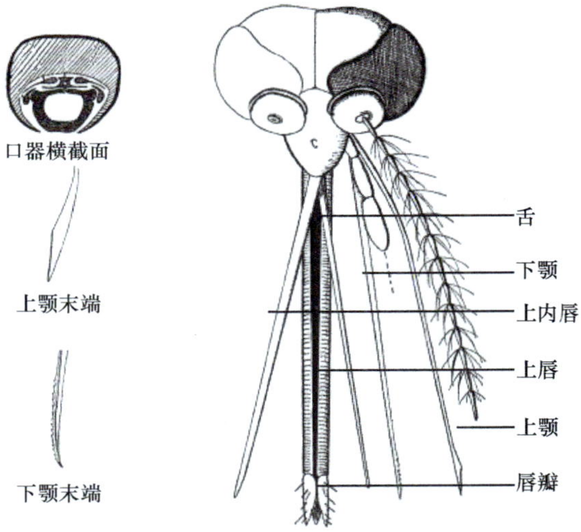

图 3-3　雌蚊口器模式图

雌蚊穿刺皮肤时，下唇留在皮肤外起支持作用，其内 6 根刺针则均插入皮肤。雄蚊口器上、下颚短小，舌与上内唇融合，故不能吸血。

4. 蚊翅玻片标本　放大镜或低倍镜下观察。翅窄长，膜质，上有鳞片覆盖。翅脉简单，包括前缘脉、亚前缘脉和 6 条纵脉，其中第 2、第 4、第 5 纵脉又各分为 2 支。多数按蚊翅上有鳞片组成的斑点，其数目与位置是分类的重要依据。

5. 常见蚊种成虫针插标本：肉眼或放大镜下观察。

（1）中华按蚊：体型中等，灰褐色。雌蚊触须有 4 个白环，顶端有 2 个约等宽的宽白环，另 2 个为约等宽的窄白环。翅前缘具有 2 个白斑，尖端白斑大，后足 1 ～ 4 节有窄的白环。

（2）嗜人按蚊：与中华按蚊相似，主要区别为：触须较细，顶白环宽，第 4 白环很窄或缺，翅鳞黑白分明，尖端白斑小。

（3）微小按蚊：体型小，棕褐色。雌蚊触须上有白环 3 个，其顶端的 2 个白环较宽，后半部的 1 个较狭小。翅前缘有白斑 4 个，各足跗节均暗，无白环。

（4）大劣按蚊：体型中等，灰褐色。雌蚊触须有 4 个白环，顶端白环最宽。翅前缘脉有白斑 6 个。

（5）淡色库蚊：体型中等，淡褐色。喙无白环，各足跗节全部暗色。腹部背面有基白带，基白带下缘平整，并与侧板相连。

（6）致倦库蚊：体型中型，淡棕黄色。雌蚊喙色暗，中段色淡，但无界限清楚的淡色环，各腿节全暗色。基白带下缘呈弧形，并与侧板分开。

（7）白纹伊蚊：体型较小，暗黑色。足有白环，中胸盾片上的前 2/3 正中有 1 条直的银白色纵纹，腹部背面第 2 ～ 6 腹节基部有银白色横带。

【实验操作】 雌蚊成虫解剖：用乙醚将雌蚊成虫麻醉致死，置于洁净载玻片上，在解剖镜下用解剖针切断蚊翅和足，然后在蚊体上滴一滴生理盐水。

1. 涎腺的解剖 将蚊体侧卧，头部向下，背部向左，左手持解剖针刺入蚊胸固定，右手持针压住蚊头并轻轻向下拖拉，涎腺便随头部的牵引而被拖出。将拖拉出的涎腺移至另一载玻片上的生理盐水中，加盖玻片，置镜下检查有无疟原虫子孢子（疟原虫子孢子为反光的月牙形小体），如有可疑物用 Wright 或 Giemsa 染色后镜检。

2. 蚊胃的解剖 用解剖针在腹部末两节之前的腹节外皮处切一小口（勿损伤肠道），左手持针固定胸部，右手持针压住腹部尾端并轻轻向下拖拉出消化道，将取出的消化道用解剖针切掉后肠，剥离蚊胃。将蚊胃移至另一载玻片上的生理盐水中，加盖玻片，置镜下检查有无疟原虫卵囊（囊合子）。卵囊呈圆球形，大小不一，直径为 6 ～ 80μm，呈小疣状突起于蚊胃壁外。

【作业与思考题】

1. 课堂作业 用普通铅笔绘制雌蚊口器横截面模式图，并注明结构名称。

2. 课后思考题

（1）填写表 3-1，比较三属蚊虫卵、幼虫、蛹和成蚊的形态区别。

表 3-1 三属蚊生活史各期的主要形态特征

虫期	鉴别点	按蚊	库蚊	伊蚊
虫卵	浮囊			
幼虫	呼吸管			
	掌状毛			
	静 态			
蛹	体色			
	呼吸管			
成蚊	体色			
	雄蚊触须			
	雌蚊触须			
	翅			
	停息时姿态			

（2）雌蚊哪些形态生理特征与传病有关？可传播哪些疾病？

二、蝇

蝇（fly）成虫以传播疾病为主，机械性传播是非吸血蝇类的主要传病方式。所传播的疾病有肠道传染病，如伤寒、霍乱、阿米巴病、痢疾、脊髓灰质炎和肠道蠕虫病等；呼吸道疾病，如肺结核等；皮肤病，如皮肤利什曼病（由舌蝇传播病原体）；眼病，如沙眼和结膜炎等。此外，有些蝇可作为结膜吸吮线虫的中间宿主。蝇生活史为全变态发育，包括卵、幼虫、蛹和成虫四期。幼虫亦称蛆，有的蝇蛆可引起蝇蛆病（myiasis），按寄生部位可分为皮肤蝇蛆病、眼蝇蛆病、耳、鼻、咽和口腔蝇蛆病、胃肠道蝇蛆病、泌尿生殖道蝇蛆病、创伤蝇蛆病和吸血蝇蛆病。幼虫孳生地类型很复杂，多因蝇种而不同。蛹多在幼虫孳生地周围的泥土中。成虫口器为舐吸式，杂食性，取食频繁，且有边吐、边吃、边排粪的习性；足的爪垫能分泌黏液并具细毛，这些特点在蝇类机械性传播疾病方面具有重要意义。

【实验目的】

（1）掌握蝇成虫的形态特征。

（2）熟悉蝇卵、幼虫和蛹的一般形态特点。

（3）了解蝇类形态结构与传播疾病的关系。

（4）了解我国常见蝇种的一般形态特点。

【实验内容】

（1）观察蝇成虫针插标本和玻片标本。

（2）观察蝇卵、幼虫和蛹液浸标本和玻片标本。

（3）观察我国常见蝇种针插标本。

【实验观察】

1. 成虫

（1）针插标本：用肉眼、放大镜或解剖镜观察。标本特征见图 3-4。大小一般为 5～10mm，颜色因种而异。蝇体分头、胸、腹三部分，全身多毛（细弱）及鬃（粗壮）。

头部：半球形，两侧有大型复眼 1 对，雄蝇两眼间距较窄，雌蝇较宽。顶部中央有单眼 3 个，呈三角形排列。颜面中央有 1 对触角，分 3 节，第 3 节有触角芒 1 根，口器位于头前。

胸部：分前胸、中胸、后胸 3 节，中胸最发达。背板上有很多鬃（粗刚毛）。中胸有翅 1 对，6 条纵脉均不分支；后胸有鼓槌样的平衡棒 1 对，故与蚊同属双翅目。足 3 对，分节。

腹部：分 10 节，外观上仅可见 5 节，其余各节变为外生殖器。雌性生殖器不用时缩在腹内，产卵时伸出。雄性外生殖器的形态有分类学意义。

（2）头部玻片标本：标本经 10% NaOH 溶液处理后，再经脱水、透明后封片而成，低倍镜下观察。头部两侧有复眼 1 对，顶部中央有单眼 3 个。触角 1 对，短（短触角是蝇的特征之一），分 3 节，第 1 节小，第 2 节前外侧有纵贯全长的纵缝，第 3 节最大，基部有 1 根触角芒向前外方伸出。头的下方有舐吸式口器，由基喙、中喙、口盘（含 1 对唇瓣）组成。基喙上有 1 对棒状触须。中喙短粗，呈圆筒状。口盘由 1 对半圆形唇瓣构成。口盘膨大，腹面有对称排列的凹沟（似弹簧状），舐食时，经凹沟将食物吸入两唇瓣间的口腔（图 3-5）。

（3）蝇足玻片标本：低倍镜下观察。蝇足上有许多鬃毛。跗节分 5 节。足末端有爪和爪垫各 1 对，爪中间有爪间突 1 个，爪垫能分泌黏液并密布黏毛，适于携带病原体（图 3-6）。

（4）蝇翅玻片标本：低倍镜下观察。翅膜质透明，光线宜暗。蝇的翅脉，除前缘脉和亚前缘脉外，尚有 6 条纵脉，所有翅脉均不分支。第 4 纵脉末段的曲直程度及其与第 3 纵脉末端的距离常用于分类（图 3-7）。

图 3-4 家蝇成虫

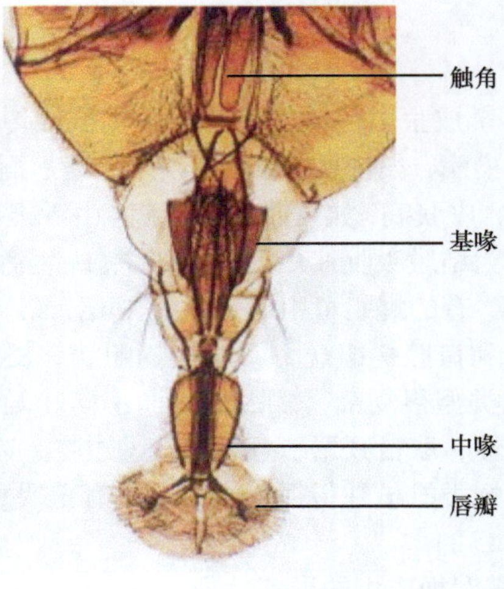

图 3-5 家蝇口器

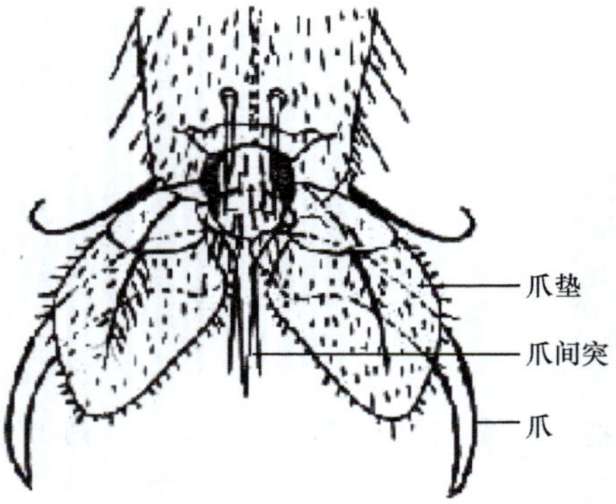

图 3-6 蝇足模式图

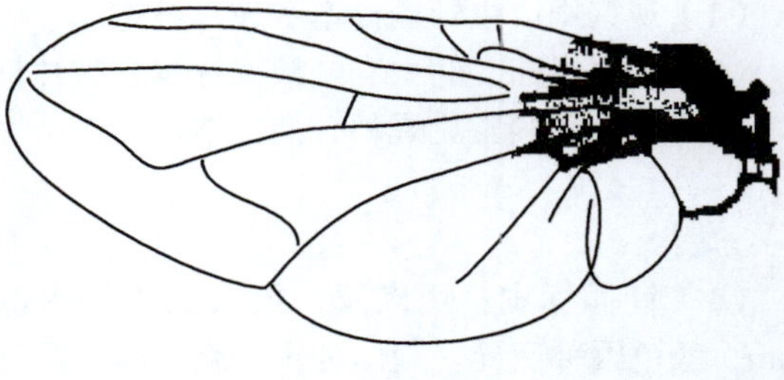

图 3-7 蝇翅模式图

（5）常见蝇种针插标本：肉眼或放大镜观察。

1）家蝇（*Musca domestica*）：体长 5 ～ 8mm，灰褐色。胸部背面有 4 条明显的黑色纵纹。腹部橙黄色，并具有黑色纵纹。

2）丝光绿蝇（*Lucilia sericata*）：体长 5 ～ 10mm，铜绿色带金属光泽，颊部银白色，中胸盾片上鬃毛发达。

3）大头金蝇（*Chrysomyia megacephala*）：体长 8 ～ 11mm，躯体肥大。带青绿色金属光泽，头大，有深红色复眼 1 对，颊部橘黄色，头宽于胸，中胸盾片上鬃毛少。

4）巨尾阿丽蝇（*Aldrichina grahami*）：体长 5 ～ 12mm，颊部黑色，胸部深青黑色，中胸背部有细长鬃毛，盾板的缝前部分中央有黑色纵纹 3 条。腹部背面有深蓝色金属光泽。

5）黑尾黑麻蝇（*Helicophagella melanura*）：体长 6 ～ 12mm，暗灰色。雄蝇与雌蝇的复眼间距都宽。中胸背面有 3 条黑色纵纹，腹部背面有黑白相间的棋盘状方形斑块。

6）厩螫蝇（*Stomoxys calcitrans*）：体长 6 ～ 9mm，暗灰色，形似家蝇，刺吸式口器，胸部背面有 4 条不清晰的暗黑色纵纹，腹部背面 2 ～ 3 节各有 3 个黑斑，第 4 纵脉末端呈弧形弯曲。

2. 幼虫（蛆）

（1）液浸标本：肉眼观察。乳白色，无足无眼。除头外，体分 13 节。成熟幼虫（三龄）圆柱形，头端尖细，后端截断状，可见棕黄色后气门 1 对（图 3-8）。

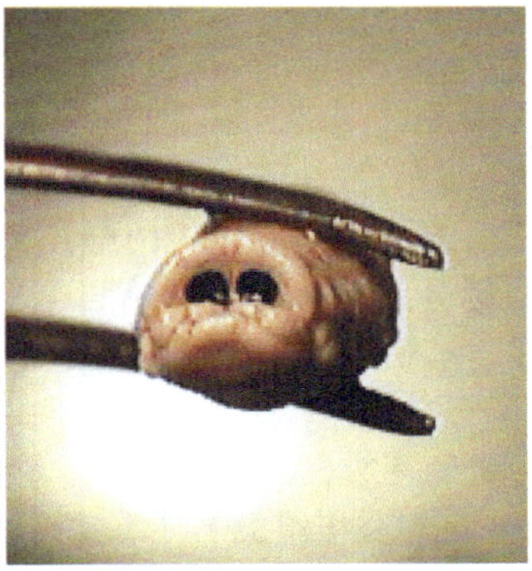

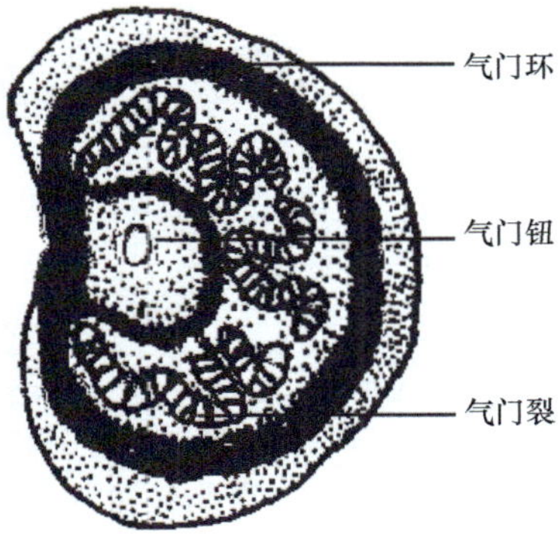

图 3-8　蝇幼虫后气门

（2）玻片标本：低倍镜下观察，宜用较暗光线。虫体在标本制作中，内部组织被消化，仅剩一层皮。虫体头端可见黑色的口钩。尾端可见 1 对后气门，由气门环、气门裂和气门钮组成（图 3-8）。气门裂的形状及走向、气门钮的有无、气门环的完整与否及两气门的间距是蝇种鉴定的重要依据。

（3）家蝇幼虫后气门玻片标本：后气门呈“D”字形，有 3 个气门裂，开口于一块肾形的气门板上，气门板的外围为一完整的气门环，气门钮位于气门环的凹入部分，3 个气门裂明显多次弯曲，末端都是向心的。

3. 蛹　液浸标本，肉眼或放大镜观察。圆筒状，长 5 ～ 8mm，棕褐色或黑色，外被一层硬的蛹壳，表面可见幼虫期分节痕迹。

4. 虫卵　液浸标本，肉眼或放大镜观察。虫卵呈椭圆形或香蕉形，乳白色，长约 1mm 左右，常聚集成卵块。

【作业与思考题】

1. 课堂作业　用普通铅笔绘制家蝇幼虫后气门形态图，并注明结构名称和放大倍数。

2. 课后思考题　简述蝇类哪些形态结构和生理习性与传播疾病有关?

三、蚤

蚤（flea）为全变态发育，生活史包括卵、幼虫、蛹和成虫四期。成虫体侧扁，头呈三角形，足粗壮，善跳跃。其主要寄生于哺乳类动物和鸟类体外，对人的危害主要是钉刺吸血，两性成蚤均吸血；潜蚤可寄生于人体皮下，引起潜蚤病；可传播鼠疫和鼠型斑疹伤寒等疾病。

【实验目的】

（1）掌握蚤成虫的基本形态特征。

（2）了解蚤生活史各期的形态。

（3）了解几种常见蚤的形态特点。

【实验内容】

（1）观察蚤生活史各期玻片标本。

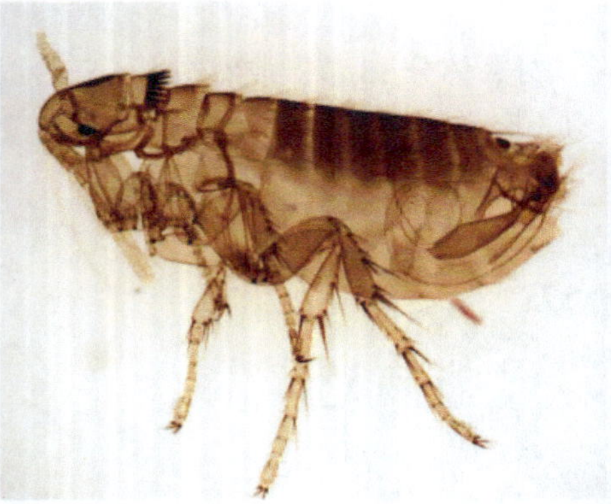

图 3-9　蚤成虫

（2）观察常见蚤成虫玻片标本。

【实验观察】

1. 蚤成虫（印鼠客蚤）玻片标本　先用肉眼观察蚤的体色、形状与大小，然后在低倍镜下顺序观察。虫体短小，长约 3mm，黄褐色，体侧扁，无翅，分头、胸、腹三部分，形态特征见图 3-9。

头部：略呈三角形，触角 1 对，分 3 节，位于头两侧眼后方的触角窝内，由触角窝把头分为前头和后头两部分。触角窝前有单眼 1 对，眼下方有鬃毛称眼鬃，无颊栉。口器为刺吸式。

胸部：分前、中、后胸 3 节，每一胸节由背板、腹板各 1 块及侧板 2 块组成。无翅，有足 3 对，后足最发达。

腹部：由 10 节组成，前 7 节为正常腹节（由背板和腹板组成），有气门 1 对，后 3 节变为外生殖器。雄蚤第 8、9 节，雌蚤第 7 ～ 9 节衍变为外生殖器，第 10 节为肛节。第 8 腹节背板上有一多孔的臀板，臀板为感觉器官，略呈圆形，板上有若干杯状凹陷。雄蚤腹部末端较尖，第 9 背板和腹板分别形成上抱器和下抱器。雌蚤腹部末端钝圆，腹部后下方有一个呈“C”字形的受精囊，其头部比尾部稍宽。

蚤眼有无、颊栉及胸栉的有无、受精囊及雄外生殖器的形状等均为分类的重要依据。

2. 蚤前胃玻片标本　低倍镜下观察。蚤前胃位于虫体胸部第 3 胸节附近，类圆形，有许多几丁质的前胃刺伸向胃腔。当蚤吸入鼠疫病鼠血液后，鼠疫耶尔森菌在前胃刺间增殖形成菌栓，造成前胃不完全栓塞或栓塞。当该类鼠再次被吸血时血液不能到达蚤胃内，反而携带病菌回流到宿主体内，从而使宿主感染鼠疫。

3. 常见蚤类玻片标本

（1）人蚤（*Pullex irritans*）：低倍镜下观察。眼下方有眼鬃毛 1 根。受精囊的头部圆形，尾部细长弯曲。

（2）方形黄鼠蚤（*Citellophilus tesquorum*）：低倍镜下观察。眼前方有眼鬃 3 根。前胸栉 19 ～ 22 根，其长度约等于或超过前胸背板。雌蚤受精囊头部呈椭圆形，尾部呈香蕉形。

4. 蚤卵玻片标本　低倍镜下观察。椭圆形，长 0.4 ～ 2.0mm，暗黄色，外表光滑，无卵盖。

5. 蚤幼虫玻片标本　低倍镜下观察。成熟（三龄）幼虫呈圆柱形，长 4 ～ 6mm，乳白色或淡黄色，体分 13 节，每节都有 1 ～ 2 对长鬃毛。无眼、无足，头部有咀嚼式口器和 1 对触角。腹部末端有 1 对肛柱。

6. 蚤蛹玻片标本　低倍镜下观察。蛹在茧内，浅棕色，已具头、胸、腹和足等雏形。蚤蛹整体标本外有茧，茧由黄白色的丝组成，外面常黏附有尘土，色较暗。

【作业与思考题】　蚤对人类的危害表现在哪些方面？蚤前胃的结构与传播疾病有何关系？

四、虱

虱（louse）分人虱（*Pediculus humanus*）和耻阴虱（*Phthirus pubis*）两种，人虱又分人体虱（*P.h.humanus*）和人头虱（*P.h.capitis*）两个亚种。人体虱与人头虱形态相似，后者体黑而小。耻阴虱形似蟹状、活动较慢，足各节都很粗壮，胫节末端内方有指状突起，用其固定于毛发上。人头虱寄生在头发间，人体虱生活在人体内衣缝隙中，耻阴虱寄生于阴毛根部。虱的生活史包括卵、若虫和成虫三期。若虫和雌、雄成虫都嗜吸人血，引起皮肤剧痒，并可引起继发性感染，耻阴虱还可引起睑缘炎。虱可传播流行性斑疹伤寒、战壕热和虱媒回归热等疾病。

【实验目的】

（1）掌握虱成虫和虫卵的外部形态。

（2）熟悉人虱和耻阴虱的鉴别。

（3）了解虱生活史各期的形态。

【实验内容】

（1）观察人虱生活史各期玻片标本。

（2）观察耻阴虱成虫玻片标本。

【实验观察】

1. 人虱（*Pediculus humanus*）成虫玻片标本　先用肉眼观察，再置低倍镜下观察。灰白色，背腹扁平，分头、胸、腹三部，无翅（图 3-10）。

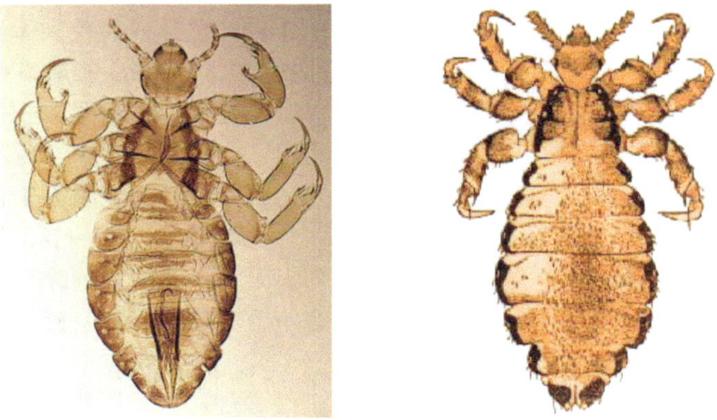

A　　B

图 3-10　人虱成虫

A. 雄虫；B. 雌虫

头部：略呈菱形，触角 1 对，分 5 节。有单眼 1 对，位于头部两侧突出处。口器为刺吸式，不吸血时藏于头内的口针囊中。

胸部：3 节融合，呈梯形，前部稍突。中胸背面两侧有胸气门 1 对。足 3 对，短而粗壮，跗节仅 1 节，末端有一弯曲的爪。在足胫节有一指状突起，与跗节末端的爪相对形成攫握器，能紧握宿主的毛发或衣物纤维。

腹部：共 9 节。第 1 ～ 2 节融合，第 3 ～ 8 节两侧边缘有骨化的侧背片（角质黑片），每片上均有气门。雄虱的腹部末端钝圆，近似“V”字形，有 1 个角质的交合刺伸出。雌虱的腹部末端有 2 片瓣状尾叶，中间凹陷，呈“W”形。

2. 人虱卵玻片标本　先用肉眼观察，再置低倍镜下观察。俗称“虮子”，长椭圆形，长约 1mm，乳白色，稍透明，游离端有卵盖，盖上有气室和小孔。卵壳外有胶质，常黏附于毛发或衣服纤维上（图 3-11）。

3. 人虱若虫玻片标本　先用肉眼观察，再置低倍镜下观察。外形似成虫，但体较小，色淡，腹部较短，生殖器官未发育成熟，不能区分雌雄。

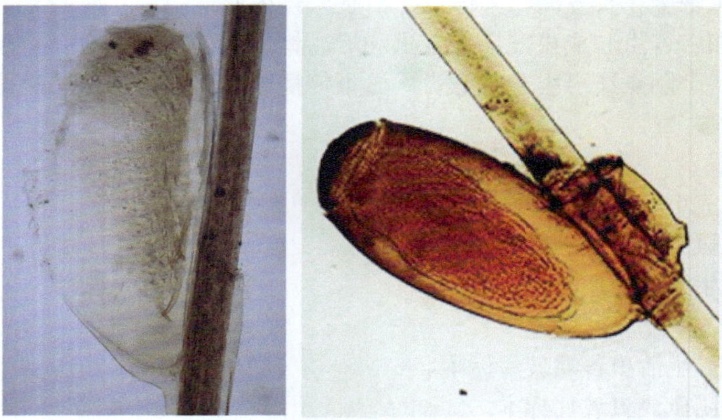

图 3-11　人虱卵

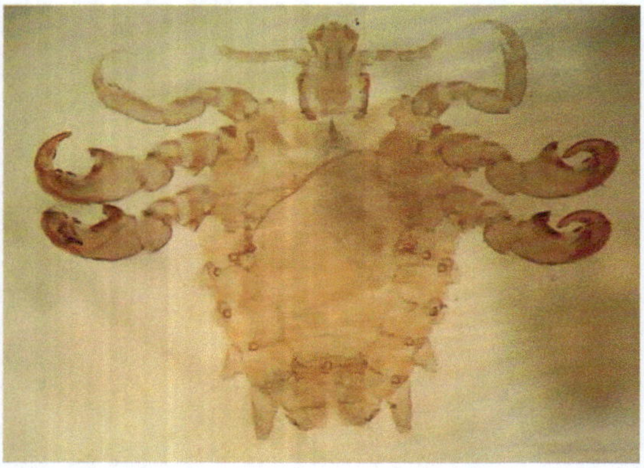

图 3-12　耻阴虱成虫

4. 耻阴虱（*Phthirus pubis*）成虫玻片标本　先用肉眼观察，再置低倍镜下观察，形态特征如图 3-12。虫体灰白色，体形宽短似蟹形。雌虱体长为 1.5 ～ 2.0mm，雄虱稍小。胸部宽而短，足 3 对，位于近侧缘处，左右足基节相距甚远。前足及爪均较细小，中、后足及其胫节和爪甚为发达粗壮。腹部宽略大于长，具气门 6 对。第 3 ～ 5 腹节融合为一节，其上 3 对气门排成斜列。第 5 ～ 8 腹节侧缘具圆锥状突起 4 对，上有刚毛，第 8 节侧突较长。

【作业与思考题】

1. 课堂作业　用普通铅笔绘制人虱卵形态图，并注明结构名称和放大倍数。

2. 课后思考题　简述虱对人体的危害。

五、毒隐翅虫

隐翅虫（staphylinidae）是鞘翅目隐翅虫科甲虫的通称，属昆虫纲，鞘翅目，隐翅虫科。鞘翅极短，因其后翅藏匿于前翅之下不易察觉而得名。具有趋光性和向高性，昼伏夜出。喜好栖息在水田、草地及树林中，捕食农林害虫。引起致病的是毒隐翅虫属（paederinae），其体液和生殖器内含有剧烈的接触性毒素——“毒隐翅虫素”（pederin），当虫体被拍击或压碎，毒液接触皮肤或由拍捏毒虫的手带至别处而引发接触性皮炎即毒隐翅虫皮炎（paederus dermatitis）。我国有毒隐翅虫 20 余种，以褐足毒隐翅虫（*Paederus fuscipes*）和黑足毒隐翅虫（*Paederus tamulus*）常见且毒性较强。

【实验目的】

（1）掌握毒隐翅虫的外部形态。

（2）熟悉毒隐翅虫皮炎皮损特征。

（3）了解毒隐翅虫皮炎的预防。

【实验内容】

（1）观察毒隐翅虫成虫的瓶状标本。

（2）观察毒隐翅虫皮炎皮损照片。

【实验观察】

1. 毒隐翅虫成虫　褐足毒隐翅虫，瓶状标本，肉眼或放大镜观察。虫体长 6.5 ～ 7.0mm，形似大蚂蚁。头、中胸、后胸、腹部末 2 节和尾须呈黑色，鞘翅蓝黑色，有金属光泽。前胸、后胸连同腹部前 4 节、3 对足、颚须及唇须均呈橘黄色。全身被覆细毛，有光泽。头部正面近圆形，刻点粗大，复眼 1 对。1 对触角为丝状，色暗，分 11 节，前 3 节为褐黄色。触须 1 对，分 4 节。前胸背板比头略窄，呈长椭圆形。前翅特化为鞘翅，后翅膜质，静止时叠置于鞘翅下。足粗短，足跗节末端呈“V”形，后足股节末端及各足跗节末端为黑色。腹部可见 8 节，前 2 节被鞘翅遮盖，末端可见尾须 2 根（图 3-13）。

图 3-13　毒隐翅虫成虫

2. 毒隐翅虫皮炎皮损照片　毒隐翅虫并不蜇咬人体。由于其体液和生殖器内含有剧烈的接触性毒素——“毒隐翅虫素”，该毒素是复杂的非蛋白质物质，强酸性（pH 为 1 ～ 2），当虫体被拍击或压碎，毒液接触皮肤或由拍捏毒虫的手再去碰触别处皮肤（或虫体在皮肤上爬行，其体液从关节腔中泌出）而引发接触性皮炎即毒隐翅虫皮炎。皮损好发于面部、颈部、四肢及躯干暴露部位等。皮损为条索状、片状水肿性红斑，长 2 ～ 5cm，最长可达 10cm，其上有密集的丘疹、水泡及脓疱，患处类似被小刀割伤状。愈后会有暂时性色素沉着，一般不会留下瘢痕。

【作业与思考题】　课后思考题：如何预防毒隐翅虫皮炎的发生？

第二节　蛛　形　纲

一、蜱

根据躯体背面有无盾板（背板），分为硬蜱（hard ticks）和软蜱（soft ticks）。所有蜱类均营寄生生活，宿主范围较广。它是很多病原体的传播媒介和保菌宿主，并可将某些动物疾病传播给人类，在自然疫源性疾病的流行病学上起着重要作用。硬蜱叮人吸血可致局部损伤和炎症，有的分泌神经毒素引起蜱瘫痪，还可传播森林脑炎、莱姆病、Q 热、蜱媒斑疹伤寒和蜱媒出血热等，一般经繁殖式和经卵传递式传播。软蜱叮人吸血，可传播蜱媒回归热。

【实验目的】

（1）掌握硬蜱和软蜱的一般形态及两者的主要形态区别。

（2）了解蜱生活史各期形态特点。

（3）了解蛛形纲虫体的主要形态特征。

【实验内容】

（1）观察硬蜱和软蜱成虫玻片标本。

（2）观察硬蜱和软蜱的大体标本。

【实验观察】

1. 硬蜱成虫玻片标本　先用肉眼观察，然后置于低倍镜下观察。硬蜱呈圆形或椭圆形，长 2 ～ 10mm（雌蜱饱食血液后体型显著增大，可至 20 ～ 30mm，形似豆子状）。头胸腹愈合为一体称躯体，略呈卵圆形。雌蜱较大，背面盾板（背板）覆盖体 1/3，颜色较深；雄蜱较小，整个背面除边缘都被背板覆盖。

躯体前方是颚体（俗称假头），由颚基、螯肢、口下板及须肢 4 部分组成。

（1）颚基：即颚体的基部，与躯体前端相连，呈六角形、方形或矩形。

（2）螯肢：1 对，杆状，从颚基背面中央伸出，位于口下板的背面，其顶端有 1 对尖利的钩齿，主要用于切割宿主皮肤，有利于刺入吸血。

（3）口下板：颚基腹面向前的延伸物，它的腹面有许多左右对称的倒齿，吸血时借钩齿固着在宿主皮肤上。

（4）须肢：1 对，各由 4 节组成，位于螯肢外侧。吸血时须肢主要起固定和支柱作用。

躯体由头胸部及腹部愈合而成，呈袋状，位于颚体后方，椭圆形，背腹扁平。背面有盾板 1 块，雌蜱的盾板较小，仅覆盖躯体前端一小部分。雄蜱的盾板大，几乎覆盖整个躯体背面。盾板上无眼，无珐琅样花纹。腹面有足 4 对，分基、转、股、胫、后跗及跗 6 节。第 1 对足的附节背面近端部有杯状的哈氏器（嗅觉器官）。在第 4 对足的后方两侧各有 1 个气门板，其中央为气门。此外尚有生殖孔和肛门等。硬蜱的形态特征见图 3-14。

2. 软蜱成虫玻片标本　先用肉眼观察，然后置低倍镜下观察。棕褐色，椭圆形。表皮呈皮革质，体表有许多颗粒状小疣或具皱纹或盘状凹陷。不论雌雄均无盾板，雌雄区别不明显。基本形态与硬蜱相似，主要不同点如下：

（1）颚体：小，隐藏在躯体腹面的前部，从背面不能见到，颚基小，口下板齿小。

（2）躯体：背面无盾板，体表具颗粒状小疣或具皱纹或盘状凹陷。

（3）气门：小，在第 3 及第 4 对足基节之间（图 3-15）。

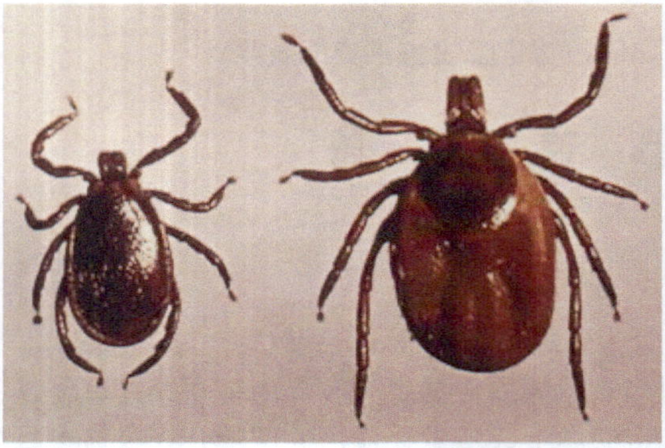

A　　B

图 3-14　硬蜱成虫（背面）

A. 雄虫；B. 雌虫

图 3-15　软蜱成虫（腹面）

（4）雌雄差异：不明显。

3. 硬蜱和软蜱的液浸标本　将采到的活蜱放入 80℃的热水中杀死，然后取出置于 70% 乙醇溶液中保存。用肉眼或放大镜观察。注意两者的颜色、形状、大小、尤其是颚体的位置及盾板的有无。

【作业与思考题】　列表比较硬蜱和软蜱的形态特征鉴别。

二、螨

蠕形螨（demodicid mite）寄生于人体和哺乳动物的毛囊和皮脂腺内。寄生于人体的蠕形螨有两种，即毛囊蠕形螨（*Demodex folliculorum*）和皮脂蠕形螨（*Demodex brevis*），可引起毛囊炎、酒渣鼻、痤疮、脂溢性皮炎和睑缘炎等疾病。生活史分卵、幼虫、前若虫、若虫和成虫五期。病原学检查需通过对患者面部皮肤（鼻梁沟等处）用透明胶纸粘贴法、挤刮涂片法或挤粘结合法镜检蠕形螨。

疥螨（scab mite）寄生于人和哺乳动物皮肤表皮层内，引起疥疮（scabies）。疥螨的生活史分卵、幼虫、两期若虫和成虫五期。寄生于人体的疥螨称人疥螨（*Sarcoptes scabiei hominis*），多寄生于人体皮肤薄嫩之处。虫体在人体皮肤角质层内挖掘隧道，在其入口处常出现小丘疹或小水泡。患者主要症状为皮肤奇痒，夜间加剧。病原学检查：用消毒针挑破患者皮肤患处隧道的盲端取出疥螨镜检；或滴加消毒过的矿物油于皮肤新发炎症丘疹处，用刀片轻刮局部，将刮取物涂片镜检疥螨。

【实验目的】

（1）掌握蠕形螨和疥螨成虫形态。

（2）熟悉蠕形螨的检查方法。

（3）了解革螨、恙螨幼虫、尘螨的基本形态。

【实验内容】

（1）观察蠕形螨玻片标本。

（2）蠕形螨感染自查。

（3）观察疥螨生活史各期的玻片标本。

（4）观察革螨、尘螨和恙螨幼虫的玻片标本。

【实验观察】

1. 蠕形螨成虫玻片标本　低倍镜和高倍镜下观察，光线应稍暗些。标本采自患者毛囊和皮脂腺。虫体细长（毛囊蠕形螨体长为0.1～0.4mm，皮脂蠕形螨为0.1～0.2mm），呈蠕虫状，乳白色，半透明。

颚体宽短呈梯形，位于虫体最前端。螯肢1对，短针状，须肢分3节。

躯体分足体和末体两部分。成虫有足4对（若虫有足3对），短粗似冬笋状，位于足体腹面。雌性生殖孔位于腹面第4对足之间，为一裂缝状。末体细长，体表具环状横纹，末端钝圆。毛囊蠕形螨体长较皮脂蠕形螨长，末体约为躯体长度的2/3～3/4，末端较钝圆；皮脂蠕形螨末体约占躯体长度的1/2，末端略尖，呈锥状（图3-16）。

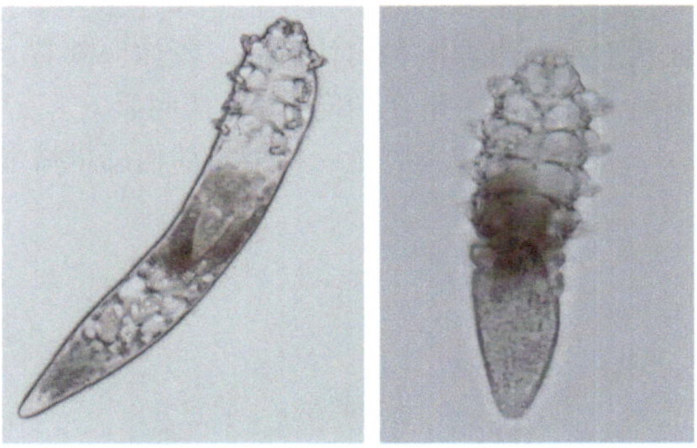

A　　B

图3-16　蠕形螨

A. 毛囊蠕形螨；B. 皮脂蠕形螨

虫卵无色半透明，毛囊蠕形螨虫卵呈小蘑菇形，大小为40μm×100μm；皮脂蠕形螨虫卵呈卵圆形，大小为30μm×60μm。

2. 蠕形螨感染自查　见第二篇第六章第二节人体感染蠕形螨的检查。

3. 疥螨

（1）疥螨成虫玻片标本：低倍镜和高倍镜下观察。虫体细小，雄虫长0.2～0.3mm，雌虫为0.3～0.5mm。类圆形或椭圆形，背面隆起，形如龟，乳白色或淡黄色，由颚体和躯体组成。

颚体：短小，位于在虫体最前端，由螯肢与须肢各1对组成，螯肢呈钳状，尖端有小齿，须肢分3节。

躯体：无眼、无气门。躯体前面有横形波状横纹和成列的鳞片状皮棘，后半部有几对杆

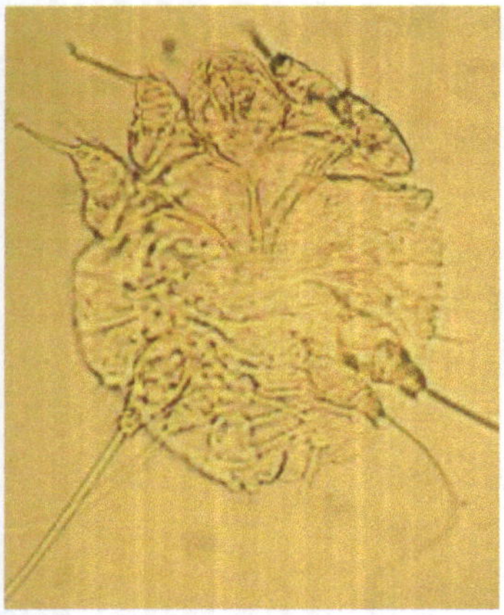
图 3-17　人疥螨雌虫腹面

状刚毛和长鬃。腹面有足 4 对（幼虫 3 对足，若虫 4 对足），冬笋状，分前、后 2 组。前 2 对在躯体前方，每足伸出 1 根细长的柄，末端膨大成 1 个膜质的钟形吸垫（ambulacra）。后 2 对在躯体后方，雌螨的后 2 对足末端各具 1 根长鬃。雄螨只是第 3 对足末端各具 1 根长鬃，第 4 对足末端仍为带柄的吸垫。雄螨生殖孔则位于第 4 对足之间，雌螨产卵孔位于在腹面中央。肛门位于躯体背面后缘中央（图 3-17）。

（2）疥螨虫卵玻片标本：低倍镜和高倍镜下观察。椭圆形，淡黄色，卵壳很薄，大小为 80μm×180μm。

4. 革螨成虫玻片标本　低倍镜下观察。从鼠体或鼠巢穴采集革螨，经脱水、透明，制成玻片标本。成虫形状与蜱相似，但较小，椭圆形，黄褐色，体长 0.2 ～ 0.5mm，最大者可达 3mm，分颚体和躯体两部分。颚体位于躯体的前方，其两侧为 1 对须肢（指状，分为 5 节），中间为 1 对螯肢。腹面靠颚体后面正中有一叉形的胸叉。雌性腹面骨板分为胸板、生殖腹板和肛板，胸板近方形，生殖腹板后端较前端宽大，后缘内凹，肛板略呈三角形。雄性则往往融合为一块，称全腹板。气门 1 对，呈圆孔状，位于第 3 与第 4 对足基节外侧，由此伸出的气门沟向前延伸至第 1 对足基节。

5. 恙螨幼虫玻片标本　低倍镜下观察，适当调暗光线。恙螨成虫和若虫均营自生生活，只有幼虫营寄生生活。虫体椭圆形，长 0.2 ～ 0.5mm，呈红、橙、淡黄或乳白色，与虫体饱食程度和生活环境有关。颚体细小，位于躯体前端，背面正中有螯肢 1 对，末端呈爪状，两侧有 1 对分节的须肢。躯体背面的前端有一盾板，上有 5 根刚毛及 1 对感器。眼 2 对，位于盾板两侧的眼板上。足 3 对，其上布满刚毛。

6. 尘螨成虫玻片标本　低倍镜下观察。虫体椭圆形，乳白色，类似疥螨，表皮具细密的波状皮纹，由颚体和躯体组成。躯体肩部有 1 对长鬃，尾端有 2 对长鬃。足 4 对，第 1、第 2 对足伸向前方，第 3、第 4 对足伸向后方。

【作业与思考题】　人体是如何感染蠕形螨和疥螨的？

（伍和平）

第二篇　综合性实验

第四章　医学原虫

第一节　人体感染齿龈内阿米巴和口腔毛滴虫的检查

齿龈内阿米巴（*Entamoeba gingivalis*）和口腔毛滴虫（*Trichomonas tenax*）是人体口腔的共栖性原虫，生活史仅有滋养体期。齿龈内阿米巴形态与溶组织内阿米巴相似，口腔毛滴虫形态与阴道毛滴虫相似。在口腔疾患者或正常人口腔中均可检获，但在牙周病、牙周炎、牙龈出血及牙龈炎等患者口腔中检出率最高。没有包囊期，滋养体以直接接触（接吻）感染为主，也可经飞沫传播。

【实验目的】

（1）掌握人体口腔感染齿龈内阿米巴和口腔毛滴虫的检查方法。

（2）熟悉齿龈内阿米巴和口腔毛滴虫滋养体的形态。

（3）了解调查表的制作和统计分析。

【实验材料与器械】　消毒牙签、37℃生理盐水；载玻片、盖玻片、显微镜和擦镜纸等。

【实验操作与观察】　从口腔齿垢物取标本作生理盐水涂片法检查。

（1）用消毒牙签取学生自身口腔病灶垢物、牙周组织或龈隙间垢物少许。

（2）将垢物放入滴有 1 ～ 2 滴 37℃生理盐水的载玻片上并涂抹开，制成新鲜涂片，加上盖玻片，在低倍镜下寻找齿龈内阿米巴和口腔毛滴虫滋养体，发现可疑者用高倍镜观察鉴定。

（3）每人检查 1 ～ 2 次，记录并统计结果，计算全班同学口腔齿龈内阿米巴和口腔毛滴虫的感染率，分析比较男、女同学感染是否具有差异。

【实验预计结果】　学会齿龈内阿米巴和口腔毛滴虫感染的病原学检查（生理盐水涂片法），观察生理盐水涂片的齿龈内阿米巴和口腔毛滴虫滋养体形态。

齿龈内阿米巴形态特征与溶组织内阿米巴滋养体相似，直径为 5 ～ 15μm，伪足内、外质分明，食物泡常含细菌、白细胞等，偶有红细胞，核仁居中，活动迅速、频繁。

口腔毛滴虫滋养体形态与阴道毛滴虫相似，虫体呈梨形、椭圆形或圆形，长 5 ～ 16μm，无色透明，运动非常活跃，内部结构不可见。

【注意事项】　取材涂片后应立即镜检；因虫体无色透明，故视野光线不宜太强；冬天注意保温（可把标本放在保温台上观察）；注意观察虫体的形态特点及运动形式。

【作业与思考题】　自制调查表，调查并统计分析全班或全年级同学齿龈内阿米巴和口腔毛滴虫的感染状况，分析比较男、女同学感染是否具有差异。

第二节　荧光染色法检测阴道毛滴虫

阴道毛滴虫感染者常采用阴道分泌物、尿液沉淀物或前列腺分泌物作生理盐水涂片法镜检，如为阴性，也可选用荧光染色法进行辅助诊断，荧光染色法敏感性明显优于生理盐水涂片法。荧光染色法可分为直接免疫荧光染色法、吖啶橙荧光染色法和间接免疫荧光染色法等，本次实验操作为直接免疫荧光染色和吖啶橙荧光染色。

【实验目的】

（1）掌握荧光染色法检测阴道毛滴虫。

（2）了解阴道毛滴虫的荧光染色法的原理。

【实验材料与器械】 待检标本、阴道毛滴虫多克隆抗体或单克隆抗体、异硫氰酸荧光素（FITC）、牛血清白蛋白、伊文思蓝、叠氮钠、对苯二胺、1/5000 吖啶橙染液、1.6% 氯化钙溶液、pH 7.2 PBS 液、丙酮、生理盐水、蒸馏水；荧光显微镜、微量移液器和湿盒等。

【实验操作与观察】

1. 直接免疫荧光试验

（1）用消毒棉签拭子取阴道毛滴虫感染者的阴道分泌物或前列腺分泌物，每个棉拭子上的分泌物用 1 ml 生理盐水洗下，取洗涤液（或直接取阴道毛滴虫感染者尿液沉淀物）0.2ml 涂片，晾干后用丙酮固定。

（2）用移液器取 30μl FITC 结合试剂（1ml PBS 中加 0.2mg 抗体 - 异硫氰酸荧光素结合试剂、0.1mg 牛血清白蛋白、0.1mg 伊文思蓝和 lmg 叠氮钠）加到标本膜上，在湿盒内室温孵育 20min 后，用蒸馏水漂洗 5 次，晾干，加 10μl 对苯二胺封片，用荧光显微镜观察结果。

（3）结果判断如下。

“+++”：虫体荧光强，鞭毛清晰。

“++”：虫体荧光明亮，鞭毛清晰。

“+”：虫体亮，鞭毛可见。

“±”：虫体暗淡，极少见鞭毛。

“−”：虫体暗淡，不见鞭毛。

2. 吖啶橙荧光染色试验

（1）将阴道分泌物（尿液沉淀物或前列腺分泌物）涂成薄膜，自然干燥。

（2）将 1/5000 吖啶橙染液滴于标本膜上，染色 1min，用 pH 7.2 PBS 液冲洗后投入 1.6% 氯化钙溶液中，分色 30s，放入蒸馏水中 10s，取出用荧光显微镜观察结果。

（3）结果观察：阴道毛滴虫细胞核呈亮绿色，细胞质呈橘红色，背景为暗黑色。

【实验预计结果】 荧光染色法检测阴道毛滴虫感染者结果为阳性，阴道毛滴虫细胞核呈亮绿色，细胞质呈橘红色。

【注意事项】

（1）若待检标本为体外培养的滋养体时，其形状以卵圆形多见，鞭毛有时不清。

（2）在标本取材和涂片操作时，由于是活体标本且直接接触其感染阶段，应严格注意生物安全操作和标本的处理，防止自身感染和对环境的污染。

【作业与思考题】 简述直接荧光染色法和吖啶橙荧光染色检测阴道毛滴虫的原理。

第三节 鼠疟原虫的人工感染和保种

鼠疟原虫（murine malaria parasites）的发现丰富了疟原虫的生物学，在疟疾学的实验研究中占有重要的地位，是现代疟疾实验研究的重要模型之一。目前得到公认的鼠疟原虫主要有伯氏疟原虫（*Plasmodium berghei*）、约氏疟原虫（*Plasmodium yoelii*）、文氏疟原虫（*Plasmodium vinckei*）和夏氏疟原虫（*Plasmodium chabadudi*）。伯氏疟原虫分布于非洲扎伊尔的加丹加山区森林中，自然宿主为丛林鼠，自然蚊媒为杜氏按蚊，无性裂殖周期短（约 24h），嗜网织红细胞。由于鼠疟原虫的人工感染和保种，操作简单，价格低廉，使用方便，且其形态特点与间日疟原虫相似，因此在疟疾实验教学和科研中较常用。

【实验目的】

（1）掌握鼠疟原虫的接种与保种方法。

（2）为教学和科研提供疟原虫的实验材料。

（3）了解鼠疟原虫形态特点。

【实验材料与器械】　健康昆明株小鼠（20 ～ 30g）、感染伯氏疟原虫 4 ～ 7 日的小鼠、灭菌生理盐水、75% 乙醇溶液、Giemsa 染液或 Wright 染液、肝素（1g/L 肝素水溶液）、24% 二甲基亚砜、酒精棉球；一次性注射器（1ml、2ml、10ml，带针头）、2ml 灭菌 EP 管和冻存管、结核菌素注射器、试管、载玻片、解剖剪刀、镊子和显微镜等。

【实验操作与观察】

（1）用一次性注射器（1ml，带针头）吸取灭菌生理盐水 1ml，注入 1 只灭菌试管中。

（2）取感染伯氏疟原虫 4 ～ 7 日的小鼠 1 只，用 75% 乙醇溶液消毒尾尖部，用解剖剪刀剪去尾部 1 ～ 2mm。

（3）用力从小鼠尾根部向尖端推挤，将血滴入试管（盛有 1ml 灭菌生理盐水）内，使血与生理盐水的比例约为 1 ∶ 10。

（4）用注射器将血与生理盐水混匀。

（5）用结核菌素注射器吸取 0.1 ～ 0.2ml 稀释的含鼠疟原虫血液，在无菌操作的条件下，给健康小白鼠作腹腔内注射。如种鼠感染度低，可适当增加感染剂量。接种后将鼠标记并放回饲养笼内饲养，观察和记录小鼠健康状况。5 ～ 6 日后采血、涂片、染色及镜检。

（6）涂片与染色：见第四篇第十一章第一节。

（7）镜检：油镜下观察。伯氏疟原虫早期滋养体呈圆形，核较大，无空泡。晚期滋养体结实，不呈阿米巴样，几乎充满整个红细胞。成熟裂殖体较多见，可见 6 ～ 10 个裂殖子。雄配子体稍小，核大，核内有一深染的中心块。雌配子体较大，为 8 ～ 9μm，核不在中央，核内也有一深染的中心块（如果在实验室里长期用红内期原虫转种，则不易见到配子体）。疟色素细小，呈黑色、褐色或金黄色。

伯氏疟原虫红内期在同 1 个红细胞内有 2 ～ 3 个疟原虫寄生的现象较为常见，所寄生的红细胞多为着色深、体较大的网织红细胞，受染的红细胞体积明显胀大。

（8）保种：经血转种 2 代以上，取种源鼠血（心脏采血），加肝素（每 10ml 血液加 1g/L 肝素水溶液 1ml）抗凝离心弃去血浆后，加等量 24% 二甲基亚砜，吸入 2ml 灭菌冻存管封口后，置液氮罐（-196℃）冷冻保存。

【实验预计结果】

（1）成功接种和保种鼠疟原虫。

（2）采集接种小鼠血液，制作血涂片，镜检可查见鼠疟原虫。

【注意事项】

（1）鼠疟原虫每 5 ～ 7 日转种 1 次，每次转种 2 ～ 3 只健康小鼠。如发现转种小鼠健康情况不佳时，应提前转种。

（2）严格遵守实验动物学相关法律法规，善待实验动物。

【作业与思考题】

（1）观察接种小鼠的健康状况，分析鼠疟疾与人疟疾临床表现的异同。

（2）查找鼠疟原虫保种方法的有关文献，写一篇简短综述。

第四节　弓形虫的病原学和免疫学检查

弓形虫病原学检查方法有涂片染色法、动物接种分离法或细胞培养法，其中涂片染色法操作最简单，但阳性检出率不高；细胞培养法操作较复杂；动物接种分离法是最常用的病原学检查方法。

由于弓形虫病原学检查比较困难，且阳性率不高，所以免疫学检查是目前广泛应用的重要辅助诊断手段，其中染色试验（dye test，DT）是经典的免疫学方法，具有较好的特异性、敏感性和重复性，人体感染弓形虫 8 ～ 10 日后即呈阳性反应，除报告肉孢子虫抗血清与其有交叉反应外，其他寄生虫感染无特异性反应。

【实验目的】

（1）掌握弓形虫动物接种分离法的操作方法。

（2）掌握弓形虫染色试验的操作过程和阳性结果的判定。

【实验原理】　弓形虫染色试验（dye test，DT）是弓形虫病特有的免疫学诊断方法。活的弓形虫速殖子与正常血清混合，在 37℃作用 1h 或室温下作用数小时后，多数虫体由新月形变为椭圆形或圆形，细胞质对碱性亚甲蓝具有很强的亲和力而被深染。相反，当弓形虫与含有特异性抗体和补体（辅助因子）的血清作用后，由于虫体表膜被破坏，故对碱性亚甲蓝不着色且虫体仍为新月形。计算着色与不着色的虫体比例，即可判断结果：镜检时 60% 以上虫体着色为阴性，60% 以上虫体不着色为阳性。如测定滴度，则以 50% 虫体不着色为血清最高滴度。

【实验材料与器械】　待检标本、健康昆明种小白鼠（体重 20 ～ 30g）、弓形虫速殖子、正常人新鲜血清、待测血清（灭活）、无菌生理盐水、碱性缓冲液（pH 11.0）、碱性亚甲蓝溶液（现配现用）；载玻片、盖玻片、EP 管、一次性注射器（1ml、2ml 带针头）、乳胶手套、研磨、镊子、微量移液器和显微镜等。

【实验操作与观察】

1. 动物接种分离法

（1）取急性患者的胸腔积液、腹水、羊水、脑脊液或血液 0.5 ～ 1.0ml，经腹腔内接种健康小白鼠（一般每次接种 3 只）。若待检标本为活组织穿刺物，则取花生米大小的待检组织，用研磨器研磨成匀浆，加无菌生理盐水 2ml 稀释，吸取 2ml 接种于小白鼠腹腔内。

（2）按常规方法饲养小鼠，每日观察和记录小鼠病理生理反应。

（3）同时每日抽取腹腔液涂片镜检。具体操作：用镊子夹提腹部的皮肤和腹膜，用 1ml 注射器吸取 1ml 生理盐水，迅速注入腹腔，轻揉腹壁，使生理盐水和腹腔液混匀，然后再抽出腹腔液涂片镜检。

（4）阳性者一般于感染第 4 日可见到弓形虫滋养体；7 ～ 10 日后小白鼠发病，可见其食欲下降、呆滞、松毛、眼睛干涩，严重者死亡；取小鼠腹腔液作涂片检查，可见大量速殖子集于腹腔巨噬细胞内或散于细胞外。收集腹腔液，溶解细胞，过滤后可以收集到纯的速殖子。如为阴性，用接种鼠的腹水或肝、脾、脑组织匀浆稀释液盲目转种 2 ～ 3 代后，才可报告实验诊断结果。

2. 弓形虫染色试验

（1）辅助因子预筛选：辅助因子存在于正常人新鲜血清中。用作辅助的血清需预筛选，即将正常人新鲜血清（候选血清）与弓形虫速殖子混合后于 37℃孵育 1h 后镜检，若 90% 以上虫体被碱性亚甲蓝染色即可，分装后 -20℃保存备用。

（2）抗原制备：将弓形虫速殖子经腹腔接种健康昆明株小鼠（20～30g），3 日后抽取小鼠腹腔液，用生理盐水洗涤、离心（3000r/min 10min）3 次后，收集纯净速殖子，用含辅助因子的血清稀释至约 50 个虫体 / 高倍镜视野，即为抗原液。

（3）碱性亚甲蓝溶液的制备：将亚甲蓝 10g 溶于 100ml 95% 乙醇溶液中，过滤后取 3ml 与 10ml 临时配制的 pH 为 11.0 的碱性缓冲液（0.53% Na_2CO_3 9.73ml，1.91% $Na_2B_4O_7$ 0.27ml）混合。

（4）待测血清的处理：新鲜待测血清需经 56℃ 30min 灭活，4℃保存备用（或直接用生理盐水倍比稀释后，4℃过夜）。

（5）检测：取生理盐水倍比稀释的待测灭活血清，每管 0.1ml，加抗原液 0.1ml，37℃水浴 1h 后，每管加碱性亚甲蓝溶液 0.02ml，继续孵育 15min，每管取一滴涂片镜检。

（6）结果判定：镜下计数 100 个速殖子，计算各管不着色速殖子的百分比，以 50% 虫体不着色为血清最高滴度。一般认为，抗体滴度 1 ∶ 8 为隐性感染，1 ∶ 16 为阳性，1 ∶ 256 为活动性感染，1 ∶ 1024 及以上为急性感染。

【实验预计结果】

（1）动物接种分离法：接种鼠于接种 7～10 日后发病，可见其食欲下降、呆滞、松毛、眼睛干涩甚至死亡；取小鼠腹腔液作涂片检查，可见速殖子集于腹腔巨噬细胞内或散于细胞外。

（2）弓形虫染色试验镜检时，约 60% 弓形虫速殖子不着色。

【注意事项】

（1）每次抽取小鼠腹腔液时，必须无菌操作。

（2）处理弓形虫速殖子活体标本时，要带好口罩，乳胶手套，做好防护工作，要在生物安全条件下谨慎操作。实验结束后应将废弃的小鼠尸体、乳胶手套、载玻片和实验器械分别在沸水中煮 30min，杀灭残留弓形虫滋养体，之后将小鼠尸体用土深埋或送焚烧炉处理。

【作业与思考题】　撰写弓形虫染色试验的实验报告。

（刘　彦）

第五章　医学蠕虫

第一节　实验动物华支睾吸虫的人工感染

华支睾吸虫又称肝吸虫，成虫寄生在人或猫、犬等动物的肝胆管内，导致肝受损，引起华支睾吸虫病（clonorchiasis）。生活史需要3个宿主，即终宿主、第一中间宿主和第二中间宿主。第二中间宿主为淡水鱼、虾，其中以草鱼、青鱼、鲢鱼、鲤鱼等养殖鱼类和野生小型鱼类如麦穗鱼的华支睾吸虫囊蚴感染率最高，囊蚴可分布在鱼身体的各部分，以鱼肌肉多见，尤其是背部和尾部肌肉最多。人或猫、犬等动物是由于食入生的或半生的含活囊蚴的淡水鱼、虾而感染华支睾吸虫病。实验室常用华支睾吸虫囊蚴感染猫、犬、家兔、豚鼠或大鼠，建立动物模型，收集标本用于教学、科研和临床诊断等。

【实验目的】

（1）建立华支睾吸虫病的动物模型。

（2）了解华支睾吸虫感染阶段、感染途径和致病过程等。

（3）为华支睾吸虫病的教学、科研或临床诊断等提供实验材料和标本。

【实验材料与器械】　阳性麦穗鱼、2～2.5kg家猫、人工消化液、生理盐水；载玻片、眼科剪、镊子、三角烧瓶、量筒、毛细管、EP管、培养皿、乳胶手套、筛网、绞碎机、解剖镜和显微镜等。

【实验操作与观察】

1. 囊蚴的检查　从麦穗鱼背部肌肉上夹取米粒大小鱼肉组织，置于两张载玻片之间，轻轻用力夹压，使鱼肉变为一薄膜后，在解剖镜或低倍镜下检查有无华支睾吸虫囊蚴。华支睾吸虫囊蚴形态特点：椭圆形，平均大小为138μm×150μm；囊壁分两层，透明，外壁厚，内壁薄；囊内幼虫运动活跃，可见口吸盘、腹吸盘和明显的排泄囊（椭圆形，内含黑色折光性颗粒）。

2. 囊蚴的分离和收集　将含有华支睾吸虫囊蚴的鱼肉去鳞绞碎（也可手工剁碎），称计重量，放入三角烧瓶中，每10g鱼肉加入100ml人工消化液（胃蛋白酶7g、盐酸10ml、生理盐水1000ml），置37℃温箱中消化4～12h，期间用玻棒多次搅拌，促使其充分消化。消化完成后，倾去上层消化液，用适量生理盐水稀释，经40～60目金属筛网或尼龙筛网滤去粗渣，滤液静置1h后倾去上清液，再加生理盐水静置30min后倾去上清液，按此法经数次清洗沉淀，至上清液变清亮为止。取沉渣镜检囊蚴后，用毛细吸管吸取囊蚴于EP管中，置4℃保存备用。

3. 华支睾吸虫病动物模型的建立　选取体重为2.0～2.5kg家猫3只（粪便检查华支睾吸虫卵为阴性），分别用吸管吸取200～400个囊蚴，从口内插入橡皮管注入胃内。正常条件下饲养，感染1个月后，取猫粪便检查华支睾吸虫卵，若发现虫卵，即表示感染成功。

4. 成虫的收集　将阳性猫饲养60日后麻醉处死，剖开腹腔并取出肝，沿胆总管至胆囊剪开，寻找成虫。然后检查肝内的小胆管，把组织剪成数块，向剪开处轻轻挤压，挤出成虫并放入盛有37℃生理盐水的培养皿中，解剖镜下观察及鉴定。

【实验预计结果】　成功建立华支睾吸虫病动物模型（家猫）并收集到成虫。

【注意事项】

（1）活囊蚴具有感染性，处理和收集囊蚴时严格注意安全操作，不得污染操作台及操作者，以免造成环境污染和引起感染；实验结束后应将废弃的鱼肉、囊蚴、乳胶手套和实验器械分别在沸水中煮 30min，杀灭活囊蚴。

（2）华支睾吸虫卵小，易漏检，常采用浓集法以提高检出率。

【作业与思考题】

（1）简述华支睾吸虫的感染方式、致病机制和防治原则。

（2）撰写华支睾吸虫实验动物感染的实验报告。

第二节 肺吸虫病动物模型的建立

肺吸虫（lung fluke）成虫主要寄生于宿主的肺内，可致肺吸虫病（lung fluke disease）。肺吸虫病是一种人畜共患寄生虫病。生活史需要 3 个宿主，即终宿主和第一、第二中间宿主。虫卵随终宿主痰液或粪便排出体外，进入水里发育，并孵出毛蚴，毛蚴侵入第一中间宿主为淡水螺（川卷螺或拟钉螺等）体内，经胞蚴、母雷蚴和子雷蚴发育为尾蚴，尾蚴从螺体逸出后主动侵入或被第二中间宿主淡水蟹（溪蟹、石蟹）或蝲蛄吞食，在其体内形成囊蚴。人或犬、猫等宿主因生食或半生食含活囊蚴的溪蟹（或蝲蛄）而感染肺吸虫病。

我们可采集阳性溪蟹或蝲蛄，收集肺吸虫活囊蚴；感染犬、猫或大鼠等实验动物，建立动物模型；剖杀感染实验动物，从而直接观察肺吸虫成虫寄生部位和宿主内脏组织的病理变化；收集成虫等标本或材料，用于教学、科研和临床诊断等。

【实验目的】

（1）建立肺吸虫病的动物模型。

（2）观察肺吸虫病的动物模型的感染、寄生和致病等过程。

（3）了解肺吸虫成虫寄生部位和宿主内脏组织的病理变化。

（4）为肺吸虫病的教学、科研或临床诊断等提供实验材料和标本。

【实验材料与器械】 阳性溪蟹或蝲蛄、5～8kg 犬、0.45% 氯化钠溶液、生理盐水；吸管、毛细管、EP 管、培养皿、乳胶手套、一次性注射器、研钵、钢筛、剪刀、镊子、载玻片、解剖镜和显微镜等。

【实验操作与观察】

1. 囊蚴的分离和收集

（1）捣碎溪蟹：取阳性溪蟹或蝲蛄数只洗净，去壳后用研钵或绞肉机捣碎。

（2）分离囊蚴：加入适量的 0.45% 氯化钠溶液，用钢筛滤去粗渣，滤液自然沉淀，倾去上清液，继续加盐水沉淀 5min（换水 2～3 次，至上清液澄清为止），将沉淀倒入平皿中，静置 1min。

（3）观察囊蚴：先在黑色背景中用肉眼检查，如发现圆形针尖大小的小白色颗粒，即为囊蚴。囊蚴在流动的沉渣中移动一般较快，故应将平皿稍作左右晃动，然后置解剖镜下观察，可见囊蚴呈白色圆球形，双层囊壁，内含一条卷缩的幼虫，两侧可见波浪状的肠管，排泄囊含黑色颗粒。

（4）收集囊蚴：用毛细管逐个将囊蚴吸出置另一干净的平皿内，用生理盐水洗涤 3～5 次后，置 4℃冰箱保存（1 周内）备用。

2. 动物模型的建立

（1）实验动物的选择：常用动物是犬和猫，本实验选用体重为 5～8kg 犬 1～2 只，感染前要作肺吸虫病原学检查，阴性者方可使用。

（2）实验动物的感染：应将大小、形态相同的囊蚴感染同一动物。感染量和感染方法可根据步骤 1 所获的囊蚴数和实验需要而定，若仅有数个囊蚴，并以定种为目的，可作腹腔注射法或腹壁接种法感染。如为获得虫体，常用喂饲法感染，一般 1 只 5kg 体重犬可感染囊蚴 100 ～ 200 个。

1）喂饲法：将步骤 1 收集的囊蚴计数后用食物包裹（如肉块、肉包子、馒头等），喂饲犬，囊蚴随食物进入消化道。

2）后尾蚴脱囊：将部分活囊蚴置于盛有猫胆汁或 2% 胆酸盐溶液的培养皿内，在 37 ～ 40℃培育箱内孵育 1 ～ 2h，使后尾蚴脱囊，无菌生理盐水洗涤后用于腹腔注射或腹壁内接种。

3）腹腔注射法：固定动物体位，腹部去毛，消毒，用注射器吸取囊蚴（或后尾蚴），接上输血针头，注入腹腔。注后再吸取少量生理盐水冲洗针筒和针头，以免囊蚴黏附在注射器壁上。

4）腹壁内接种法：固定动物，腹部去毛，消毒。沿腹正中线偏左侧处切开腹壁 1 ～ 2cm 小口，分离肌层。吸取囊蚴（或后尾蚴）从切口处滴入，缝合皮肤。

（3）实验动物的饲养和检查：常规饲养感染犬 2 ～ 3 个月，每日观察和记录实验犬的病理生理反应。饲养 2 个月后，则每日取粪便查肺吸虫卵，查到虫卵时表示感染成功。

3. 动物模型的解剖

（1）实验动物的处死和解剖：如粪检结果为阳性，则将感染犬麻醉致死，剖开胸腔、腹腔，暴露内脏器官，特别是肺、肝。

（2）病犬内脏组织的病理变化观察：可见肺脏表面有许多结节状、球状或葡萄状虫囊，剪开虫囊，取出虫体，放于盛有 37℃生理盐水的平皿中观察。肉眼观察病理病变和虫体后，再剪取少量囊内组织，置两载玻片间，挤压后在显微镜下观察虫卵及病变组织。用同样的方法检查肝。

4. 成虫的收集　将病犬肺、肝的所有虫囊结节用眼科剪逐一剪破，轻轻挤压，挤出成虫并放入盛有 37℃生理盐水的培养皿中，解剖镜下观察、鉴定虫种后收集虫体备用。

【实验预计结果】　成功建立肺吸虫病的动物模型并收集到肺吸虫囊蚴和成虫。

【注意事项】

（1）活囊蚴具有感染性，处理和收集囊蚴时严格注意安全操作，不得污染操作台及操作者，以免造成环境污染和引起感染；实验结束后，应将废弃的溪蟹或蝲蛄、囊蚴、乳胶手套和实验器械分别在沸水中煮 30min，杀灭活囊蚴。

（2）收集到的成虫应作虫种鉴定。

【作业与思考题】

（1）简述卫氏肺吸虫、斯氏肺吸虫形态和生活史的区别。

（2）撰写肺吸虫病动物模型建立的实验报告。

第三节　日本血吸虫感染的免疫学检查

免疫学检查是血吸虫感染的一种重要的辅助诊断方法，包括血吸虫抗体和循环抗原的检查。检查血吸虫抗体常用的方法有环卵沉淀反应（circumoval precipitin test，COPT）、ELISA、DIGFA、IHA、IFT、免疫印迹技术和胶乳凝集试验等，其中 COPT、ELISA 和 DIGFA 具有操作简单、敏感性高、检测结果迅速和经济等优点，适合现场查病时使用。宿主体液中循环抗原是血吸虫活虫产生的，感染一旦终止，循环抗原也会很快消失，故检测循环抗原对活动性感染的诊断和疗效考核具有重要意义。但在宿主体液中循环抗原含量很低，一般难以检出，目前应用较多且效果较好的方法是单克隆抗体 Dot-ELISA。

【实验目的】

（1）掌握血吸虫感染的免疫学检查方法的操作。

（2）了解血吸虫感染的免疫学检查方法的原理

【实验材料与器械】 血吸虫尾蚴、血吸虫卵稀释液、阳性血清、阴性血清、待测血清、日本血吸虫 Fast-ELISA 试剂盒、DIGFA 试剂盒、石蜡；凹玻片、载玻片、盖玻片、试管、镊子、乳胶手套、酒精灯、微量移液器和显微镜等。

【实验操作与观察】

1. 环卵沉淀反应（circumoval precipitin test，COPT）

（1）原理：成熟血吸虫卵内毛蚴能分泌虫卵可溶性抗原，并通过卵壳上的微孔渗透到虫卵表面，与待测血清内的特异抗体结合，可在虫卵周围形成特殊的复合物，可通过光镜观察到复合物呈透亮的泡状或条索状，并计数发生反应虫卵的百分率，从而判定感染程度。

（2）操作：取凹玻片（或用融化的石蜡在载玻片上划 1 个封闭的石蜡圈）1 张，用吸管滴加待测血清（加阳性血清或阴性血清，分别作阳性和阴性对照）2 滴，再滴加血吸虫卵稀释液 1 滴，充分混匀，盖上盖玻片，四周用石蜡密封。置 37℃温箱孵育，48 ～ 72h 后置于低倍镜下观察。

（3）结果及判断如下所示。

阴性反应：虫卵周围光滑，无沉淀物；或有小于 10μm（相当于两个红细胞大小）的泡状沉淀物。阴性反应必须观察全片。

阳性反应：泡状、指状、片状或细长卷曲状的折光性沉淀物，边缘整齐，与卵壳牢固粘连。阳性者观察 100 个成熟虫卵，计算环沉率及反应强度比例。

$$环沉率=\frac{阳性反应虫卵数}{实际观察虫卵数}\times 100$$

环沉率≥ 5% 者为阳性（在血吸虫病传播控制或传播阻断地区环沉率≥ 3% 者可判断为阳性），1% ～ 4% 者为弱阳性。环沉率动态变化在治疗上具有参考意义。

反应强度的判定如下所示。

“+++”：虫卵周围出现泡状、指状沉淀物的面积，大于虫卵外周面积的 1/2，细长卷曲的带状沉淀物相当于或超过虫卵长径的 2 倍；片状沉淀物相当或超过虫卵的大小。

“++”：虫卵周围出现泡状、指状沉淀物的面积，大于虫卵外周面积的 1/4；细长卷曲的带状沉淀物相当于或超过虫卵长径，片状沉淀物大于虫卵大小的 1/2。

“+”：虫卵周围出现泡状、指状沉淀物的面积，小于虫卵外周面积的 1/4；细长卷曲的带状沉淀物小于虫卵的长径；片状沉淀物小于虫卵大小的 1/2。

此法操作简便，方法规范，为目前综合查病的主要方法之一。在血防工作后期，可作为监测方法之一，以弥补粪检的不足。但经有效杀虫治疗后，转阴时间太长，用于药疗效果考核价值不大。

2. 尾蚴膜实验 原理同环卵沉淀反应，操作方法与 COPT 基本相似。若尾蚴表面出现一层透明膜或尾蚴周围有透明带状结构缠绕则为阳性反应。

3. 快速酶联免疫吸附试验（Fast-ELISA）

（1）原理：将血吸虫可溶性抗原（soluble egg antigen，SEA）结合于 PVC 载体表面，用含有抗体的血清，孵育已致敏的载体，然后洗去过多的血清成分，加入酶标记的抗免疫抗体，使之与载体表面的抗原抗体复合物结合，洗去多余的酶标记抗免疫抗体，最后加酶的底物。因酶的催化作用，使无色的底物产生水解、氧化或还原反应而显示颜色，表现为阳性反应。

（2）试剂盒的材料组成：SEA包被的微孔反应条；阴性、阳性参考对照血清；1号液（辣根过氧化物酶标SPA）；2号液（洗涤液）；3号液（底物）；4号液（显色剂）；5号液（血清稀释液）；6号液（终止液）；血清稀释板。

（3）操作：首先稀释血清样本（加入8滴蒸馏水、1滴血清及1滴5号液），继而将对应检测样本与微孔做好标记或编号（一般第1、第2孔作阴性和阳性对照），然后按如下进行。

1）加样：每孔加1滴已稀释的血清，在15～30℃室温下放置3～5min。

2）洗涤：每孔加2号液1滴，随即抛去，用自来水冲洗5次，甩干。

3）加酶标物：每孔加1号液1滴，同上室温放置3～5min后，按2）洗涤。

4）显色：每孔加3号液和4号液各1滴，室温放置2～5min。

5）终止反应：每孔加6号液1滴，1min后观察结果。

6）结果判断：在白色背景下观察蓝色的深浅。

“+++”：明显深于阳性对照（宝蓝色）。

“++”：与阳性对照相近（鲜蓝色）。

“+”：深于阴性对照，浅于阳性对照（蓝色）。

“−”：浅于阴性或与阴性对照一致（无色）。

注意事项：试剂置2～8℃保存，用前轻轻摇匀；严格按检测程序操作，所有试剂应加入孔中，避免粘在壁上，加样后轻轻摇匀；自来水冲洗时，水流不能过猛，每次抛干后，在吸水纸上轻轻拍干；室温低于15℃时，显色时间应适当延长，以阳性对照出现明显蓝色而阴性对照孔基本无色为准。

4. 斑点金免疫渗滤试验（Dot-immunogold filtration assay，DIGFA）

（1）原理：将血吸虫卵可溶性抗原（SEA）吸附于硝酸纤维素膜上，待检血清中的抗体，通过渗滤结合形成抗原抗体复合物，然后加入胶体金标记第二抗体，使之与抗原抗体复合物结合，显示红色斑点。

（2）试剂盒的材料组成：试剂A（金标记第二抗体）；试剂B（PBS加吐温-20洗涤液）。

（3）操作

1）在吸附有抗原的小盒中央孔膜上加试剂B 1滴（50μl）。

2）待渗入后，加待检血清25μl。

3）待渗入后，加试剂B 1滴（50μl）。

4）待渗入后，加试剂A（金标记第二抗体）1滴（50μl）。

5）待渗入后，加试剂B 2滴（100μl）。

6）观察结果：在白色背景下观察，如在膜中央有清晰的淡红色斑点显示者判为阳性反应；否则即为阴性。斑点呈色的深浅相应地提示阳性强度。

【实验预计结果】　血吸虫感染组血清的免疫学检查结果为阳性。

【注意事项】

（1）在进行尾蚴膜实验操作时必须小心（最好带上乳胶手套），防止自身感染。实验后对废弃的尾蚴、乳胶手套和实验器械分别在沸水中煮30min，杀灭活尾蚴，然后清洗器械并高压消毒。

（2）计算环沉率时，应计数100个成熟虫卵的反应结果，未成熟虫卵或卵壳破裂的虫卵不应计数。

（3）Fast-EIISA试剂盒必须保存在2～8℃，用后及时放回冰箱，使用前轻轻摇匀；室温低于15℃时，各步反应时间要适当延长，使其结果以阳性对照孔出现明显蓝色而阴性对照孔基本无色为准。

（4）DIGFA试剂盒应保存在4℃，有效期为6个月；试剂从4℃取出后，应在室温下放置15min，并摇匀后使用；待检血清要新鲜，溶血及有菌血清将影响测试结果。

【作业与思考题】 撰写血吸虫环卵沉淀反应的实验报告，用普通铅笔绘制COPT实验结果图和计算环沉率。

（邹 菊）

第四节 蛙肉内裂头蚴的检查与接种

曼氏迭宫绦虫的成虫主要寄生于猫科动物，偶尔寄生于人体，其幼虫（裂头蚴）阶段可侵犯人体并在人体组织内寄生，人类常因外用或生食含有裂头蚴的蛙肉而感染。曼氏迭宫绦虫生活史需要2个中间宿主，第一中间宿主为剑水蚤，第二中间宿主主要是蛙。蛙体内的裂头蚴主要寄生于肌肉中，以大腿或小腿的肌肉最多见，常卷曲穴居在肌肉间隙的一小囊内或游离于皮下。解剖阳性蛙查找裂头蚴，将裂头蚴接种终宿主猫或犬，30日后解剖，其小肠内可见曼氏迭宫绦虫成虫寄生。

【实验目的】

（1）掌握活裂头蚴的形态与特性。

（2）熟悉蛙肉内裂头蚴检查的过程。

（3）为教学、科研或临床诊断等提供实验材料和标本。

（4）了解曼氏迭宫绦虫生活史发育过程。

【实验材料与器械】 阳性蛙数只、阴性猫或犬1～2只、无菌生理盐水、鲜鱼（或肉块、肉包子、馒头）；乳胶手套、蜡盘、培养皿、小锥、镊子、剪刀、测量尺、放大镜和解剖镜等。

【实验操作与观察】

（1）取活青蛙1只，用小锥从颈椎孔穿入处死后，使蛙腹部向上，四肢伸展，固定在蜡盘上，从青蛙腹部剪开皮肤，剥去全身皮肤。

（2）按一定顺序在青蛙肌肉束之间寻找裂头蚴，重点检查大腿和小腿肌肉。

（3）如发现蛙肌肉中有乳白色、米粒大小的圆点状可疑物，可用手术刀片剖开肌膜，并用小镊子沿肌纤维纵向分离，尽量将虫体完整取出。

（4）用小镊子将白色虫体轻轻夹入盛无菌生理盐水的培养皿中，让其活动片刻。先用肉眼或放大镜观察虫体的颜色、大小、体表横纹、头部凹陷等形态特点和活动力，再在解剖镜或低倍镜下进一步观察和鉴定其形态特点，并测量长度和宽度。

（5）记录虫体寄生部位、数量、长度和宽度等。

（6）对检出的新鲜活虫体经初步鉴定后，用鲜鱼或肉块、肉包子、馒头等食物包裹后喂饲法接种阴性猫或犬1～2只（接种前禁食1日），常规饲养1个月后检查粪便中的虫卵。

（7）麻醉处死、解剖阳性猫或犬，剪开小肠，检获、收集并观察鉴定曼氏迭宫绦虫成虫。

【实验预计结果】

（1）在阳性蛙肌肉内取出的虫体特性为：乳白色，扁平带状，长1～6cm，具有很强的伸缩性，在水中作轻微蠕动，头部膨大而扁，中央有一明显凹陷，体不分节，但具不规则横皱褶，后端多呈钝圆形的虫体。鉴定为曼氏迭宫绦虫裂头蚴。

（2）接种裂头蚴的猫或犬粪便检查：30日后，其粪便中可能查到两端尖、椭圆形、淡黄色、一端有卵盖，内含 1 个卵细胞及多个卵黄细胞的虫卵，经鉴定为曼氏迭宫绦虫卵。

（3）解剖接种裂头蚴 30 日后的阳性猫或犬，其小肠内可见到一些虫体：乳白色，扁平带状，长 60 ～ 100cm，约 1000 个节片，大多节片的宽度大于长度，许多节片中部可见到一凸起的小黄点，经鉴定为曼氏迭宫绦虫成虫。

【注意事项】

（1）活裂头蚴具有感染性，操作者应戴乳胶手套操作，操作过程中要严防污染盘外和操作者。

（2）实验结束后，应将废弃的青蛙尸体、裂头蚴、乳胶手套和实验器械分别在沸水中煮 30min，杀灭残留活裂头蚴，之后将青蛙尸体用土深埋或送焚烧炉处理。

（3）观察曼氏迭宫绦虫卵时，应注意与并殖吸虫卵、姜片虫卵相鉴别。

【作业与思考题】　简述曼氏迭宫绦虫裂头蚴病的临床表现，感染方式、感染途径及其防治原则。

第五节　蛔虫生活史过程的验证

蛔虫属土源性线虫，无需中间宿主，生活史简单。成虫寄生于宿主小肠内，受精蛔虫卵随粪便排出，在外界适宜的环境中发育为感染期虫卵。

感染期蛔虫卵可经口感染小鼠，在小鼠消化道内孵出幼虫，随后幼虫立即钻入肠壁毛细血管、淋巴管进入静脉血管，经肝、右心到达肺，穿破肺毛细血管进入肺泡，幼虫再经肺泡、细支气管、支气管，向上移行到咽喉，再经食管进入胃和小肠，最后在小肠发育为成虫并产卵，此时取小鼠粪便检查，可查见蛔虫卵。

【实验目的】

（1）掌握受精蛔虫卵和感染期蛔虫卵的形态。

（2）掌握蛔虫生活史发育过程。

（3）熟悉蛔虫的致病机制。

（4）了解蛔虫卵的孵化发育情况、幼虫在宿主体内的移行过程及幼虫危害宿主所产生的症状。

【实验材料与器械】　活的猪蛔虫雌虫、小鼠、生理盐水、2% 和 10% 甲醛溶液、乙醚；乳胶手套、载玻片、蜡盘、大头针、解剖针、眼科剪、镊子、滴管、培养皿、三角烧瓶、滤纸、离心管、解剖镜和显微镜等。

【实验操作与观察】

1. 蛔虫卵的收集

（1）固定和解剖蛔虫：取 1 条活的猪蛔虫雌虫置蜡盘内，两端拉直，用大头针固定（有生殖孔的一面贴向蜡盘）。自虫体前 1/3 起至末端将体壁剪开，用大头针固定切口两边，滴加少量清水并用解剖针轻轻将生殖器官松开，剪下连接阴道 1.5cm 的子宫下段。

（2）镜检受精蛔虫卵：将剪下的子宫置载玻片上撕碎，取少许碎组织加适量生理盐水做成涂片，镜检确定含有较多受精蛔虫卵后取用。

2. 感染期蛔虫卵的培养　可采用直接培养法或滤纸培养法。

（1）直接培养法：将充分撕碎的蛔虫子宫组织放入三角烧瓶内，滴加 2% 甲醛溶液约 2ml，烧瓶水深 0.5 ～ 1.0cm，置 27 ～ 28℃温箱内培养，并经常振摇和保持水深。每日观察温度和水深，每周取少量培养物做直接涂片，用显微镜观察虫卵的发育情况并做好记录。培养 2 ～ 3 周后，受精蛔虫卵已发育为感染期虫卵，卵内可见活动的幼虫。

（2）滤纸培养法：取直径为6cm的培养皿，底部铺一层用2%甲醛溶液浸湿的棉花，上面覆盖一层用同样溶液浸湿的滤纸，将充分撕碎的蛔虫子宫组织放在滤纸上，其上覆盖一平皿，每天加2%甲醛溶液数滴以保持湿度。将平皿加盖后置25～28℃培养箱内培养，2～3周后虫卵即可发育为感染期虫卵。

3. 人工感染小鼠

（1）感染期蛔虫卵混悬液的准备：待虫卵发育成熟后，用吸管吸去上层福尔马林液，滴加适量生理盐水制成虫卵混悬液。如用滤纸培养时，将含有感染期蛔虫卵的滤纸剪下，放入小烧杯内，用生理盐水洗下虫卵，即成虫卵混悬液。将虫卵混悬液以2000r/min 5min离心沉淀，弃去离心管中多余上清液。加生理盐水混匀再离心，如此反复洗涤3次。保留离心管内沉渣，加适量生理盐水混匀，用滴管吸取一滴液体于显微镜下计数每滴混悬液内虫卵含量。

（2）感染期蛔虫卵感染小鼠：小鼠感染前应禁食12h。左手大拇指和示指抓住小鼠左右耳根部，用右手拉直小鼠身子，再用左手环指和手掌固定住小鼠尾巴，勿让其挣扎，右手持滴管吸取约0.5ml虫卵液（含有3000～4000个虫卵），由小鼠口腔正中轻轻插入，将虫卵液经食管缓缓灌喂小鼠（或将虫卵与饲料混匀后饲喂小鼠）。

（3）感染小鼠的饲养：感染小鼠雌雄分笼、常规饲养，自由饮水，每日观察其临床症状和病理生理反应，并做好记录。

4. 动物解剖观察 小鼠感染蛔虫3～4日后，肝内可查到较多蛔虫幼虫；7～12日后，肺内可查到较多蛔虫幼虫。

（1）解剖感染小鼠：用乙醚麻醉处死感染小鼠，置蜡盘中解剖，取出肝（或肺）置培养皿内，加入少量生理盐水洗去血迹，肉眼观察蛔虫幼虫对受染动物肝（或肺）的病理损害（如表面有无出血点）。

（2）蛔虫幼虫的检查

1）剪取绿豆大小（不宜太大或太小）的感染小鼠肝或肺组织压片，夹在2张载玻片之间，用手轻轻压开，载玻片两端用线扎紧，低倍镜下观察蛔虫幼虫的形态和活动情况。

2）取小块肝或肺组织并剪碎，水洗沉淀，用滴管吸取沉渣直接涂片，低倍镜观察蛔虫幼虫的形态和活动情况。

3）将肺组织剪碎，放在盛有生理盐水的培养皿内，在37℃温箱放置5～8h，在解剖镜下观察从肺泡内逸出于生理盐水中的蛔虫幼虫。

4）取部分肝或肺组织用10%甲醛溶液固定，石蜡包埋做病理组织切片，HE染色，显微镜观察肝或肺组织病理变化。

5. 粪便检查 在小鼠感染蛔虫卵6～8周后，取粪便进行直接涂片法、饱和盐水浮聚法或水洗沉淀法检查蛔虫卵。

【实验预计结果】

（1）观察到蛔虫卵细胞分裂、孵化不同阶段的变化情况。

（2）观察到小鼠感染蛔虫后的临床症状和病理生理反应。

（3）解剖感染小鼠，肉眼观察到蛔虫幼虫寄生在肝和肺部所导致的病理改变：肝组织表面有散在的粟米粒大小的出血点，并可见“白瘢”（星状瘢痕）；肺组织表面有散在的粟米粒大小的出血点，肺叶多处出现片状出血和轻微肺叶肿胀。

（4）取病变肝、肺组织制作病理切片，显微镜观察到肝、肺组织的病理变化。

（5）取感染小鼠粪便检查，可查见蛔虫卵。

【注意事项】

（1）每日必须作详细的实验记录，包括实验方法、实验步骤、每次和每日观察的实验结果都要记录，如蛔虫受精卵的收集、显微镜检查结果；虫卵的培养、培养期间虫卵发育情况的观察；感染期虫卵的离心沉淀过程、虫卵混悬液显微镜检查结果；实验动物的感染过程、感染后每日的观察；感染动物的解剖观察、蛔虫幼虫的检查及病理检查等。

（2）感染期虫卵培养期间，要经常观察温度和湿度，温度不能过高或过低，随时注意添加液体，以保持发育环境的温度和湿度，防止温度过高、过低及水分蒸发影响虫卵的发育。

（3）小鼠感染前必须保证虫卵已发育至感染期（内含活动的幼虫）。

（4）给小鼠灌服感染性虫卵悬液时，要缓慢滴入，让其全部咽下。

（5）解剖小鼠时间需在接种后 3 ～ 4 日或 7 ～ 12 日时进行，此时幼虫多已移行至肝或肺。作肝或肺组织压片时，剪取的肝、肺组织不宜太多，否则两玻片不能贴紧而影响观察结果。

（6）猪感染期蛔虫卵对人、猪和鼠等都具有感染性，操作者应戴乳胶手套操作，操作过程中要注意无菌操作和器具消毒处理，防止自身感染与环境污染。实验结束后，应将废弃的小鼠尸体、乳胶手套和实验器械分别在沸水中煮 30min，杀灭残留活虫卵，之后将小鼠尸体用土深埋或送焚烧炉处理。

【作业与思考题】

1. 课堂作业　用普通铅笔绘制感染期蛔虫卵形态图，并注明结构名称和放大倍数。

2. 课后思考题　简述蛔虫生活史发育过程和致病机制。

第六节　旋毛虫病的人工感染和免疫学检查

旋毛虫病（Trichinellosis）是一种危害严重的人兽共患寄生虫病，也是重要的食源性寄生虫病。人和猪、犬、猫、鼠等动物是由于生食或半生食含旋毛虫幼虫囊包的肉类而感染。实验室常用旋毛虫幼虫或囊包感染小鼠，建立动物模型，收集标本用于教学、科研、检疫或临床诊断。

旋毛虫病原学检查方法是在患者患处肌肉取样，作压片、切片或人工胃液消化后查找到旋毛虫幼虫囊包而确诊，但由于取材局限，阳性率低（仅为 50% 左右），因此免疫学检查尤显重要，是临床辅助诊断旋毛虫感染（尤其是早期或轻度感染）的常用方法。免疫学检查常用方法有间接血凝试验（IHA）、间接荧光抗体试验（IFA）、酶联免疫吸附试验（ELISA）和蛋白质印迹法（Western blot）等，其敏感性高，特异性强。本实验选用间接血凝试验（IHA）来辅助检查旋毛虫病。

【实验目的】

（1）掌握旋毛虫病的人工感染和标本收集方法。

（2）学会用间接血凝试验（IHA）辅助检查旋毛虫病。

（3）收集旋毛虫幼虫和成虫，用于教学、科研或临床诊断等。

【实验材料与器械】　旋毛虫阳性小鼠 1 只、健康小鼠数只、人工消化液、PBS 缓冲液、生理盐水、绵羊红细胞、兔血清、待测血清、1% 鞣酸、碘酒、70% 乙醇溶液、5% 枸橼酸钠溶液；载玻片、三角烧瓶、绞肉机、研钵、钢筛、剪刀、镊子、一次性灭菌注射器、乳胶手套、微量移液器、4℃离心机、解剖镜和显微镜等。

【实验操作与观察】

1. 实验动物旋毛虫的人工感染

（1）幼虫囊包的检查：将感染旋毛虫的阳性小鼠处死，取一块绿豆大小的腿部肌肉或膈肌，置两张载玻片之间压片，显微镜下检查幼虫囊包并计算幼虫囊包数。

（2）幼虫的收集：用绞肉机将含有旋毛虫幼虫囊包的肌肉绞碎，置于含有人工消化液（人工消化液配方：胃蛋白酶 7g、盐酸 10ml、生理盐水 1000ml）的三角烧瓶内，一般每 1g 肌肉加入 60ml 的消化液，置 37 ～ 40℃温箱中，经 10 ～ 18h（在消化过程中经常摇动烧瓶或搅拌），小心吸去上清液，然后加入 37 ～ 40℃温水，以水洗沉淀法或离心沉淀法收集幼虫，将收集的幼虫置于无菌生理盐水中洗 2 ～ 3 次。

（3）实验动物的感染：用 1ml 注射器吸取上述收集的幼虫，经腹腔注射或喂饲健康小鼠（或直接用含有旋毛虫幼虫囊包的肌肉饲喂小鼠，饲喂前禁食 12 ～ 24h），每只小鼠感染 100 ～ 200 条幼虫。

（4）实验动物的饲养：常规饲养 5 ～ 6 周，每日观察和记录实验鼠的病理生理反应。

（5）实验动物的解剖、观察和虫体的收集

1）旋毛虫成虫的收集：在感染后第 3、第 4 日处死小鼠，取出小肠并用剪刀剖开，肉眼观察肠壁病理变化，然后用清水洗涤，轻刮，在洗涤液的沉渣中查找成虫。

2）幼虫的收集：在感染 5 周后处死小鼠，剥皮，肉眼观察肌肉的病理变化。取膈肌、腿部肌肉、颊肌等压片查找幼虫囊包，然后按上述方法收集幼虫。

2. 间接血凝试验（IHA）

（1）磷酸盐缓冲液（PBS）的配制。

甲液：Na_2HPO_4（$Na_2HPO_4 \cdot 12H_2O$）21.3g，NaCl 8.5g，加蒸馏水至 1000ml，溶解后过滤。

乙液：KH_2PO_4 20.42g，NaCl 8.5g，加蒸馏水至 1000ml，溶解后过滤。

0.15mol/L pH 6.4 PBS：甲液 24ml，乙液 76ml，蒸馏水 100ml，摇匀后灭菌备用。

0.15mol/L pH 7.2 PBS：甲液 72ml，乙液 28ml，蒸馏水 100ml，摇匀后灭菌备用。

（2）1% 兔血清缓冲液的配制：将新分离的兔血清 56℃ 30min 灭活后，取所需量（如 1.0ml）加半量（如 0.5ml）洗过的压积绵羊红细胞，并加兔血清量 4 倍（如 4ml）的 pH 7.2 PBS，置 37℃水浴箱中作用 10min，以吸收兔血清中的异嗜性凝集素，1500r/min 离心 10min，加 pH 7.2 PBS 95ml，即为 1% 兔血清 PBS 液，置 4℃冰箱保存（可保存 2 日）备用。

（3）待检血清的处理：取待检血清 0.5ml 分别置于试管中，加入 1% 正常兔血清 1.5ml，56℃灭活 30min，加入未致敏的绵羊红细胞 2ml，4℃过夜。次日 3000r/min 离心 10min，取上清液。

（4）旋毛虫肌幼虫抗原的制备：取上述感染旋毛虫 40 日左右的小鼠处死剖杀，用同样方法收集旋毛虫幼虫。将虫体悬浮于适量 PBS（0.1mol/L pH 7.2）中，于低温冰箱内反复冻融 5 次，速冻速融，然后用玻璃匀浆器进行研磨。所得肌幼虫匀浆置 4℃ 冰箱过夜，次日于 4℃ 10 000r/min 离心沉淀 1h，取上清液即为旋毛虫可溶性肌幼虫抗原。

（5）绵羊红细胞的鞣化

1）绵羊红细胞的采集和处理：以碘酒或 70% 乙醇溶液消毒健康绵羊颈部皮肤，用 5ml 的一次性灭菌注射器采集全血 2 ～ 3ml，快速注入含有 0.2 ～ 0.3ml 5% 枸橼酸钠溶液的试管内，轻轻摇匀。2000r/min 离心 10min，加入适量 0.15mol/L pH 7.2 PBS 进行洗涤，2000 r/min 离心 10min，再加入适量 0.15mol/L pH 7.2 PBS 进行洗涤。如此反复洗涤 3 次，用 PBS 配成 2.5% 的红细胞悬液。

2）绵羊红细胞的鞣化：在 2.5% 的红细胞悬液中加入含 1% 鞣酸的 PBS，使鞣酸的终浓度为 1/10 000，37℃水浴 15min，用 PBS 洗涤 3 次，再加 PBS 配成 2.5% 鞣化红细胞。

（6）抗原致敏鞣化的绵羊红细胞：将 2.5% 鞣化红细胞 1 份，抗原液 1 份，pH 6.4 PBS 4 份混合，摇匀后室温下放置 15min，加 1% 兔血清缓冲液，2000r/min 离心洗涤 2 次，再用 PBS 配成 2.5% 的红细胞悬液。4℃下保存备用。

（7）间接血凝（IHA）反应：取处理后的待检血清作倍比稀释，于 96 孔反应板中每孔加入上述倍比稀释的待检血清 50μl，然后加入致敏的绵羊红细胞悬液 50μl，37℃作用 2h 以上，观察结果。以 1 ： 64 的稀释度出现 50% 凝集者判为阳性。同时设立阴性和阳性对照。

（8）结果判定如下所示。

“++++”：100% 的红细胞在孔底呈均质的膜样凝集，边缘整齐、致密。因动力关系，膜样凝集的红细胞有的出现下滑现象。

“+++”: 75% 的红细胞在孔底呈膜样凝集，不凝集的红细胞在孔底中央集中成很小的圆点。

“++”：50% 的红细胞在孔底呈稀疏的凝集，不凝集红细胞在孔底中央集中成较大圆点。

“+”：25% 的红细胞在孔底凝集，其余不凝集的红细胞在孔底中央集中成较大的圆点。

“–”：所有的红细胞均不凝集，并集中于孔底中央呈规则的最大的圆点。

结果判定以出现“++”孔的血清最高稀释倍数定为本间接血凝试验的凝集效价。小于或等于 1 ： 16 判为阴性，1 ： 32 判为可凝，等于或大于 1 ： 64 判为阳性。

【实验预计结果】

（1）实验动物旋毛虫病的人工感染成功，并收集到幼虫和成虫。

（2）间接血凝试验（IHA）免疫学检查旋毛虫感染时，结果为“+”以上。

【注意事项】 活幼虫及囊包具有感染性，处理和收集幼虫及囊包时注意安全操作，最好戴乳胶手套操作，以免污染或造成感染。实验结束后，应将废弃的小鼠尸体和肌肉、乳胶手套、注射器和实验器械分别在沸水中煮 30min，杀灭残留活幼虫、囊包及成虫，之后将小鼠尸体用土深埋或送焚烧炉处理。

【作业与思考题】

（1）简述旋毛虫病的实验室诊断方法。

（2）简述旋毛虫病的感染方式、致病机制和防治原则。

（3）简述旋毛虫病人工感染的意义。

（吴 媛）

第六章　医学节肢动物

第一节　蚊成虫及幼虫标本的采集与保存

雌蚊成虫侵扰人畜，刺叮吸血，并可传播多种疾病，如疟疾、登革热和乙型脑炎等。蚊虫生活史包括虫卵、幼虫、蛹和成虫四期。前三期生活在水里，仅雌性成蚊叮人吸血及传播病原体。蚊虫标本的采集是进行蚊虫研究工作的基础和必要前提。只有采集到高质量和足够数量的蚊虫标本，才能满足教学和科学研究工作的需要。蚊虫标本采集要求尽量覆盖不同地区、不同生境、不同季节，在各种孳生、栖息蚊虫的场所，广泛采集蚊虫标本，要求所获得的标本能真实全面反映当地蚊种组成的情况。对每种蚊虫的采集应尽可能获得生活史各期配套标本（雌雄成蚊、卵、幼虫和蛹），成蚊通常制成针插干标本，幼期制成玻片标本，这是基本的保存模式。但是为了适应蚊虫分子鉴别等不同需要，部分标本可用 75% 乙醇溶液浸泡保存，带回实验室封片或抽提 DNA 冷藏保存。有些蚊虫经实验室驯养保种，以活体标本供应实验研究用；有些实验室保种培养蚊虫细胞株供实验室研究应用。

【实验目的】　掌握蚊成虫及幼虫等标本的采集与保存方法。

【实验材料与器械】　氯仿、75% 乙醇溶液；手电筒式吸蚊器、广口瓶、吸管、水网、水勺、搪瓷盘和放大镜等。

【实验操作与观察】

1. 成蚊的采集　常用的蚊虫采集方法主要有吸蚊器法、挥网法、入帐诱捕法、灯诱法、人体诱捕法、动物诱捕法等。本实验采用吸蚊器捕捉蚊虫。蚊的种类不同，其吸血习性和栖息习性均不同，因而在采集成蚊时可由于气候、时间、栖息场所等不同而采集的蚊种有所不同。雌蚊吸血后即寻找较阴暗、潮湿、避风的场所栖息。室内多栖息于蚊帐内、床下、屋角、门后、墙面及杂物上。室外多栖于草丛、洞穴、树下及人畜房附近的农作物中。蚊吸血时间也因种类而异，一般伊蚊多在白天吸血，库蚊和按蚊常在晚上吸血。在蚊栖息场所搜寻蚊虫，发现蚊虫后，悄悄打开吸蚊器的开关并靠近目标，将蚊虫吸入吸蚊器内。夜间采集蚊虫时，以一手持手电筒照明寻找蚊虫，但避免用强光直射，防其飞去。发现目标后，另一只手持手电筒式吸蚊器，将蚊虫吸入吸蚊器内。

2. 蚊卵的采集　蚊卵可从幼虫的孳生地采集。由于库蚊卵排列成筏，浮于水面；按蚊卵散在浮于水面，所以可在孳生地的水中表层缓慢刮取采集这两种虫卵。伊蚊卵如白蚊伊蚊卵，卵是单个分散地沉于水底，可采用广口瓶诱卵的方法，即在孳生地附近放置数个广口瓶，内盛清水，诱成蚊产卵于瓶中。

3. 蚊幼虫和蛹的采集　幼虫和蛹孳生于水中，不同的蚊种孳生的水体也不同。采集幼虫和蛹的地点应选择有水的场所。在大面积水体中如池塘、水沟、稻田等孳生地的幼虫（如按蚊幼虫），可用水勺或密水网捞取。用水勺捞取时，要沿着岸边有水草的地方迅速舀取，再用吸管将幼虫或蛹吸放入广口瓶内（瓶内预先盛有孳生地的水，不同类型孳生地的幼虫要分开放置）。用水网捞取时，先将采集的幼虫连同水网反扣在盛有水的搪瓷盘中，待幼虫脱落于水中后再用吸管移于广口瓶内。孳生于少量积水中如树洞、小罐等处的幼虫（如伊蚊幼虫）

可用小勺或虹吸管采集。

4. 蚊虫标本的保存 蚊卵可固定并保存在 70% 乙醇溶液中，用于制作玻片标本。幼虫和蛹可先用 60 ～ 70℃ 热水杀死，然后保存于 70% 乙醇溶液中。成蚊采集后如不饲养，可用氯仿熏死，然后制成针插干标本；也可固定和保存在 70% 乙醇溶液中，用于制作玻片标本。

【实验预计结果】

（1）成功采集到蚊成虫、虫卵、幼虫及蛹活体标本。

（2）学会蚊成虫及幼虫的保存方法。

【注意事项】

（1）不同栖息或孳生场地采集到的蚊虫标本要分开放置。

（2）实验报告应尽可能详细记录，包括采集的方法、时间、地点、栖息或孳生场地的特征、蚊虫的密度等，采集到标本的种类、数量及形态特点等。

【作业与思考题】

（1）撰写蚊成虫及幼虫标本采集的实验报告，包括采集的方法、时间、地点、栖息或孳生场地的特征、蚊虫的密度等，采集到标本的种类、数量及形态特点等。

（2）自制调查表，调查并统计分析全班同学采集到的蚊成虫、幼虫、蛹及虫卵标本的种类。

第二节 人体感染蠕形螨的检查

寄生于人体的蠕形螨有 2 种，即毛囊蠕形螨（*Demodex folliculorum*）和皮脂蠕形螨（*Demodex brevis*），具有低度致病性，可引起蠕形螨病。蠕形螨感染较普遍，国内人群感染率为 4.43% ～ 86.6%，最高达 97.86%，男性高于女性。人体感染以毛囊蠕形螨多见，皮脂蠕形螨次之，部分患者存在双重感染。病原学检查方法有挤刮涂片法、透明胶纸粘贴法或挤粘结合法等镜检蠕形螨。

【实验目的】

（1）掌握人体感染蠕形螨的检查方法。

（2）掌握蠕形螨的形态特点。

【实验材料与器械】 液体石蜡或甘油、酒精棉球；刮片或痤疮压迫器、解剖针、载玻片、盖玻片、透明胶纸、剪刀、酒精灯和显微镜等。

【实验操作与观察】

1. 挤刮涂片法 将两拇指用酒精棉球消毒后，在被检查者的鼻尖、鼻翼、鼻唇沟、颊部、颏部及额部等处用力挤压，将皮脂分泌物挤出，用充分消毒过的刮片将皮脂分泌物挑至载玻片上，滴加 1 滴液体石蜡，用解剖针均匀涂开，加盖玻片后镜检。低倍镜寻找虫体，高倍镜下观察。

2. 透明胶纸粘贴法 将单面透明胶纸剪成 6cm×2cm 大小数条，睡前将脸洗净，将透明胶纸贴于鼻尖、鼻翼、鼻唇沟、颊部、颏部及额部等处，次晨取下，重叠贴附于载玻片上（注意将胶纸贴平，同时防止气泡产生）镜检。此法检出率高，简便易行，无痛苦。

【实验预计结果】 蠕形螨成虫体细长呈蠕虫状，雌虫较大，腭体梯形，触须 3 节，螯肢短针状。躯体分成足体和末体 2 部分。4 对足，短粗，呈芽突状，位于足体腹面。体表有环状横纹。雌性生殖孔位于腹面第 4 对足之间，为一裂缝状。毛囊蠕形螨较长，末端较钝圆。皮脂蠕形螨较粗短，末端略尖，呈锥状。

有时尚可见虫卵、幼虫或虫体残体。

【注意事项】

（1）人体蠕形螨具有感染性且抵抗力较强。使用后的器材，经酒精棉球消毒后须再用酒精灯火焰消毒，以防传播。用手挤压后更应注意手的充分消毒，以防感染。

（2）用挤刮涂片法或透明胶纸法采集标本后，应及时检查，若放置时间过久，虫体透明不易检出。

【作业与思考题】 自制调查表，调查并统计分析全班或全年级同学蠕形螨的感染状况。

（冯安贵）

第三篇　设计创新性实验

第七章　医学原虫

第一节　溶组织内阿米巴病的 PCR 诊断

PCR 诊断是溶组织阿米巴病目前最敏感的检测方法，且具有高度特异性。PCR 基本原理及方法是依据细胞分裂中的 DNA 半保留复制机制及 dNTP 分子在不同温度下双链和单链可以互相转变的性质，人为地控制体外合成系统的温度，以促使双链变成单链 DNA。单链 DNA 与人工合成的引物退火及在 dNTP 存在下，耐高温的 DNA 聚合酶使引物沿单链模板延伸成为双链 DNA。

依据 PCR 基本原理，提取溶组织阿米巴病的脓液穿刺液或粪便培养物、活检的肠组织、皮肤溃疡分泌物、脓血便甚至成形粪便中虫体或石蜡切片的 DNA，以特异性引物进行 PCR 扩增反应，获得相应的 DNA 特异性片段，通过琼脂糖凝胶电泳分析鉴定扩增产物，可以鉴别溶组织内阿米巴与其他阿米巴原虫（如迪斯帕内阿米巴）感染。

【实验目的】

（1）掌握溶组织内阿米巴 PCR 诊断方法。

（2）了解溶组织内阿米巴 PCR 实验原理。

【实验材料与仪器提示】　待检标本（粪便）、碘液、10% 甲醛 -PBS、乙醚、2×Lysis buffer、苯酚、氯仿、异戊醇、TAE 电泳缓冲液、2% 琼脂糖、溴化乙啶、Triton X-100、蛋白酶 K、3mol/L 乙酸钠、无水乙醇、PCR 试剂盒、引物 p1 和 p2；离心机、摇床、PCR 仪、电泳槽、微量移液器、紫外成像系统和显微镜等。

【实验操作提示】

1. 试剂的配制

（1）碘液：碘 5g，碘化钾 10g，蒸馏水 100ml。

（2）2×Lysis buffer：0.2 mol/L NaCl，20mmol/L Tris-HCl（pH 8.0），20mmol/L EDTA（pH8.0），4%SDS。

（3）酚：氯仿：异戊醇（25 ： 24 ： 1）。

（4）TAE 电泳缓冲液：0.04 mol/L Tris- 乙酸，0.001mol/L EDTA（pH 8.0）。

（5）50ml 2% 的琼脂糖（Agarose）溶液：称取琼脂糖 1.0g 放入 250ml 的烧瓶中，加入 50ml TAE 电泳缓冲液，微波炉加热溶解，待琼脂糖溶液温度降至约为 75℃时，加入溴化乙啶（EB）溶液（1mg/ml）25μl，混匀，使终浓度为 0.5μg/ml。倒入电泳板中，冷却备用。

2. 甲醛 - 乙醚法沉淀包囊　取待检粪便 1g 左右（黄豆大小），加 10% 甲醛 -PBS 混匀制成悬液，滤过 2 层纱布以去除粗渣，滤过液 2500r/min 离心 1min，弃上清液，沉渣加入 10% 甲醛 -PBS 5ml，固定 30min，加入 3ml 乙醚，剧烈振摇 1min，2500 r/min 离心 1min，弃上层液，以棉签擦净试管壁上的残液，直接镜检或碘液染色镜检包囊。若为可疑艾滋病患者，为安全起见，可直接以 10% 甲醛 -PBS 5ml 或更多固定 30min 后离心，调节体积为 5ml，余下步骤同前。

3. 溶组织内阿米巴 DNA 的提取

（1）反复冻融沉渣 3 ～ 6 次（-30℃或 -80℃冻 10min，37℃融 2min）。

（2）加 Triton X-100，使终浓度为 1.0% ～ 1.25%，100℃煮沸 10min。

（3）冷却至室温，加入蛋白酶 K，使终浓度为 0.5mg/ml，再加入等量 2×Lysis buffer，55℃缓慢振荡数小时或过夜。

（4）加入等量的酚：氯仿：异戊醇（25 ∶ 24 ∶ 1），缓慢振摇数小时或过夜。15 000r/min 离心 2min，取水相，转移入新的 EP 管中。

（5）重复步骤（4），抽提 2 次。

（6）15 000r/min 离心 2min，取水相，转移入新的 EP 管中。加入 10% 3mol/L 乙酸钠和 2 ～ 2.5 倍的无水乙醇，-20℃过夜。

（7）15 000 r/min 离心 10min，弃上清液，沉淀用 70% 乙醇溶液悬浮。15 000r/min 离心 10min，弃上清液，自然干燥，加适量双蒸水溶解备用。

4. PCR 扩增

（1）PCR 反应体系：取 0.5ml EP 管，依次加入：蒸馏水 16μl、Buffer 2μl、$MgCl_2$ 1.5μl、dNTP 2μl、引物 p1 1.0μl、引物 p2 1.0μl、Taq 酶 0.5μl、模板 DNA 1μl。

将上述 25μl 反应液轻轻混匀、短暂离心后在 PCR 扩增仪上进行扩增。

（2）PCR 扩增参数：94℃ 预变性 3min，94℃变性 30s、60℃ 退火 30s、72℃延伸 60s，共 35 个循环，末次循环后 72℃保温 10min，4℃终止反应。

5. 琼脂糖凝胶电泳鉴定 PCR 结束后，取 10μl PCR 产物与 2μl 溴酚蓝指示剂混合上样，同时上样 DNA Marker 1μl，100V 稳压电泳约 30min，紫外成像系统下观察结果并拍照和记录结果。

6. 实验结果观察和分析 通过观察琼脂糖凝胶电泳上是否存在特定的 DNA 片段进行诊断。

【注意事项】

（1）成熟包囊具有感染性，应严格注意生物安全操作和标本的处理，防止自身感染和对环境的污染。

（2）滋养体 DNA 抽提方法与包囊相似，而且更简单。取含脓血便，加入等量的 Lysis buffer 和最终浓度为 0.5mg/ml 的蛋白酶 K，55℃数小时而后 60℃ 1 ～ 2h，再用酚：氯仿：异戊醇（25 ∶ 24 ∶ 1）抽提，余下步骤相同。组织液、脓液中的虫体 DNA 提取则要根据组织的性质而定，组织液若黏稠可用不含针头的 OT 针筒从送样品的盛器中取 0.1ml，若为一些稀释的组织液可以高速离心后沉渣加 Lysis buffer 溶解。

【作业与思考题】 详细记录实验过程，仔细观察和分析实验结果，得出实验结论，总结实验成败的经验教训。

第二节 阴道毛滴虫的体外药敏实验

由阴道毛滴虫（*Trichomonas vaginalis*）所引起的阴道毛滴虫病目前仍是严重威胁人类健康的主要性传播疾病之一。本病人群感染较普遍，尤其生育期女性感染率最高。在我国滴虫性阴道炎是常见的妇科疾病之一，发病率最高可达 38.41%，滴虫性阴道炎约占阴道炎的 48%，严重影响妇女的身心健康。目前应用于临床治疗阴道毛滴虫病的首选药物仍为甲硝唑，但自 1962 年以来就有滴虫抗药性的报道，据 1989 年美国疾控中心估计，5% ～ 10% 临床分离株为甲硝唑抗性株。因此阴道毛滴虫的药敏实验是甲硝唑抗性株临床用药的参考依据。选用几种阴道毛滴虫常用药物（设不同浓度组），经孵育后以锥虫蓝染色观察死亡的阴道毛滴虫数目（并设无关药物作为对照组），从而筛选出敏感药物及有效药物的浓度，以便进一步研究阴道毛滴虫病的临床治疗新药。

【实验目的】

（1）掌握阴道毛滴虫的药敏实验操作方法。

（2）了解阴道毛滴虫的体外培养过程。

【实验材料与器械提示】 甲硝唑、替硝唑或其他待测药物、阴道毛滴虫株、阴道毛滴虫培养基、生理盐水、锥虫蓝；研钵、滴管、离心机、培养箱、细胞计数板和显微镜等。

【实验操作提示】

1. 实验材料的准备

（1）阴道毛滴虫培养基（15% 肝浸汤培养基）的制备：取新鲜牛肝 15g 研碎，置入 100ml 蒸馏水混匀，移置于 4℃冰箱中 24h，取出煮沸半小时，再将其经 4 层纱布过滤后定容，失去的水分用蒸馏水补足。然后加入蛋白胨 2g，葡萄糖 0.5g，充分混匀，加热促溶后经细滤纸过滤，调节 pH 至 5.8，高压灭菌，完全冷却后放置于 37℃恒温箱中培养 24h，证明无菌后储存于冰箱中备用，接种前每管加 20% 灭活无菌牛血清。

（2）虫株（教师准备）：阴道毛滴虫株来自南华大学附属医院门诊患者，取初次确诊为滴虫性阴道炎患者的阴道后穹隆分泌物，接种于无菌肝浸汤培养管中，置 35℃孵箱内培养 48 ～ 72h 后转种传代，稳定培养 3 代后用于试验。

（3）药物准备：分别将甲硝唑（0.2g/ 片）、替硝唑（0.5g/ 片）、吡喹酮片剂（0.2g/ 片）或其他待测药物，以无菌生理盐水溶解，稀释为 10mg/ml 备用。

（4）药物培养基的配制：用不含任何抗生素的肝浸汤培养基将含 10mg/ml 甲硝唑、替硝唑或其他待测药物的备用液稀释分别稀释至如下浓度：100μg/ml、10μg/ml、1μg/ml、0.1μg/ml。

（5）虫体准备：取转种第 3 代经 48 h 培养的阴道毛滴虫临床虫株数管混匀，1600r/min 离心 5min，弃去上清液，用无菌滴管从近管底部吸出混悬液，加入经 35℃预温的新鲜肝浸汤培养基洗涤 2 ～ 3 次（3000r/min 离心 15min），弃上清液，再加入新鲜保温的培养液混匀，用血细胞计数板计数调整虫体密度为 1×10^6/ml，取 10μl，加等量的 0.1% 锥虫蓝染色，保证活虫数在 98% 后方可进行实验。

2. 实验操作

（1）实验分组：取 1ml 阴道毛滴虫培养液加入含不同药物浓度的培养基中，终体积为 6ml。设空白对照组和实验组，以不含药物培养基作为空白对照，不同浓度的甲硝唑、替硝唑或其他待测药物作为实验观察组，各药物浓度均设 3 管平行观察。

（2）阴道毛滴虫培养：将上述各管置于（36±0.5）℃培养 12h。

（3）阴道毛滴虫存活检测：培养 12h 后取培养管冰浴，滋养体以 0.1% 锥虫蓝染色检查，在普通光学显微镜下观察，每管检测 100 个，记录阴道毛滴虫存活状况。

3. 观察指标

（1）虫体死亡以虫体不运动（此时虫体变圆，鞭毛和波动膜不运动甚至缺乏，虫体轮廓模糊，边缘不整，失去原有的透明度，体内含大量颗粒）和 0.1% 锥虫蓝染色为标准，计数死亡虫体数量。

（2）与空白对照管的活虫数比较，计算相对活虫率。

活虫数 =100- 死亡虫数

相对活虫率（%）=（实验管的活虫数 / 空白对照管的活虫数）×100%

以 3 张涂片的平均数为依据。

4. 结果分析 如下所示。

"++++"：相对活虫率为 0，表示该药对阴道毛滴虫有很强的杀灭效果。

"+++"：0 <相对活虫率≤ 30%，表示该药对阴道毛滴虫有较强的抑杀效果。

"++"：30% <相对活虫率≤ 60%，表示该药对阴道毛滴虫有一定的抑杀效果。

"+"：60% <相对活虫率≤ 90%，表示该药对阴道毛滴虫有较弱的抑杀效果。

"−"：相对活虫率为 90% 以上，表示该药对阴道毛滴虫基本无效。

【注意事项】 整个实验过程中，严格遵守无菌操作和生物安全操作规则。

【作业与思考题】 详细记录实验过程，仔细观察和分析实验结果，得出实验结论，总结实验成败的经验教训。

（曹伟良）

第八章 医学蠕虫

第一节 日本血吸虫病动物模型的建立、解剖及病理变化观察

日本血吸虫（*Schistosoma japonicum*）成虫寄生在人和哺乳类动物肝门静脉系统，雌虫产卵沉积于宿主肝、肠等组织内，形成虫卵肉芽肿，导致组织纤维化，引起肝脾肿大、肝硬化、腹水等症状。实验室常用家兔或小鼠作为动物模型，人工感染日本血吸虫尾蚴，构建病理模型，然后解剖并观察日本血吸虫病的病理变化特点，还可收集日本血吸虫成虫和虫卵等标本用于教学、科研或临床诊断等。

【实验目的】

（1）掌握日本血吸虫病动物模型的构建。

（2）了解日本血吸虫成虫寄生部位和宿主内脏组织的病理变化。

（3）获取成虫和虫卵等标本用于教学、科研或临床诊断等。

【实验材料与器械提示】 阳性钉螺数 10 只、2kg 左右家兔数只、生理盐水；三角烧瓶、搪瓷盘、平皿、剪刀、镊子、接种环、载玻片、盖玻片、乳胶手套、酒精灯和显微镜等。

【实验操作提示】

1. 动物模型的建立

（1）尾蚴的释放：备好阳性钉螺，置于装有去氯水（或冷开水）的三角烧瓶内，在适温和光照条件下释放尾蚴。

（2）动物感染：将家兔固定，剪去腹部的体毛，用棉球蘸水擦湿皮肤，接种环点尾蚴于盖玻片上，在显微镜下计数，每兔约感染 1000 条左右，然后将粘有尾蚴的盖玻片覆盖在家兔的无毛皮肤上。待感染 15min 后，弃去皮肤上的盖玻片，干棉球擦干腹部，然后将动物放回笼中，常规饲养。

2. 动物模型的解剖及病理变化观察

（1）将动物喂养 45 日后空气栓塞致死，置搪瓷盘内，暴露腹腔，观察有无腹水。暴露肠系膜静脉，特别是门静脉，可见血管中有一条条灰白色或暗黑色的成虫，用解剖针轻轻地将门静脉血管壁挑破，用镊子将虫体取出，放在盛有生理盐水的平皿中，仔细观察虫体的形态特点和运动。

（2）观察兔的肝及肠壁有何病理变化（肝表面有大量密集的乳白色、芝麻点状的虫卵结节，肠壁上也可见虫卵结节），然后剪取米粒大小肝或肠壁组织置两载玻片间，轻轻挤压后置显微镜下观察。可见大量葡萄串样排列的虫卵，并可同时见到成熟期和未成熟期虫卵。

（3）如需收集成虫和虫卵等标本，可采用胸主动脉灌注冲虫法收集成虫；取下家兔肝，研磨肝组织，分离虫卵。

【注意事项】

（1）日本血吸虫尾蚴是感染阶段，操作时严格按生物安全规则操作，凡是接触尾蚴的废弃物，须经高温处理杀灭尾蚴后才能废弃。家兔尸体经高温处理后用土深埋或送焚烧炉处理。

（2）如需收集成虫标本时，在胸主动脉插管灌注前不能弄破门静脉。

【作业与思考题】

（1）详细记录实验过程，仔细观察和分析实验结果，撰写实验报告。

（2）简述日本血吸虫病的致病机制。

第二节 学龄前儿童蛲虫病的现场调查

蠕形住肠线虫（*Enterobius vermicularis*）又称蛲虫，寄生于人体盲肠、结肠及阑尾等处，引起蛲虫病。蛲虫病是一种呈世界性分布的常见寄生虫病之一，主要流行于儿童集居的如幼儿园、托儿所和小学等机构。患者常有肛周瘙痒、夜间磨牙等症状，反复重度感染会导致儿童生长发育滞后。随着卫生宣传教育的开展，蛲虫感染率有所下降，但由于蛲虫生活史简单，外界环境因素影响较小及具有多种感染途径，在学龄前儿童中流行仍较为广泛。诊断蛲虫病常采用透明胶纸法或棉签拭子法：即利用雌虫夜间爬出肛门外，在肛周和会阴部皮肤及其皱折处产卵的习性，在肛周采集虫卵以检查蛲虫病。

【实验目的】

（1）掌握儿童蛲虫病的现场调查方法。

（2）初步培养学生对实验数据进行科学统计和分析的能力。

【实验材料与器械提示】 透明胶纸、标签纸、棉签、胶水、乳胶手套；载玻片、剪刀、玻璃记号笔、玻璃离心管、吸管和显微镜等。

【实验操作提示】

1. 调查地点 蛲虫病在过群居生活的儿童中流行较为广泛，有代表性地选择几所全托幼儿园或寄宿小学等机构，作为现场调查的地点。

2. 调查时间 由于蛲虫成熟交配后，雌虫于夜间移行至宿主肛周和会阴部皮肤及其皱折处产卵，故选择在儿童入睡 3h 后至清晨起床未排便和洗澡前的时间段内检查。

3. 透明胶纸法 将透明胶纸剪成长 6cm、宽 2cm 的长条，一端向胶面折起约 1cm，并把胶纸贴在载玻片上待用。检查时，揭起胶纸，中部顶压舌板一端，在肛周皮肤上粘取（图 8-1），然后将胶面平铺于载玻片上，标上编号和待检者信息，带回实验室待检。低倍镜下查找虫卵，高倍镜下确认，发现蛲虫卵即视为阳性。

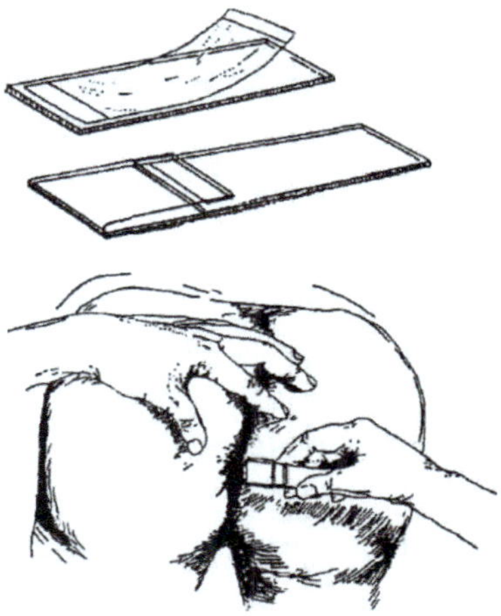

图 8-1 透明胶纸法

4. 棉签拭子法 用生理盐水把棉签浸湿，将多余的水分在管壁上挤掉，用此棉签在受检者肛周皮肤上顺一个方向滚动拭擦，然后放入盛有生理盐水的试管中，用力振荡，使棉签上的虫卵落下沉于试管底部，弃去该棉签。在试管壁上贴上标签并带回实验室待检。自然或离心沉淀后，吸取沉渣置载玻片上，用显微镜观察。

【注意事项】

（1）成熟蛲虫卵具有感染性，操作时严格避免自身感染和环境污染。废弃物须经高温处理彻底杀灭虫卵后才能废弃。

（2）透明胶纸与玻片之间有许多气泡时，镜检前可揭起胶纸，在玻片上加一小滴生理盐水或清水，然后再将胶纸平铺在玻片上，并排出胶纸下的气泡后置显微镜下观察。

【作业与思考题】 仔细观察镜检结果，统计分析当地学龄前儿童蛲虫感染状况，以及两种检测方法阳性率比较，得出调查结论，撰写现场调查报告。

第三节　市售蔬菜土源性线虫卵与幼虫污染调查

蔬菜是平衡膳食不可缺少的一部分，如经烹调加工后，一部分营养素会随之流失，而生食蔬菜正好弥补了这一缺点。随着人们饮食方式改变，生食蔬菜习惯越来越普遍，但必须解决生食蔬菜的安全性问题。如果菜农采用新鲜粪便施肥，菜市场上出售的蔬菜被土源性线虫卵或活幼虫污染的可能性很大。若蔬菜清洗不干净，且不经过加热处理（或火候不够）而生食或半生食，就很容易感染上蛔虫、鞭虫、钩虫、粪类圆线虫等土源性线虫疾病而危害人们的健康。

【实验目的】

（1）掌握市售蔬菜土源性线虫卵与幼虫污染的调查方法。

（2）掌握从市售蔬菜上分离土源性线虫卵与幼虫的方法。

（3）了解钩蚴与粪类圆线虫幼虫等虫体的形态特征。

【实验材料与器械提示】　多种市售蔬菜、33% 硫酸锌；毛刷、锥形瓶、钢筛、脸盆、吸管、离心管、载玻片、盖玻片、玻璃棒、试管、移液器和显微镜等。

【实验操作提示】

1. 标本采集　到附近菜市场购买 10 种以上当地常见生吃或半生吃的新鲜蔬菜：如香菜、葱、大蒜、黄瓜、西红柿、红辣椒、韭菜、生菜、莴笋叶、小白菜和空心菜等。每种蔬菜采集样本 10 份，每份 100g。

2. 标本的清洗与浓缩　将蔬菜放入脸盆中，逐叶或逐个用毛刷蘸取自来水刷洗，将洗过的水用钢筛过滤，除去大块物质及其他杂物，将滤液倒入锥形杯中，待其自然沉淀。1.5 h 后倾去其上层液，再放入清水，搅拌后静置。如此反复水洗和自然沉淀，直至上液清晰为止。倾去上清液，每份保留约 100ml 的沉渣和沉淀液。

3. 土源性线虫幼虫的检查　可采用直接涂片法。上述沉渣经充分搅拌后，抽取 10ml 置离心管中，静置 2h（或 1000r/min 离心 10min）后，弃去上液，留取 2ml 沉淀液，混匀后取 200μl 沉淀液于载玻片上，盖上盖玻片，镜检有无活的幼虫和线虫卵。2ml 沉淀液全部取样计数，共 10 次，总和幼虫及虫卵数，再乘以 10 即该份样本幼虫及虫卵总数。

4. 土源性线虫卵的检查　可采用硫酸锌离心浮聚法。取上述沉渣 10ml 于有塞的玻璃管中，加水接近满瓶，搅拌后经 2000r/min 离心 4min，弃去上液。在沉渣中加入 33% 硫酸锌液（比重约为 1.18）至距管口约 1cm 处，2000r/min 离心 1min，再加入硫酸锌溶液至略高于瓶口。覆上 18mm×18mm 的盖玻片，静置 15min，取下盖玻片置于载玻片上镜检。每份标本的虫卵数乘以 10，即为该样本的虫卵总数。

5. 统计学处理　计数资料采用 χ^2 检验，$P < 0.05$ 代表差异有显著性。

【注意事项】　镜检土源性线虫幼虫时，注意区分钩虫、东方毛圆线虫、粪类圆线虫及其他自生生活线虫幼虫的形态。

【作业与思考题】　仔细观察镜检结果，统计分析当地市售蔬菜土源性线虫卵与幼虫的污染状况，得出调查结论，撰写调查报告。

（唐　娜）

第九章　医学节肢动物

第一节　家蝇幼虫抗菌物的提取及抑菌实验

家蝇从幼虫到成虫均生活在杂菌横生的环境里，以机械性传播和生物性传播两种方式在人类和其他动物之间传播多种疾病，如痢疾、霍乱、伤寒、副伤寒、肠道原虫病和肠道蠕虫病等，而其自身却很少患病，即使在高密度人工饲养的条件下也不会发生大规模传染病而死亡，说明家蝇有其独特的免疫防疫机制，对病原生物有着较强的抵抗力。家蝇抵御外来病原生物入侵的主要武器是抗菌物，具有抑制病原体活性的作用，一般认为主要成分是抗菌肽，其次是抗菌蛋白和溶菌酶等。

【实验目的】

（1）熟悉家蝇成虫及幼虫实验室饲养方法。

（2）了解家蝇幼虫抗菌物的提取及抑菌实验。

（3）培养学生查找文献资料、独立思考和解决问题及实际操作能力，激发学生实验和科研兴趣及创新思维。

【实验材料与器械提示】　奶粉、砂糖、麦麸、酵母粉、金黄色葡萄球菌、苯基硫脲、固体硫酸铵、乙腈、sep-pakC_{18}固相萃取柱；蝇饲养笼、培养皿、集器、幼虫饲养盆、纱网、3号昆虫针、透析袋、离心管、放大镜、反相高效液相色谱仪、冷冻离心机和摇床等。

【实验操作提示】

1. 蝇的饲养

（1）饲养环境：饲养笼大小为50cm×50cm×50cm，其上系有同样大小的纱网（底面为木板），纱网一侧一端的中央为直径20cm左右、长33cm的布袖，以便取放苍蝇和更换食料。饲养房内温度要保持23～28℃，相对湿度为60%～70%，每日光照时间不少于10h，光照不足时可用60W白炽灯照明。

（2）成蝇的饲养：在饲养笼放置一个培养皿，其内盛放奶粉和砂糖（两者比例约为1∶1）供成蝇取食。另在笼内放一块吸饱水的海绵，为成蝇提供水源，也可以用以诱卵。成蝇种或刚羽化后的成蝇，应及时供给饲料和水，以防饥饿死亡。

（3）蝇卵的收集：1～3日龄的成蝇便能进行交配、产卵，故成蝇羽化后第3日就要在蝇笼中放集卵器。集卵器可用100ml塑料杯或烧杯等，将拌湿的麦麸（或浸湿牛奶的卫生纸）放入集卵器中，作为蝇的产卵地。成蝇一生产卵3～5次，最多达10次，每次产卵100～300个不等。蝇产卵时间一日多在8∶00～15∶00，可在12∶00和16∶00各收集卵1次。

（4）蝇幼虫的饲养

1）幼虫饲料的配制：取麦麸450g、奶粉30g、酵母粉6g、蒸馏水1050ml、10%甲醛2ml，先用少量蒸馏水将奶粉调匀溶解，然后与麦麸混匀，酵母粉及甲醛液加入剩余水中，与前者拌匀，分装于三角烧瓶中，牛皮纸扎口，121℃高压蒸汽灭菌20min，冷却后置4℃冰箱备用。

2）蝇幼虫的饲养：将幼虫饲料置于饲养盒中，厚度以不超过4cm为宜。收集卵后，将集卵器中的集卵物质连同卵粒一起倒入饲料中培养。幼虫从卵内刚孵出时长约2mm，经3～5

日后即可长成成熟幼虫，此时体长为 12 ～ 14mm，可供实验使用。幼虫吃饲料时，一般自上而下，如盒中湿度、温度高或饲料不足、虫口密度过大等，致使幼蛆向外爬，饲养人员要随时检查，及时采取措施如添料、降温或降湿等。饲养盒上面要加纱网盖，防止幼虫逃逸。

（5）化蛹：成熟幼虫停止摄食并逐渐皱缩成椭圆形，潜伏在饲养容器四周化蛹。初始蛹体色为淡黄色，以后逐渐变为深褐色，条件适宜的情况下约需 5 日左右羽化为成蝇。

2. 蝇幼虫抗菌物的提取 蝇幼虫的抗菌物主要存在于血淋巴中。该抗菌物质可以是体内固有表达的，不需诱导即可产生，也可通过致病性细菌直接感染或其他一些物理或化学因素如针刺、超声波和射线等来诱导产生。剪头法或其他方法提取幼虫血淋巴后，可以采用一系列蛋白质分离纯化的方法来获得抗菌活性物质，如葡聚糖凝胶层析法、离子交换层析法、固相萃取法及反相高效液相色谱法等。下面以家蝇幼虫血淋巴抗菌肽的提取为例介绍。

（1）蝇幼虫抗菌物的诱导：取饲养至 3 龄的幼虫放入培养皿中，然后将培养皿置于冰上，使幼虫麻醉，再加过夜培养的金黄色葡萄球菌洗脱液，并用 3 号昆虫针将每一虫体刺伤，最后将幼虫放入新鲜配制的饲料中饲养 24h。

（2）幼虫血淋巴的收集：取出诱导后饲养 24h 幼虫，充分清洁体表，置冰上麻醉，剪掉头部，用装有苯基硫脲的离心管收集血淋巴，2000r/min 离心 15min 后取上清，50℃加热处理 10min，离心后上清即为血淋巴粗提液。

（3）盐析粗分离抗菌肽：在血淋巴粗提液中依次加入固体硫酸铵，获得 50% ～ 80% 的盐析沉淀，沉淀加水溶解，4℃透析过夜，脱盐。

（4）固相萃取细分离：脱盐后样品上 sep-pakC_{18} 柱进行萃取分离，乙腈溶液为洗脱剂，分步收集 10% ～ 80% 的乙腈洗脱组分，冷冻干燥浓缩，检测各梯度组分抗菌活性，收集有活性组分。

（5）反相高效液相色谱精细纯化：取萃取后活性组分进行色谱纯化，10% ～ 80% 乙腈溶液梯度洗脱，收集各洗脱峰检测抗菌活性，有活性组分即为抗菌肽。

3. 蝇幼虫抗菌物的抑菌试验 本抑菌试验采用纸片扩散法（也可采用打孔法）。挑选金黄色葡萄球菌单菌落接种于 3ml LB 液体培养基中，放置于 37℃、250r/min 摇床内振摇过夜培养，次日将菌液 1 ∶ 5 的比例稀释转种于 1ml LB 液体培养基中，放置于 37℃、250r/min 摇床内振摇培养 2 h。将处理后的 1ml 菌液用 L 玻璃棒涂布于 LB 平板，然后分别在 LB 平板的中央放一片圆形滤纸（直径约为 11.0mm），按照编号将相应的试剂加在滤纸片中央（①加 1μl 氨苄西林；②加 1μl 氨苄西林和 2μl 抗菌肽；③加 2μl 抗菌肽；④加 2μl 无菌生理盐水），平板置于 37℃温箱中过夜，16h 后取出测量抑菌环的直径，记录数据。抑菌试验共重复 5 次。

【注意事项】 成蝇的饲料必须每日更换，否则奶粉和砂糖会结成块，影响成蝇取食。幼虫饲料在准备时应注意水含量，水太多或太少都不利于幼虫生长，麦麸的湿度以手稍用力握挤出水分为宜，湿度为 60% ～ 70%。为使幼虫正常发育，饲料中幼虫密度不能过高或过低。若密度过高，幼虫会因食物不足而提前化蛹；若密度过低，则饲料易结块，实验时应注意观察。

【作业与思考题】 详细记录实验过程，仔细观察、记录和分析实验结果，得出实验结论，总结实验成败的经验教训，撰写实验报告。

第二节 高校学生宿舍内尘螨污染状况的现场调查

尘螨普遍存在于人类居住和工作环境中，与人类疾病有关的尘螨主要有屋尘螨和粉尘螨两种。多数尘螨属于啮食性自生螨，以粉末状物质为食，如动物皮屑、面粉、真菌、棉毛、衣物纤维和霉菌孢子等。除了以上的物质可以作为尘螨的食物来源之外，人体皮屑也是尘螨的主要食物来源。因此，与人体紧密接触的物品都可能携带有尘螨或其代谢产物。尘螨及其代谢产物、分泌物、排泄物、脱皮液等是导致各种过敏性疾病的重要过敏原，能诱发如尘螨性哮喘、过敏性鼻炎、过敏性皮炎、荨麻疹、肺螨病和肠螨病等过敏性疾病，危害人体健康。

【实验目的】

（1）掌握尘螨污染状况的现场调查方法。

（2）熟悉尘螨的形态特征。

（3）了解尘螨的分类鉴定方法。

（4）培养学生对实验数据进行科学统计和分析的能力。

【实验材料与器械提示】 生理盐水、自封袋、标签纸、口罩、手套；毛刷、网筛（80 目 / 寸）、烧杯、玻璃棒、滴管、镊子、盖玻片、载玻片和显微镜等。

【实验操作提示】

1. 标本的采集 非随机抽样采集当地高校部分学生宿舍床尘、枕尘、桌面尘、地板尘、门楣、窗楣等尘埃样本。除枕尘采用抖落法收集外，其他尘埃标本，均用毛刷扫取。将收集的尘埃样本分装于自封袋中，并贴上标签纸，注明标本编号和收集的地点等基本信息。

2. 尘螨的分离与制片 将收集的每份尘埃样本分别用网筛（80 目 / 寸）过滤，取筛上的尘样一刮匙，分析天平称量后放入小烧杯中，按 1 ∶ 10 的比例滴加生理盐水，用玻璃棒搅拌后静置 15 ～ 30min，取上清液滴于载玻片上，加一盖玻片制成镜片。

3. 尘螨的镜检、计数及鉴定 将上述镜片置显微镜下观察。计数时，镜下尘螨形态清晰者即为检出，并按其科、属和种的特征进行分类鉴定。对每份样本中的尘螨进行计数后，除以该份样本的总重量，得知每克样本中尘螨的含量，即尘螨密度（只 / 克）。

屋尘螨：成虫椭圆形，雌螨体长 0.29 ～ 0.38mm，雄螨稍小。颚体位于躯体前端，螯肢钳状。雌螨躯体表面有细密或粗皱的指纹状皮纹。躯体背面前端有狭长盾板。足Ⅰ、Ⅱ等粗，足Ⅲ较粗长，足Ⅳ短小。雄虫基节Ⅰ内突不相接，体背后部还有后盾板（长大于宽），肩部有 1 对长鬃，后端有 2 对长鬃。生殖孔在腹面中央。肛门靠近后端，雌雄肛侧有肛吸盘。足 4 对，跗节末端具爪和钟罩形爪垫。

粉尘螨：成虫椭圆形，雌螨体长 0.37 ～ 0.44mm，雄螨稍小。雌螨躯体背部中央有横行皮纹末端拱形，足Ⅲ、Ⅳ等粗。雄虫体后盾板短宽，足Ⅰ粗壮，基节Ⅰ内突相接。

4. 统计学处理 计数资料采用 χ^2 检验，$P < 0.05$ 代表差异有显著性。

【注意事项】

（1）采样时使用的毛刷，最好是一次性的，这样可以防止沾有其他尘样而相互干扰。

（2）采集尘样过程中，采集人员一定要佩戴卫生口罩和手套，防止吸入或接触尘螨而引起过敏性疾病。

【作业与思考题】 详细记录实验过程并仔细观察镜检结果后，统计分析当地高校学生宿舍内尘螨污染状况，得出调查结论，撰写调查报告。

（阳青兰）

第四篇　寄生虫学常用实验技术与方法

第十章　常用试剂的配制

第一节　常用标本固定液的配制

寄生虫学标本制作过程中要经过许多步骤，为了防止虫体结构及成分的破坏和溶解消失，应使其转变为不溶性物质从而有利于保存，这就是固定的基本意义。用以固定组织的药剂称为固定液。配制固定液的常用药品有甲醛、乙醇、甲醇、苦味酸、冰乙酸和升汞等。固定液可分两大类：一种是单纯固定液，即由一种药剂组成，配制简便，但不能兼备各种药品的优点。最常用的单纯固定液有乙醇、甲醛等。另一类称为混合固定液或称复合固定液，由两种以上药剂配制而成，具有两个优点：①可以利用各种药品的优点，以利互补不足；②可以平衡各种药品的作用，相互抵消之间的缺点（副作用）。例如，乙酸可使细胞膨胀，而乙醇与苦味酸可使细胞收缩，两者若混合使用，就可抵消收缩和膨胀作用，使虫体固定达到优良固定效果。

固定液选择标准：①具有强的穿透力，固定均匀，能迅速渗透到虫体内部，使其组织细胞结构保持生活时期的相仿状态；②不使虫体过度收缩与膨胀而变形；③能迅速使虫体组织中的蛋白质、糖和脂肪等物质凝固而成为不溶性物质；④使组织达到一定的硬度便于制作玻片标本；⑤价格便宜，容易买到，配制方便。

一、单纯固定液

（一）甲醛

甲醛（formaldehyde）是一种还原剂，不能与氧化剂混合使用。其常温下是一种无色透明、极易挥发有强烈刺激性气味的液体，具有很强的杀菌效果。溶于水称甲醛水溶液或福尔马林。固定和保存时所用的溶液是指甲醛的百分比。市售的甲醛原液为37%甲醛水溶液，配制时按本液浓度（37%甲醛）为百分之百计算。如配制10%福尔马林，以10ml甲醛原液加90ml水即可。5ml甲醛原液加95ml水即得5%福尔马林，其余类推。配制时用自来水或生理盐水均可。固定和保存标本时，常用浓度为4%～8%。

通常福尔马林呈酸性，加入适量碳酸镁或碳酸钙中和以后就呈中性。福尔马林具有强大的杀菌力，能保存标本使其不至于腐烂；渗透力较强，可硬化标本；细胞核染色较好。缺点是：①用福尔马林液浸泡过久的标本，其染色力往往减退。因此，标本染色时，固定后必须再用流水冲洗（小型标本10～30min，大型标本24～48h），然后置于70%乙醇溶液中保存。②福尔马林在低温下久存容易产生一种白色的沉淀物即多聚甲醛，是变性的甲醛，丧失固定作用，可在配制时加少许甘油阻滞甲醛聚合。③若甲醛液长期放置，可氧化为甲酸而使溶液呈酸性，可影响细胞核的嗜碱性染色，纠正办法是可在备用甲醛溶液中放入适量的碳酸钙或碳酸镁，简便的办法可在溶液中投入适量的大理石或者白色粉笔作为中和剂。

将小型虫体或夹于玻片间的虫体投入固定液中，经 24h（大型标本需 48h）即固定完毕。较大的夹于两玻片间的虫体，固定液较难渗入，可在固定数小时后，将两玻片分开，这时虫体将贴附于一玻片上，将附有虫体的玻片继续投入固定液中过夜。最后将虫体置 3% ～ 5% 的福尔马林溶液中保存或用于制片。

（二）乙醇

乙醇（ethyl alcohol）又称酒精，为无色液体，具有固定、保存和硬化标本的性能，渗透力强。乙醇除了固定和保存虫体以外，还在制片过程中用来脱水。市售的乙醇多为 95% 浓度，用于固定和保存虫体的各种不同浓度的乙醇，均以 95% 乙醇配制。固定用乙醇最好浓度为 70% ～ 80%，乙醇浓度越大组织收缩越严重；反之，太低则起不到固定作用。

乙醇固定标本时间一般为 24h，固定完毕则将标本保存于新的 70% 乙醇溶液内。在乙醇中加入 5% 甘油，则对保存标本更有利。乙醇主要缺点是其吸收水分，使虫体或组织表面硬化，固定液不容易渗透到组织内部，所以用乙醇固定的组织材料要小（不易固定大块组织）；另外，乙醇使标本收缩严重和穿透力小，染色效果一般；由于乙醇能沉淀白蛋白、球蛋白和核蛋白，而后者的沉淀物易溶于水，所以用乙醇固定标本的细胞核染色效果较差。

乙醇可溶解血红蛋白、脂肪和多种色素，如固定微丝蚴厚涂片时，可用纯乙醇溶去血红蛋白。固定时间为 10 ～ 30min。

（三）甲醇

甲醇（methyl alcohol）又称木醇，是一种无色的液体，易燃，有毒。其固定性能与乙醇相同，主要用于固定血液、骨髓液、组织液等液体涂片（如疟原虫薄血膜涂片、弓形虫腹腔液涂片等），固定时间一般为 1 ～ 5min。固定完毕，不必用水冲洗，完全挥发后即可染色。

（四）乙酸

乙酸（acetic acid）即醋酸，是一种具有强烈酸味的无色液体。纯乙酸在低于 16. 7℃时会凝成冰状固体，所以叫冰乙酸，因此在冬季使用时则须加温溶解。乙酸的渗透力强，能很快穿透组织，可沉淀核蛋白，不能沉淀细胞质中的蛋白质，对染色质的固定效果好（对染色体的保存尤佳）。乙酸对组织有膨胀作用，一般不单独使用，而常与容易引起标本收缩的固定液如乙醇、福尔马林和铬酸等容易引起组织变硬和收缩的液体混合，以起到相互抵消的作用。乙酸固定液的常用浓度是 0. 3% ～ 5%，固定时间为 1h。

（五）氯化汞

氯化汞（mercuric chloride）又称升汞，白色粉末，以针状结晶为最纯。剧毒，有腐蚀性，使用时应特别注意，勿与金属器械接触，以免与金属发生化学反应而影响标本。通常固定时用饱和水溶液（7. 5% ～ 8% 氯化汞溶液），有时也用 70% 乙醇溶液作溶剂，不单独用作固定剂。氯化汞对蛋白质具有极大的沉淀性能，杀死快，渗透力强，能充分地固定细胞核和细胞质，并可增强对酸性染料的亲和力，有助染的作用，使标本能较好地被卡红、苏木素等染色。但对虫体收缩较大，故常与乙酸混合使用。标本经过氯化汞固定以后，内部产生一种沉淀，必须用碘酒（70% 乙醇溶液加碘液至黄色为度）浸泡，使其变成碘化汞即可溶解于乙醇中，以便除去其沉淀。饱和氯化汞水溶液固定时间一般为 0. 5 ～ 6. 0h。固定完毕保存于 70% 乙醇溶液中。

（六）苦味酸

苦味酸（picric acid）是一种黄色结晶体，无臭，味苦，有毒（主要引起皮肤伤害，有很强刺激性），受热易爆炸，使用前一般预先配成饱和水溶液（在100ml蒸馏水中加入苦味酸约1.5g）保存备用。能溶于水，其溶解度依水温不同而改变，冷水的溶解度为0.9%～1.2%。乙醇溶解度为4.9%，苯溶解度为10%。苦味酸能沉淀蛋白质，穿透较慢，固定后，标本收缩明显，但不至于过度硬化。标本固定后须用70%乙醇溶液冲洗。冲洗时，乙醇内若加少许碳酸锂（lithium carbonate）则苦味酸黄色更易洗除。若用苦味酸固定标本的时间过久，则会影响碱性染料的染色效果。苦味酸一般不单独使用，常与甲醛、乙酸等混合使用。

（七）氯仿

氯仿（chloroform）是一种无色液体，与日光、空气接触后就逐渐分解，生成极毒的光气，因此应装入有色的玻璃瓶中保存。氯仿挥发性大，具有麻醉作用。多用于杀死和固定双翅目昆虫。

二、复合固定液

（一）鲍氏（Bouin's）固定液

试剂：苦味酸饱和水溶液（将1g苦味酸晶体溶于75ml蒸馏水中，将苦味酸加入水中以防爆炸）75ml，乙酸5ml，甲醛25ml。

配制方法：将25ml甲醛混合于75ml苦味酸饱和水溶液中，储存备用。临用前加入5ml乙酸。

一般固定时间为24～48h，小型虫体可固定4～16h（虫体还能在这种固定液中长期保存）。因苦味酸是氧化剂，故本固定液最好临用时配制，不宜久藏。Bouin固定液是常用的复合固定液，渗透迅速，固定均匀，组织收缩少，染色后能显示一般的微细结构，适用于一般小型蠕虫的固定。虫体固定完毕染色前，需用50%或70%乙醇溶液浸洗10余小时或更长，直到洗去苦味酸、无黄色为止（每次更换乙醇溶液时，加几滴氨水或少许碳酸锂，可加快除去黄色，提高洗涤效能）。

（二）劳氏（Looss's）固定液

试剂：饱和氯化汞水溶液100ml，乙酸2～4ml。

1. **预配制饱和氯化汞溶液** 在100ml蒸馏水中加热溶解8～9g氯化汞；冷却溶液（有过量的氯化汞结晶）；过滤后装入有玻璃塞的瓶中保存备用。

2. **配制方法** 取饱和氯化汞溶液100ml，加冰乙酸2～4ml，混合即成。

本固定液可凝固蛋白质，也能较好地固定胞质和胞核，并可使虫体伸展，适用于小型吸虫和绦虫。固定虫体时，将虫体放于一小试管中，加入Looss固定液摇匀。4～12h后，将虫体取出移入加有0.5%碘的70%乙醇溶液中（脱汞），并更换溶液数次，直到碘乙醇溶液不再褪色为止，再将虫体移到70%乙醇溶液中保存，若欲长期保存应在乙醇溶液中加5%甘油。

（三）肖氏（Schaudinn's）固定液

试剂：氯化汞80～90g，95%乙醇溶液300ml，冰乙酸5ml。

配制方法如下所示。

（1）将300ml 95%乙醇溶液和15ml甘油混合600ml的饱和氯化汞溶液备用。

（2）临用前，每 100ml 储存的溶液中加 5ml 冰乙酸。

该固定液常适用于固定有鞭毛的肠道原虫涂片。材料如制作涂布装片，可在 40℃下固定 10 ～ 20min。固定完毕用 50% 或 70% 乙醇溶液冲洗，再用碘酒或碘溶液脱汞。本液可长久保存。

（四）硫酸铜改良肖氏（Schaudinn's）固定液

试剂：$CuSO_4 \cdot 5H_20$ 20g，95% 乙醇溶液 300ml，甘油 15ml。

配制方法如下所示。

1. 预配制硫酸铜溶液　20g $CuSO_4 \cdot 5H_20$ 加入 1000ml 蒸馏水，加热溶解；冷却溶液；储藏于有玻璃塞的瓶中备用。

2. 配制

（1）用 300ml 95% 乙醇溶液和 15ml 甘油混合 600ml 硫酸铜溶液，储存备用。

（2）临用前，每 100ml 储存的溶液中加 5ml 的冰乙酸。

（五）聚乙烯醇（polyvinyl alcohol，PVA）固定液

试剂：氯化汞 4. 5g，95% 乙醇溶液 31ml，冰乙酸 5ml，甘油 2ml，聚乙烯醇（PVA）粉。

配制方法如下所示。

1. 预配制

（1）改良肖氏固定液（Modified Schaudinn's fixative）：在有塞烧瓶中将 4. 5g 氯化汞溶于 31ml 95% 乙醇溶液中；摇动烧瓶，同时缓慢地加入 5ml 冰乙酸；室温储存备用。

（2）PVA 混合物：将 2ml 甘油和 5g PVA 粉加入广口容器中，用玻璃棒搅拌直到所有颗粒都被甘油包被；加入 62ml 蒸馏水；塞住容器，室温储存过夜。

2. 配制

（1）准备 70℃或 75℃水浴，也可用有加热功能的磁力搅拌器代替水浴。

（2）将装有 PVA 混合物的容器盖松口，水浴 10min。如用磁力搅拌器，将搅拌棒伸入 PVA 混合物的容器内并调整转速，使搅拌良好。

（3）当 PVA 粉接近溶解完全时，加入改良肖氏固定液，塞住瓶口，并震荡混合。

（4）振荡数分钟以使 PVA 完全溶解，并排出气泡，直至溶液清亮。

（5）将 PVA 混合物的容器取出并冷却，保存在有玻璃塞的瓶中备用。

注意事项：可用硫酸铜（$CuSO_4 \cdot 5H_20$）代替有毒的氯化汞，但有研究表明这样会使染色结果不稳定，并使寄生虫的形态不像用氯化汞固定得那么好。

密封保存的 PVA 固定液可保存 1 年。然而，一旦开封或分装入小瓶，就会缩短使用时间。当 PVA 变得很黏或颜色变白或混浊，应放弃使用。

（六）布氏（Bless's）固定液

配方：甲醛原液 7ml，70% 乙醇溶液 90ml，冰乙酸 3 ～ 5ml。

配制方法：将甲醛原液 7ml 与 70% 乙醇溶液 90ml 混合，临用前加入冰乙酸 3 ～ 5ml。

此固定液渗透力强，为昆虫幼虫的良好固定剂，亦可固定小型吸虫和绦虫，效果较好。

（七）凯氏（Kaiserling's）固定液

按以下配方次序配好 3 种液体，分别装瓶备用。

第一液（标本固定）：甲醛原液 200ml，蒸馏水 1000ml，硝酸钾 30g，乙酸钾 30g。

第二液（标本回色）：85% 乙醇溶液。

第三液（标本浸存）：甘油 200ml，蒸馏水 1000ml，乙酸钾 100g，麝香草酚 25g。

Kaiserling's 固定液为原色固定液，可保持病变组织及脏器新鲜时原有颜色（自然色彩）的大体标本，如血吸虫病理肝标本，可用特殊方法恢复并保持血红蛋白的红色，使标本的色泽与未固定时的新鲜标本颜色相似。因此制作过程中必须注意标本新鲜和防止溶血，固定前切勿用水冲洗。先把材料放在第一液内固定，固定时间根据材料的大小而定，一般需 1 ～ 5 日。当材料失去自然色泽而呈暗褐色时，用手轻轻挤压，直到没有淡红色血水流出时，取出材料，用水冲洗，浸入第二液中 3 ～ 24h（不能太久，否则易破坏色素），到血色恢复后，浸在第三液中保存。

（八）卡诺（Carnoy's）固定液

试剂：氯仿 30ml，无水乙醇 60ml，冰乙酸 10ml。

配制方法：将 60ml 无水乙醇，10ml 乙酸和 30m1 氯仿混合。使用前临时配置，长时间放置会影响固定效果。

此液能迅速穿透细胞，固定胞质和胞核，尤其适合固定染色体（能维持染色体结构的完整性，还能够增强染色体的嗜碱性），多用于细胞学的制片，也可固定肠道原虫、吸虫和绦虫标本。小型标本固定时间为 20 ～ 40min，大型标本一般控制在 4h 内（最长不超过 24h），以防组织膨胀或硬化。固定后的标本用 95% 乙醇溶液洗涤 2 次。如果标本不马上用，则转入 80% 乙醇溶液中保存。该法固定后的标本适合于各种染色。

（九）汞 - 碘 - 醛（merthiolate-iodine-formaldehyde，MIF）固定液

试剂：甲醛原液 9ml，硫柳汞酊液（消毒液）40ml，甘油 1ml，KI 晶体 10g，I_2 晶体 4. 5g。

配制方法如下所示。

1. 预配制

（1）A 液：将 9ml 甲醛、50ml 蒸馏水、40ml 硫柳汞酊液和 1ml 甘油混合，用棕色瓶储存。

（2）B 液：在 100ml 蒸馏水中加入 10g KI 和 4. 5g I_2，用有紧塞的棕色瓶储存，保存时间不宜超过 1 周。

2. 配制 临用前混合 18. 6ml A 液和 1. 4ml B 液（混合液保存 8h 后，会有沉淀物形成而变质）。

MIF 为组合的保存液，可使粪便样品着色，固定后即刻或几周甚至几月后做临时涂片均可。常用于诊断肠道原虫、蠕虫虫卵和幼虫用。在适当的小瓶内，取 3 份 MIF 液与 1 份粪便的比例混合，自然沉淀 24h 后可见瓶内混合物分 3 层。上层清亮橙色，不含有机物；中层薄，橙色至黄色，含少量有机物；底层为待制标本。

注意事项：该液的缺点是除经验丰富的实验人员外，在涂片检查中对特殊原虫的鉴别常有困难。MIF 固定的标本在做永久染色涂片时需要用胶（清蛋白 - 甘油混合物）封片；在从 MIF 中移出标本时要小心，以免带出太多的液体。此外，固定液中的碘不稳定，对样品进行浓集常不安全。

（十）乙醇 - 甲醛 - 乙酸固定液

试剂：甲醛原液 10ml，95% 乙醇溶液 50ml，乙酸 5ml。

配制方法：将 10ml 甲醛，50ml 95% 乙醇溶液，5ml 乙酸和 45m1 蒸馏水混合，储存备用。

固定方法：大型的已夹于玻片间的虫体，可浸入此固定液中过夜。小的虫体可先放于充

满 2/3 生理盐水的小瓶内，用力摇振，待虫体疲倦而伸展时，将盐水倾去 1/2，再加入本固定液（投入时应慢慢由一端先投入，便于将空气排出），视虫体大小至少固定 24h 以上。次日将虫体取出，保存于加有 5% 甘油的 70% 乙醇溶液中。

（十一）5% 甲醛 - 盐溶液

试剂：甲醛原液 50ml，0. 85% 氯化钠溶液 900ml。

配制方法：用 900ml 0. 85% 氯化钠溶液混合 50ml 的甲醛溶液，储存备用。

（十二）10% 缓冲甲醛溶液

试剂：甲醛原液 800ml，磷酸氢二钠（Na_2HPO_4）6. 10g，磷酸二氢钠（NaH_2PO_4）0. 15g。

配制方法：在 800ml 甲醛中溶解 6. 10g Na_2HPO_4 和 0. 15g NaH_2PO_4，加入 7200ml 蒸馏水后储存备用。

（陈善龙）

第二节　常用标本染色剂的配制

未经染色的标本，由于折射率不同，虽然可以看到一部分比较大的器官或结构，但不能看清其细微结构。为了使虫体各部形态结构清晰显出，可用染色剂将标本染色，使虫体内部结构染成深浅不同的颜色，以便观察虫体的形态和内部结构，达到鉴别虫体的目的。

染液是以染料和某些化学药品配制而成，染料必须溶解于溶剂中成为溶液才能染色，这种溶液称为染液或染色剂，常用的溶剂有蒸馏水和乙醇溶液。

染制寄生虫标本常用的染料和染液及其配制方法如下。

一、吉姆萨（Giemsa）染液

试剂：吉姆萨染色粉 1. 0g，中性甘油 50ml，纯甲醇（不含丙酮）50ml。

配制方法如下所示。

1. 吉姆萨储存液　将吉姆萨粉 1. 0g 置于洁净干燥的研钵（最好用玛瑙研钵）内，先加少许甘油，细细研磨。然后边加边磨，研磨半小时以上，将 50ml 甘油加完研磨后，倒入棕色玻璃瓶中。在研钵内加入少许甲醇，洗去钵内甘油溶液，倒入瓶内，直至 50ml 甲醇用完为止。塞紧瓶塞，充分摇匀，置 60℃温箱内 24h（或 60℃水浴摇床 2h）后，室温下放置 1 ～ 3 周（室温储存愈久效果愈佳），临用前过滤。

2. 磷酸氢二钠（Na_2HPO_4）溶液　将 Na_2HPO_4 9. 464g 溶解于少量蒸馏水中，加蒸馏水至总容积 1000ml，置有塞的玻璃瓶中储存。

3. 磷酸二氢钠（NaH_2PO_4）溶液　将 NaH_2PO_4 9. 173g 溶解于少量蒸馏水中，加蒸馏水至总容积 1000ml，置有塞的玻璃瓶中储存。

4. Triton-X100 溶液　将 Triton-X100 溶液 10ml 溶解于 90ml 蒸馏水中，置有塞的玻璃瓶中储存。

5. 磷酸缓冲液

（1）pH 6. 8 磷酸缓冲液：Na_2HPO_4 溶液 49. 6ml，NaH_2PO_4 溶液 50. 4ml，蒸馏水

900ml。

（2）pH 7.0 磷酸缓冲液：Na_2HPO_4 溶液 61.0ml，NaH_2PO_4 溶液 39.0ml，蒸馏水 900ml。

（3）pH 7.2 磷酸缓冲液：Na_2HPO_4 溶液 72.0ml，NaH_2PO_4 溶液 28.0ml，蒸馏水 900ml。

6. Triton-X100 缓冲液　将 1ml 10% Triton-X100 溶液加上述磷酸缓冲液（pH 6.8 ～ 7.2）至总容积 1000ml，混匀。

7. 吉姆萨工作液

（1）染色 40min：按吉姆萨储存液∶磷酸缓冲液为 1 ∶ 50 比例配制。

（2）染色 20min：按吉姆萨储存液∶磷酸缓冲液为 1 ∶ 20 比例配制。

为了提高 Giemsa 染液的渗透力，每 100ml 工作液中可加入含 0.1ml Triton-X100 的缓冲液，对疟原虫染色检查更为适宜。

二、瑞氏（Wright）染液

试剂：瑞氏染色粉 0.2g，甲醇 97ml，甘油 3ml。

配制方法：将瑞氏染色粉 0.2g 置于研钵内，加入甘油研磨，然后加入少量甲醇，充分研磨后倒入棕色玻璃瓶内，再分几次加入甲醇洗出研钵中的甘油溶液，倒入瓶中，直至将甲醇用完为止。塞紧瓶塞，将溶液充分混匀，室温下放置 1 ～ 2 周（室温储存愈久效果愈佳），临用前过滤。

三、苏木素染液

试剂：苏木素结晶（haematoxylin crystal）0.5g，纯乙醇 5ml，蒸馏水 100ml。

配制方法：先将苏木素结晶溶解于纯乙醇中，再加蒸馏水稀释至 0.5% 的水溶液。此染液须成熟后才能应用。成熟方法有以下 3 种。

（1）将溶液装入瓶内严密封盖，置于近窗口处在日光下曝晒 3 个月。

（2）置于 37℃温箱中 3 周。

（3）在此液内加入少许过氧化氢与同量滴数的苯酚（每 150ml 液各加 8 滴）煮沸 1h，则 2 ～ 3 日后即可应用。

四、哈氏苏木素染液

试剂：苏木素 1g，95% 乙醇溶液 10ml，钾明矾 20g，蒸馏水 200ml，氧化汞（mercuric oxide）0.5g。

配制方法：先将苏木素溶解于 95% 乙醇溶液中，另将钾明矾在蒸馏水中加温溶解。钾明矾全部溶解后，再与苏木素乙醇溶液加在一起，混合后煮沸 3 ～ 5min，再加氧化汞。此时液体变为深紫色，即将烧瓶放于流动冷水中，使液体立即冷却，然后过滤。使用时再加入冰乙酸 4ml，可增强其染色力。哈氏苏木素染液（Harris haematoxylin）可长久保存，临用时加蒸馏水稀释至 10 ～ 15 倍。

注意：烧瓶容积宜大，配制 150ml 染液应用 500ml 的烧瓶。加氧化汞时应注意慢慢加入，以免染液沸出瓶外。

五、德氏苏木素染液

试剂：苏木素结晶 1g，95% 乙醇溶液 6ml，饱和铵明矾水溶液 100ml，甘油 25ml，甲醇 25ml。

配制方法：先将苏木素溶解于 95% 乙醇溶液中，然后与饱和铵明矾水溶液混合。混合液曝晒于日光下或置 37℃温箱中，经过 2 周后，加入甘油和甲醇，再静置数日后过滤，放置约 2 个月，直至液体成熟而呈暗红色时方可使用。德氏苏木素染液（Delafield haematoxylin）临用时加蒸馏水稀释至 10 ～ 15 倍。

六、海氏苏木素染液

海氏苏木素染液（Hanis haematoxylin）试剂如下所示。

A 液：苏木精 1g，纯乙醇 10ml。

B 液：明矾 20g，蒸馏水 200ml。

配制方法：A、B 两液混合煮沸后，加氧化汞 0.5g，加热至染液变深紫色，立即将烧瓶放入冷水中冷却，1 日后过滤，最后加冰乙酸 4ml。

七、铁苏木素染液（用于粪便内原虫标本制作）

配制方法如下所示。

1. 肖氏（Schaudinn's）固定液　氯化汞饱和水溶液（每 100ml 蒸馏水约需氯化汞 8g）2 份，乙醇（95%）1 份。以上混合液每 100ml 加冰乙酸 5 ～ 10ml。

2. 2% 铁明矾液　2% 硫酸铁铵（ammonium ferric sulphate）水溶液。

3. 苏木素染液　溶解 1g 苏木素在 10ml 纯乙醇内，临用时加蒸馏水稀释成 0.5% ～ 1%。

4. 碘酒　70% 乙醇溶液 100ml，碘片 0.5g。

八、Van Cleave 染液

试剂：苏木素粉 6g、95% 乙醇溶液 125ml、硫酸铝铵饱和水溶液 [$NH_4Al_2(SO_4)_2 \cdot 12H_2O$]400ml、甘油 100ml、甲醇 100ml、冰乙酸 100ml、硫酸铝钾 [$AlK(SO_4)_2 \cdot 12H_2O$]3g、硫酸钾铵 6g。

配制方法如下所示。

1. 预配制

（1）Delafield 苏木精染液：在 25ml 乙醇中溶解 4g 苏木精，然后加入 400ml 硫酸铝铵溶液。用棉塞塞住烧瓶，放在空气和光照下 1 周。过滤，加入 100ml 甘油和 100ml 甲醇，放置 6 ～ 8 周待成熟。盖紧瓶子，冰箱保存。

（2）Ehrlich 苏木精染液：将 2g 苏木素溶解在 100ml 95% 乙醇溶液中。加入 100ml 蒸馏水，100ml 冰乙酸和 3g 硫酸铝钾，混匀。用棉塞塞住烧瓶，放在空气和光照下 2 周或更长时间待成熟（也可加入 0.4g $NaIO_3$ 使其立即成熟）。置于有紧塞的瓶中，冰箱保存备用。

2. 配制　将 1ml Delafield 苏木素染液和 1ml Ehrlich 苏木素染液加入到 100ml 蒸馏水中，加 6g 硫酸钾铵并混匀。Van Cleave 染液使用时无需稀释。

九、盐酸 - 卡红染液

试剂：卡红 4g，盐酸 2m1，蒸馏水 15ml，85% 乙醇溶液 95ml。

配制方法：在 15ml 蒸馏水加入盐酸 2ml，煮热，趁热加入卡红粉剂 4g，再加入 85% 乙醇溶液 95ml，煮热至 80℃左右，再滴加浓氨水数滴以中和，等出现沉淀，放凉，过滤，滤液即为盐酸卡红（acid carmine）染液。

用此染液染色过深时可用稀盐酸乙醇（含有 0. 5% ～ 2% 盐酸的 70% 乙醇溶液）分色。

十、硼砂 - 卡红染液

试剂：硼砂（$Na_2B_4O_7$）4g，蒸馏水 100ml，卡红 1g，70% 乙醇溶液 100ml。

配制方法：硼砂 4g 加入至 100ml 蒸馏水中，加热至沸点，加入 1g 卡红搅拌至完全溶解，冷却后加 70% 乙醇溶液 100ml，24h 后过滤，滤液即为硼砂卡红（borax carmine）染液。

十一、乙酸 - 卡红溶液

试剂：卡红 5g，冰乙酸 45ml。

配制方法：缓慢地将 45ml 冰乙酸加到有 55ml 蒸馏水的烧瓶中；加入 5g 卡红并使溶液沸腾 15min，冷却后过滤溶液。乙酸 - 卡红（aceto-carmine）染液可无限期地储存，使用时，在盛有 70% 乙醇溶液的小碟中滴几滴染液使其变为中度红到黑红。

十二、钾明矾 - 卡红染液

试剂：钾明矾 1g，卡红 1g。

配制方法: 先加热煮沸，使明矾溶于 15ml 蒸馏水中，然后加卡红再煮沸约 30min，使其溶化。若水分因蒸发减少可再加水，使其仍保持 15ml，冷却后过滤，并加少许防腐剂苯酚麝香草酚或水杨酸钠即成钾明矾 - 卡红（kalium alum-carmine）染液。

十三、乙酸 - 明矾 - 卡红染液

试剂：钾明矾 4g，卡红 1 ～ 3g，5 ～ 10ml 冰乙酸，蒸馏水 50ml。

配制方法：将钾明矾水溶液煮沸，加入卡红，继续煮 5min，并用玻璃棒搅拌，冷却并氧化 2 ～ 7 日后过滤，加入 5 ～ 10ml 冰乙酸。使用时每毫升乙酸 - 明矾 - 卡红（acid-alum-carmine）染液与水按 1 ∶ 4 比例稀释。

十四、卢戈碘染液

试剂：碘化钾（KI）10g，碘晶体（I_2）粉剂 5g，蒸馏水 100ml。

配制方法：将 10g 碘化钾溶解于 100ml 蒸馏水中。加入 5g 碘晶体直到溶液饱和（可能会有碘晶体溶解不完）。将溶液过滤后装入有塞的棕色玻璃瓶中。使用时用蒸馏水按 1 ∶ 5 稀释。卢戈（Lugol）碘染液液一般可保存 3 ～ 4 周，若红棕色颜色消退时，则不宜再用，需重新配制。

十五、改良 D'Antoni 碘染色液

试剂：碘化钾（KI）1. 0g，碘晶体（I_2）粉剂 1. 5g，蒸馏水 100ml。

配制方法：将1.0g KI溶解于100ml蒸馏水中。加入1.5g碘晶体，摇动直到颜色呈红棕色，并呈碘溶解饱和状态为止（可能会有碘晶体溶解不完）。将溶液过滤后装入有塞的棕色玻璃瓶中备用，该液一般可保存1～2周。

碘溶液要新鲜配制，可将1.0% KI储存在有塞的棕色玻璃瓶中，需要时取少量于滴瓶中，加入碘晶体（一般不多于0.5g）使溶液饱和，此时溶液呈红棕色。

十六、硼砂-亚甲蓝-伊红染液

试剂：硼砂0.5g，亚甲蓝2g，蒸馏水100ml。

配制方法：蒸馏水100ml煮沸后加入2g亚甲蓝（methylene blue），继续煮沸10min，然后再加入0.5g硼砂，置于水浴锅内煮30min，冷却后即成硼砂-亚甲蓝原液。用前取原液25ml，加入到100ml蒸馏水中即成第一液（或稀释成其他比例）；第二液为0.1%伊红水溶液。

十七、亚甲蓝快速染色法染液

试剂：伊红0.4g，甲醇或4% H_2CO_3 100ml，亚甲蓝2g，$KMnO_4$1.2g。

配制方法如下所示。

1. 第一液 伊红0.4g，溶于甲醇或4% H_2CO_3 100ml。

2. 第二液 亚甲蓝2g溶于150ml蒸馏水中煮沸。$KMnO_4$ 1.2g溶于50ml蒸馏水中煮沸。将两种溶液混合后煮沸，20min后过滤即成第二液。

十八、三色染液

试剂：铬2R 6g，亮绿SF 3g，磷钨酸7g，冰乙酸14.5ml，95%乙醇溶液995.5ml。

配制方法如下所示。

1. 铬染液 在烧瓶中加入6g铬2R，3g亮绿SF，7g磷钨酸，然后加入10ml冰乙酸。摇匀，混合30min。加入1000ml蒸馏水并摇匀。液体为深紫色，储存于有塞的玻璃瓶中。三色染色（trichrome staining）染液稳定，用时无需稀释。也有推荐用孔雀绿FCF（1.5g）和亮绿SF（1.5g）代替亮绿SF。

2. 90%乙酸-乙醇 在995.5ml 95%乙醇溶液中加入4.5ml冰乙酸（不能用95%乙醇溶液代替90%乙醇溶液）。

十九、改良抗酸染色液

试剂：碱性品红3.15g，95%乙基乙醇100ml，苯酚45ml，浓硫酸5ml，亚甲蓝0.3g，0.01%氢氧化钾水溶液100ml。

配制方法如下所示。

1. 苯酚品红染液 用研钵将3.15g品红溶于100ml 95%乙基乙醇中。56℃水浴熔化苯酚晶体，在45ml熔化的苯酚中加入蒸馏水855ml，并使总体积达到900ml。将品红乙醇混合物和苯酚溶液混合，放置1～2日。过滤溶液，保存备用。

2. 5%硫酸脱色剂 小心地将5ml硫酸加入95ml蒸馏水中，储存备用。

3. Loeffler碱亚甲蓝复染剂 将0.3g亚甲蓝溶解于30ml 95%乙醇溶液中。加入100ml 0.01%氢氧化钾溶液，储存备用。

二十、Kinyoun 抗酸染液

试剂：碱性品红 4g，95% 乙醇溶液 20ml，苯酚晶体 8ml，浓硫酸 1ml。

配制方法如下所示。

1. Kinyoun 苯酚品红染液 将 4g 品红溶于 20ml 95% 乙醇溶液中。56℃水浴熔化苯酚晶体；将 8ml 熔化的苯酚和品红 - 乙醇溶液及 100ml 蒸馏水加在一起，并放置 1 ～ 2 日，过滤溶液，储存备用。

2. 1% 硫酸脱色剂 小心并缓慢地将 1m1 硫酸加到 99ml 蒸馏水中，储存备用。

二十一、改良二甲基亚砜抗酸染液

试剂：碱性品红 4g，95% 乙醇溶液 25ml，苯酚晶体 12ml，甘油 75ml，二甲基亚砜（DMSO）25ml，2% 孔雀绿 22ml，冰乙酸 30ml。

配制方法如下所示。

1. 苯酚 - 品红 -DMSO 染液 将 4g 品红溶于 25ml 95% 乙醇溶液。56℃水浴熔化苯酚晶体，将 12ml 熔化的苯酚加入上述品红 - 乙醇溶液并混匀。加入 25ml 甘油，25m1 DMSO 和 75ml 蒸馏水，并混合，将溶液放置 30min。过滤溶液，将原液保存在有玻璃塞的瓶中。

2. 脱色 - 复染溶液 将 22ml 2% 孔雀绿与 50ml 甘油和 30ml 冰乙酸加在一起，混匀，室温储存。

二十二、固绿染液

试剂：固绿（fastgreen）粉 0.2g，95% 乙醇溶液 100ml。

配制方法：本染液适用于小型吸虫标本的复染。经卡红染液染色后，脱水至 95% 乙醇溶液时加入此液数滴进行复染。1min 后，立即进行脱水透明。

二十三、中性红染液

中性红（neutral red）为深红色结晶性粉末，微带碱性，是一种细胞核的活体染料，渗透力强，无毒。常配制 0.01% ～ 1% 水溶液用于原虫和蠕虫幼虫期等标本的染色。中性红在碱性溶液中呈黄色，弱酸性溶液中呈红色，强酸性溶液中呈蓝色。

二十四、肠内原虫固定与染色液

试剂：丙酮 50ml，冰乙酸 50ml，乙醛溶液 10ml，肖氏液 890ml。

配制方法：将上述各液混合后，再加入 12. 5g 酸性复红与 0. 5g 耐绿，然后将此混合液存储于棕色玻璃瓶中，并严密封口。

二十五、湿片染色法染液

试剂如下所示。

1. 第一液 煌焦油蓝 0. 2g，氯化钠 0. 55g，枸橼酸钠 1. 1g，饱和氯化汞液 0. 1g，蒸馏水 100ml。

2. 第二液 水溶性伊红 1g，蒸馏水 100ml。

配制方法：使用时将两种溶液等量混合即可。

二十六、MIF　染　液

用汞 - 碘 - 醛（merthiolate-iodine-formaldehyde，MIF）溶液做染液时，与粪便保存液 MIF 配制的方法不同。

试剂：甲醛 1. 5ml，Lugol 碘溶液 1ml，消毒液（硫柳汞酊消毒液）7. 5ml。

配制方法：将 1ml Lugol 碘溶液与 7. 5ml 硫柳汞酊消毒液混合，加 1. 5ml 甲醛，混匀。该溶液必须当日配制。加 1 ～ 2 滴 MIF 作直接涂片染色。

用 MIF 溶液染色时，滋养体和包囊的核会由黑棕色转为深色，最后完全变成黑色。细胞质会随时间呈现黄绿色或棕黄色，最后变成红色。糖原泡在碘染色时会有特征性的棕色，但开始时为无色。

二十七、品蓝染色法染液

试剂如下所示。

1. A 液　盐基品蓝 2. 5g，高锰酸钾（$KMnO_4$）1. 5g，蒸馏水 200ml。

2. B 液　1mol/L 盐酸 4ml，伊红 0. 25g，加 95% 乙醇溶液定容至 100ml。

配制方法：先将 2. 5g 品蓝溶解于 150ml 蒸馏水中，然后将 1. 5g 高锰酸钾溶于 50ml 蒸馏水中。加热使品蓝完全溶化，将高锰酸钾溶液倒入品蓝液内，继续加热，煮沸 20min，冷却后过滤，并加蒸馏水以补充加热时所失去的水分，即制成 A 液。染色时将 A、B 两液分别盛于染色缸中。

二十八、湖蓝快速染色法染液

试剂如下所示。

1. A 液　碱性湖蓝 2g，蒸馏水 150ml。

2. B 液　高锰酸钾（$KMnO_4$）1. 2g，蒸馏水 50ml。

配制方法如下所示。

（1）将 A 液装入 500ml 烧瓶内，B 液装入 100ml 烧瓶内，待煮沸溶解后，即将 B 液倒入 A 液中再煮沸 25min（使其氧化，使湖蓝中无色体变为有色体）及时用棉花过滤，即制成蓝色染液，放置数日后即可使用（第二日也可应用，但染色时间必须延长），该液放置时间越久，染色效果越佳。

（2）伊红染液：伊红 1g，甲醛 1ml，95% 乙醇溶液 100ml，过滤，保存于有塞的玻璃瓶中，以防挥发。

（3）挥发液（缓冲液）：酸性磷酸钾（KH_2PO_4）6. 63g，磷酸钠（$Na_2HPO_4·2H_2O$）3. 2g（也可用无水磷酸钠 Na_2HPO_4 2. 5g），蒸馏水 1000ml。

二十九、硼砂 - 亚甲蓝染色法染液

试剂：硼砂 3g，亚甲蓝 2g，蒸馏水 100ml。

配制方法：取亚甲蓝 2g，硼砂 3g，置研钵内，边研边加水，待溶解后冲洗入瓶中，加 100ml 蒸馏水配成原液，加热溶解后即为原液，过滤后放置备用。

染色时取原液 5ml 加蒸馏水配成 5% 稀释液，染色 3 ～ 5min，使血膜呈天蓝色，然后用

清水轻轻冲洗。本法染色前可不必先溶血与固定。

三十、改良甲苯胺蓝 O（modified toluidine blue O）染液

试剂：冰乙酸 45ml，浓硫酸 15ml，甲苯胺蓝 O 0. 3g，浓盐酸 2ml，纯乙醇 140ml。

配制方法如下所示。

1. 硫酸盐试剂　先将一塑料盆中放一些冷水，将科普林缸放置水中，在通风橱内缓慢倾入 45ml 冰乙酸。用玻璃吸管小心地将 15ml 浓盐酸加到科普林缸中，并轻柔地混合好。用凡士林将科普林缸的盖子封好。

2. 甲苯胺蓝 O 染液　取 0. 3g 甲苯胺蓝 O 溶解于 60ml 蒸馏水中，加入 2ml 浓盐酸和 140ml 纯乙醇溶液。室温保存染液，最多可使用 1 年。

三十一、Nair 亚甲蓝缓冲液染液

试剂：冰乙酸 11. 5ml，乙酸钠（$NaC_2H_3O_2$ 6. 4g 或 $NaC_2H_3O_2·3H_2O$ 27. 2g），亚甲蓝 0. 06g。

配制方法如下所示。

1. 预配制

（1）溶液 A（0. 2mol/L 乙酸）：在 988. 5ml 蒸馏水中加入 11. 5ml 冰乙酸，储存备用。

（2）溶液 B（0. 2mol/L 乙酸钠）：取 16. 4g $NaC_2H_3O_2$ 或 27. 2g $NaC_2H_3O_2·3H_2O$，加蒸馏水至 1000ml。

2. 配制　混合适量的溶液 A 和溶液 B（取决于 pH）并加蒸馏水至 100ml。pH3. 6 为最合适。在 100ml 缓冲液中加入 0. 06g 亚甲蓝以稀释工作染液。取 1 ～ 2 滴染液于待检粪便涂片上，加 1 张盖玻片，在 30min 内镜检。

Nair 亚甲蓝缓冲液在直接涂片时用来显示阿米巴细胞核内细微形态结构。溶组织内阿米巴滋养体可在几分钟内完成染色，细胞质呈浅蓝色，细胞核呈深蓝色。核染色质和核周染粒在永久染色标本上可看到。如果阿米巴细胞核内结构染得不清楚或没有染上，提示溶液的 pH 不正确。

（张愉快）

第十一章 寄生虫病实验诊断技术

寄生虫病实验诊断是诊断寄生虫病的主要依据，实验诊断技术包括病原学诊断技术、免疫学诊断技术和分子生物学诊断技术。

第一节 病原学实验诊断技术

病原学实验诊断是寄生虫病最可靠的诊断方法。根据临床诊断提供的线索，通过标本的采集、处理、检验和分析等，做出明确结论，为临床确诊、治疗、判断预后和流行病学调查提供可靠的依据。根据寄生虫的种类、在人体的发育阶段和寄生部位的不同可采集相应的标本（粪便、血液、尿液、痰液、各种分泌物、排泄物、体液、骨髓穿刺或组织活检等），采取不同的检查方法。对于肉眼可见的大部分蠕虫和节肢动物，根据其标本来源和形态特征可作出初步判断，如粪便中的蛔虫、蛲虫、姜片虫、绦虫节片、组织中的蝇蛆等；对于蠕虫卵、原虫等肉眼无法直接观察的小型寄生虫，如各种蠕虫卵、阿米巴原虫、阴道毛滴虫、疟原虫、疥螨和蠕形螨等则须借助显微镜观察。

一、粪便检查

肠道寄生原虫的滋养体、包囊、卵囊或孢子囊，蠕虫的虫卵、幼虫、成虫或节片及某些节肢动物均可随粪便排出体外。因此，粪便检查是诊断寄生虫病最常用的病原学检查方法。要取得准确的结果，粪便检查应该注意以下一些要点。①送检粪便必须新鲜，送检时间一般不宜超过24h，如检查肠道内原虫滋养体，最好立即检查。②盛粪便的容器要干净、干燥，并防止污染，不可混杂尿液、污水、泥土及药物等，以免影响检查结果。③容器外应贴上标签，注明受检者姓名、编号和受检目的等信息。④受检粪量一般为5～10g，如作自然沉淀或毛蚴孵化法检查，粪量应不少于30g；如需检查蠕虫成虫或绦虫节片，则需留24h全部粪便。⑤粪便镜检前，应注意观察粪便的性状和颜色，若有黏液、脓液或血液，应选择这些部分粪便检查，否则应取不同部位的粪便。⑥粪便中常有一些结构，如植物纤维、花粉粒、石细胞、植物细胞、巨噬细胞、白细胞、上皮细胞、脂肪球及气泡等，易与虫卵、幼虫、原虫滋养体或包囊相混淆，应注意鉴别。⑦粪便检查完毕，要彻底消毒用具，剩余粪便应予卫生处理。

（一）生理盐水直接涂片法

该法用以检查蠕虫卵、原虫包囊和滋养体。原虫滋养体在生理盐水涂片中可保持正常的形态和活力，便于观察。该法操作简便，但因取材少，容易漏诊，每份粪便连续作3次涂片，可提高检出率。检查时还应注意以下几点。①玻片应清洁无油，取玻片时手指勿触碰玻片表面，避免油渍污染。②粪便涂抹厚薄要均匀、适当，太厚则不透光线，标本观察不清；太薄则影响检查结果，涂片厚度以透过涂片隐约可辨认书上的字迹为宜。③应按阅读式顺序将涂片全部观察完毕，夏天要注意检查速度，以防粪膜干燥。

1. 蠕虫卵检查 滴1滴生理盐水于洁净的载玻片上，用竹签挑取绿豆大小的粪便团块，在生理盐水中涂抹均匀。一般在低倍镜下检查，如用高倍镜观察，需加盖玻片。按阅读式顺序推动玻片读片，根据寄生虫的形态特征作出鉴定。应注意虫卵与粪便中异物的鉴别（人体常见寄生虫卵的形态特征及鉴别见表 11-1、表 11-2）。由于蛔虫产卵量大，该法特别适用于蛔虫卵的检查，1 张涂片的检出率为 85%，3 张涂片的检出率可高达 90%～95%。

表 11-1　蠕虫卵与粪便中异物的鉴别

鉴别点	虫卵	非虫卵
形 状	有一定形状，大多为（或接近于）椭圆形	形状不固定
大 小	有特定的大小范围	大小不一
颜 色	少数无色透明，大多呈黄色	无固定颜色
卵 壳	卵壳光滑整齐，有一定的厚度，同种虫卵卵壳厚度一致，有些虫卵有卵盖和（或）小疣状突起等	无卵壳结构，边缘多不完整或不整齐
光 泽	有固定的折光和光泽	无固定的折光和光泽
内含物	有特征性的内部结构如卵细胞、幼虫或毛蚴等	无固定的结构和特征

表 11-2　人体常见蠕虫卵的鉴别

虫卵名称	大小（μm）	形状	颜色	卵壳	卵盖	内含物
肝吸虫卵	（27～35）×（12～20）	芝麻状	黄褐	厚，有肩峰和小疣	有	毛蚴
姜片虫卵	（130～140）×（80～85）	椭圆形	浅黄	薄而均匀	小	1 个卵细胞、数十个卵黄细胞
肺吸虫卵	（80～118）×（48～60）	椭圆形	金黄	厚薄不均，底端增厚	有	1 个卵细胞、10 多个卵黄细胞
日本血吸虫卵	（70～106）×（50～80）	椭圆形	浅黄	薄，有侧棘，常附脏物	无	毛蚴
曼氏迭宫绦虫卵	（52～76）×（31～44）	椭圆形	灰褐	薄而均匀	有	1 个卵细胞、若干卵黄细胞
带绦虫卵	直径 31～43	球形	棕黄	薄，易脱落，胚膜厚具放射状条纹	无	六钩蚴
微小膜壳绦虫卵	（48～60）×（36～48）	圆球或近圆球	无色	薄，胚膜两端有 4～8 根丝状物	无	六钩蚴
缩小膜壳绦虫卵	（60～79）×（72～86）	椭圆	黄褐	厚，有胶状物、无丝状物	无	六钩蚴
受精蛔虫卵	（45～75）×（35～50）	宽椭圆	棕黄	厚，外有凹凸不平的蛋白质膜	无	1 个卵细胞
未受精蛔虫卵	（88～94）×（39～44）	长椭圆	棕黄	较薄，蛋白质膜较薄	无	大小不等折光颗粒
鞭虫卵	（50～54）×（22～23）	纺锤形	棕黄	厚，两端有透明塞	无	1 个卵细胞
蛲虫卵	（50～60）×（20～30）	长椭圆	无色	厚，一侧扁平，一侧稍凸	无	蝌蚪期胚蚴
钩虫卵	（57～76）×（36～40）	椭圆	无色	很薄，卵壳与卵细胞间有明显空隙	无	多个分裂的卵细胞

2. 原虫检查

（1）活滋养体检查：见第一篇第一章第一节。

（2）包囊碘液染色检查：同上。

（3）隐孢子虫卵囊染色检查：目前最佳的方法为金胺 - 酚 - 改良抗酸染色法。对于新鲜粪便或经 10% 福尔马林固定保存（4℃ 1 个月内）的含卵囊粪便都可用此法染色。染色过程是先用金胺 - 酚染色，再用改良抗酸染色法复染。方法步骤如下所示。

1）金胺 - 酚染色法：染液配制如下所示。

1g/L 金胺 - 酚染色液（第一液）：金胺 0. 1g，苯酚 5. 0g，蒸馏水 100ml。

3% 盐酸乙醇溶液（第二液）：盐酸 3ml，95% 乙醇溶液 100ml。

5g/L 高锰酸钾液（第三液）：高锰酸钾 0. 5g，蒸馏水 100ml。

染色步骤：滴加第一液于晾干的粪膜上，10 ～ 15min 后水洗；滴加第二液，1min 后水洗；滴加第三液，1min 后水洗，晾干；置荧光显微镜检查。

低倍荧光镜下，可见卵囊为一圆形小亮点，发乳白色荧光。高倍镜下卵囊呈乳白色或略带绿色，卵囊壁为一薄层，多数卵囊周围深染，中央淡染，似环状，或深染结构偏位，有些卵囊全部为深染。有些标本可出现非特异性的荧光颗粒，应注意鉴别。

2）改良抗酸染色法：操作方法见第一篇第一章第三节孢子虫。

染色后，背景为绿色，卵囊呈玫瑰红色，圆形或椭圆形。卵囊内子孢子呈月牙形，共 4 个，排列多不规则，有时尚可见棕色块状的残留体。但粪便标本中多存在红色抗酸颗粒，形同卵囊，难以鉴别。

3）金胺 - 酚 - 改良抗酸染色法：先用金胺 - 酚染色，再用改良抗酸染色复染，用普通光学显微镜检查。卵囊形态同抗酸染色下所见，但非特异颗粒则染成蓝黑色，颜色与卵囊区别大，容易鉴别，有利于查找卵囊。此法优化了改良抗酸染色法，可提高检出率和准确性，尤其适宜不具备荧光显微镜的实验室。

（二）厚涂片透明法

该法又称改良加藤厚涂片法。用大小约 4cm × 4cm 的 100 目 / 英寸的尼龙网覆盖在粪便标本上，用刮片在网上刮取粪便约 50mg，置于载玻片上，覆以浸透甘油 - 孔雀绿溶液的玻璃纸片，轻压，使粪便均匀铺开（20mm × 25mm）。置于 30 ～ 36℃温箱中约半小时或 25℃约 1h，待粪膜稍干并透明，即可镜检。

玻璃纸准备：将玻璃纸剪成 22mm × 30mm 大小的小片，浸于甘油 - 孔雀绿溶液（含纯甘油 100ml、蒸馏水 100ml 和 3% 孔雀绿 1ml 水溶液。甘油具有透明粪渣的作用，便于光线通过和镜检；孔雀绿则具有使光线变柔和，减轻眼睛疲劳的作用）中，至少浸泡 24h，使玻璃纸呈现绿色。

使用此法需掌握粪膜的合适厚度和透明的时间。如粪膜太厚或透明时间短，虫卵难以发现。如透明时间过长，则虫卵变形而不易辨认；或者虫卵被透明了，镜检时易漏检。卵壳薄的虫卵与卵壳厚者透明时间应有所不同，若检查钩虫卵，透明时间宜短，不要超过 30min。

（三）浓聚法

1. 沉淀法　蠕虫卵和原虫包囊的比重大于水，可沉积于水底，有助于提高检出率，但比重较轻的钩虫卵和大多数原虫包囊效果则较差。

（1）自然沉淀法：取粪便 20 ～ 30g，加水搅拌成混悬液，经金属筛（40 ～ 60 目）或 2 ～ 3 层湿纱布过滤于 500ml 锥形瓶中，再加清水冲洗粪渣，直至粪水离杯口 2cm 处，静置

25min 后慢慢地倒去上液，重新加满清水洗涤，以后每隔 15 ～ 20min 换水 1 次（夏季换水时间应当缩短，第一次静置不超过 20min，第二次以后，每次 10min 左右），重复换水 3 ～ 4 次，直至上液清晰为止。最后倒去上液，吸取沉渣作涂片镜检。如检查原虫包囊，换水间隔时间宜延长至约 6h 换 1 次。本法视野清晰，检出率高，但较费时。

（2）倒置沉淀法：用竹签取约 0. 5g 粪便置于空的青霉素小瓶（或高 3. 5cm，直径约 2cm 的圆形直筒瓶）中，加入少量水充分调匀，再慢慢加入水直到瓶口。此时在瓶口上覆盖 1 张载玻片，将小瓶连同载玻片迅速翻转（使瓶倒立于载玻片上），静置 15 ～ 20min 后将两者一并迅速翻转，立即提起载玻片且迅速翻转，将载玻片置镜下检查。此法可用于检查华支睾吸虫卵。

（3）离心沉淀法：取粪便 3 ～ 5g，加水 10ml 调匀成混悬液，经金属筛或双层湿纱布过滤于 100ml 锥形瓶中，转入 10ml 离心管中，离心（1500 ～ 2000r/min）1 ～ 2min，弃去上液，注入清水，再离心沉淀，如此反复沉淀 3 ～ 4 次，直至上液澄清为止，最后弃去上液，取沉渣作涂片镜检。此法检出率高且省时、省力，适用于临床诊断检验。

（4）醛 - 醚沉淀法：试剂中的甲醛有保存虫卵和包囊的作用，乙醚可除去粪便中的脂肪，并吸附部分较轻的残渣上浮，从而减少杂质，提高浓集效果。

取粪便 1 ～ 2g 于小容器内，加水 10 ～ 20ml 调匀，将粪便混悬液经双层纱布（或 100 目金属筛网）过滤，2000r/min 离心 2min。弃去上层粪液，保留沉渣，加水 10ml 混匀，离心 2min。弃去上液，加 10% 甲醛 7ml，5min 后加乙醚 3ml，塞紧管口并充分摇匀，取下管口塞，离心 2min（2000r/min），即可见管内自下而上分为 4 层：乙醚层、黄绿色粪渣层、甲醛层和细微粪渣层。弃去上 3 层液体，吸取最下层管底沉渣涂片镜检。如检查原虫包囊，可加卢戈氏碘液染色，加盖玻片镜检。

本法适用于检查多种蠕虫卵和原虫包囊，浓集效果比直接涂片法提高 20 ～ 30 倍，而且不损坏包囊和虫卵形态(但本法可破坏原虫滋养体)，易于观察和鉴定。对于含脂肪较多的粪便，效果更好，但对贾第虫包囊、布氏嗜碘阿米巴包囊和微小膜壳绦虫卵检出效果则较差。

（5）汞 - 碘 - 醛（merthiolate-iodine-formaldehyde，MIF）离心沉淀法：此法既可浓集，又可固定和染色，适用于原虫包囊、滋养体和蠕虫卵及幼虫的检查，若准确称取 1g 粪便，即可作蠕虫卵的定量检查。

取粪便 1g，加 10ml 汞 - 碘 - 醛液（MIF 配制见本篇第十章第一节常用标本固定液的配制），充分调匀，用双层脱脂纱布过滤，再加入乙醚 4ml，振摇 2min，2000r/min 离心 2min，即分成乙醚、粪渣、汞碘醛及细微粪渣沉淀层 4 层。弃去上 3 层，取最下层的管底沉渣涂片镜检。

2. 浮聚法 利用比重较大的液体，使原虫包囊或蠕虫卵上浮，集中于液体表面。常用的方法以下有 3 种。

（1）饱和盐水浮聚法：此法可用于检查线虫卵及膜壳绦虫卵（不适宜于吸虫卵检查），以检查钩虫卵效果最好。

用竹签取黄豆粒大小的粪便置于浮聚瓶（高 3. 5cm，直径约 2cm 的圆形直筒瓶）或空的青霉素小瓶中，加入少量饱和盐水调匀，再慢慢加入饱和盐水（比重约为 1. 20g/cm^3），直到液面略高于瓶口，但不溢出为止。此时在瓶口覆盖一载玻片，静置 15min 后，将载玻片提起并迅速翻转后立即镜检（图 11-1）。

注意事项：盖载玻片时，瓶口与玻片间不能留气泡与漂浮的粪渣；静置时间不宜过长或过短；翻转载玻片时要迅速、平稳，勿将漂浮液甩出。

饱和盐水配制：将食盐徐徐加入盛有沸水的容器内，不断搅动，直至食盐不再溶解为止。

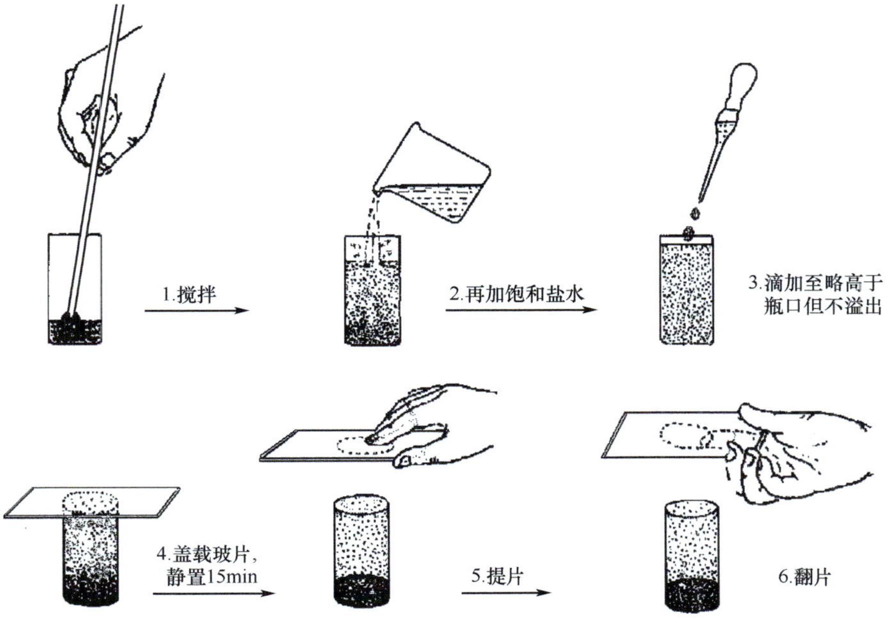

图 11-1 饱和盐水浮聚法

（2）硫酸锌离心浮聚法：此法可用于检查原虫包囊和蠕虫卵。取粪便约 1g，加入 10ml 水并充分搅拌均匀，按离心沉淀法过滤，反复离心 3 ～ 4 次，至水清为止，最后弃去上液，在沉渣中加入33%硫酸锌溶液(比重为1.18g/cm^3)，调匀后再加硫酸锌溶液至距管口约1cm处，离心 1min。之后立即（若时间过长，原虫包囊和蠕虫卵会变形或下沉）用金属环蘸取表面液膜置于载玻片上镜检。检查原虫包囊时需加 1 滴碘液和盖玻片后镜检。

33% 硫酸锌溶液配制：将硫酸锌 40g，加水 100ml 充分溶解后，用密度计校正至密度为 1.18g/cm^3。

（3）蔗糖离心浮聚法：此法适用于检查隐孢子虫卵囊。取粪便约 5g，加水 15 ～ 20ml，以 4 层纱布或 260 目尼龙袋过滤。取滤液离心 5 ～ 10min，弃去上清液，加蔗糖溶液（亦可用饱和硫酸锌溶液或饱和盐水替代蔗糖溶液）再离心，之后操作同饱和盐水浮聚法，取其表面液膜高倍或油镜镜检。镜下可见卵囊无色透明，囊壁光滑，内有一小暗点和淡黄色的子孢子。1h 后卵囊脱水变形难以辨认，故应立即镜检。

蔗糖溶液配方：蔗糖 500g，蒸馏水 320ml，苯酚 6.5ml。

常见原虫包囊和蠕虫卵的比重见表 11-3。

表 11-3 原虫包囊及蠕虫卵的比重

原虫包囊或蠕虫卵	比重（g/cm^3）	原虫包囊或蠕虫卵	比重（g/cm^3）
溶组织内阿米巴包囊	1.060 ～ 1.070	带绦虫卵	1.140
结肠内阿米巴包囊	1.070	微小膜壳绦虫卵	1.050
微小内蜒阿米巴包囊	1.065 ～ 1.070	受精蛔虫卵	1.110 ～ 1.130
贾第虫包囊	1.040 ～ 1.060	未受精蛔虫卵	1.210 ～ 1.230
肝吸虫卵	1.170 ～ 1.190	鞭虫卵	1.150

续表

原虫包囊或蠕虫卵	比重（g/cm^3）	原虫包囊或蠕虫卵	比重（g/cm^3）
姜片虫卵	1.190	蛲虫卵	1.105 ～ 1.115
肝片形吸虫卵	1.200	钩虫卵	1.055 ～ 1.080
日本血吸虫卵	1.200	毛圆线虫卵	1.115 ～ 1.130

（四）定量透明法

此法适用于各种粪便内蠕虫卵的检查和计数，从而估算感染度。应用改良聚苯乙烯作定量板（图 11-2），大小为 40mm × 30mm × 1.37mm，模孔为一长圆孔，大小为 8 mm × 4mm，两端呈半圆形，所取的粪样平均重量为 41.7mg。操作时将大小约 4cm × 4cm 的 100 目尼龙网或金属筛网覆盖在粪便标本上，自筛网上用刮片刮取粪便，将定量板置于载玻片上，用一手的两指压住定量板的两端，将刮片上的粪便填满模孔，刮去多余粪便。掀起定量板，载玻片上留下一个长形粪样，然后在粪条上覆盖含甘油 - 孔雀绿溶液、大小为 2.6 ～ 5.0cm 的玻璃纸条，展平后加压，使玻璃纸下的粪便铺成长椭圆形。经 1 ～ 2h 粪便透明后置镜下观察和计数。

将所得虫卵数 × 24，再乘粪便性状系数，即为每克粪便虫卵数（eggs per gram，EPG）。

粪便性状系数：半成形便 × 1.5，软湿形便 × 2，稀便 × 3，水泻便 × 4。

$$\text{雌虫总数}=\frac{\text{EPG}\times 24\text{h 粪便克数}}{.\text{雌虫每日排卵总数}}$$

$$\text{雌雄异体成虫总数}=\text{雌虫总数}\times 2$$

蠕虫排卵数与虫体寄生数量、虫体成熟程度、宿主的年龄、营养及健康状况等因素有关。有些蠕虫在宿主体内产卵均从粪便排出，如肝吸虫、姜片虫、蛔虫、鞭虫、钩虫等，可采用虫卵计数法推算感染度。有些蠕虫不在肠道产卵（如蛲虫），或所产虫卵并不全部从粪便排出（如日本血吸虫），则不能用计数法测定感染度或结果仅供参考。

（五）虫卵计数法

虫卵计数（egg count）法用于估算人体内寄生虫的感染度，常用 Stoll 法，即司氏稀释虫卵计数法（图 11-3）。

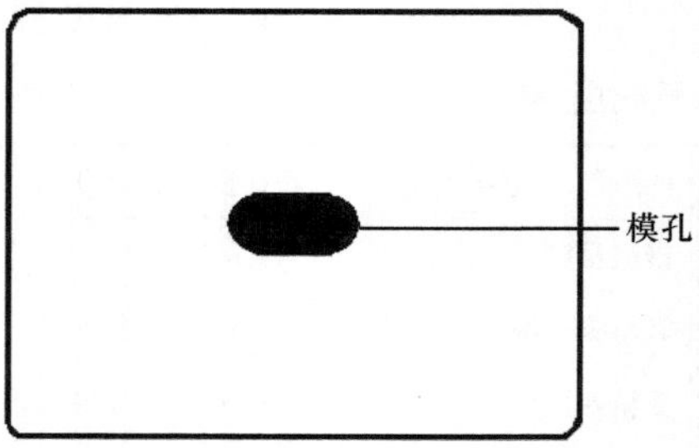

图 11-2　定量透明法

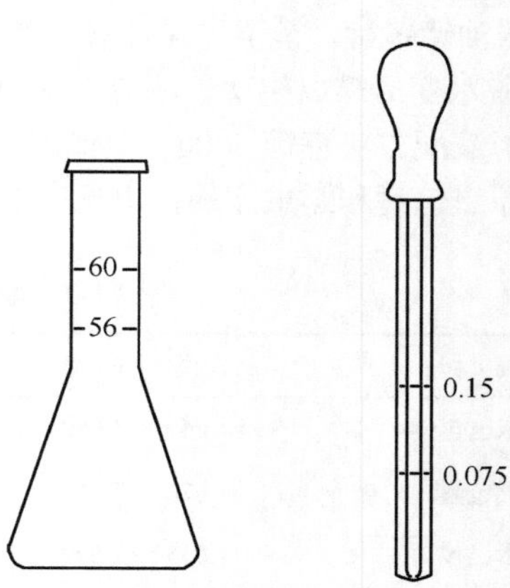

图 11-3　Stoll 虫卵计数法

用特制的三角烧瓶（或普通三角烧瓶），容量为 65ml 左右，在烧瓶的颈部相当于 56ml 和 60ml 处有两个刻度。先把 0. 1mol/L NaOH 溶液倒入瓶内至 56ml 处，再慢慢地加入粪便，使液面上升到 60ml 处（相当于 4g 粪便），然后放进玻璃珠 10 余颗，用橡胶塞塞紧瓶口，充分摇动，使其成为十分均匀的混悬液。若粪便过硬则放置过夜。

计数时充分摇匀粪液，用有刻度的小吸管取 0. 15ml 或 0. 075ml 粪液置于载玻片上，加盖片，在低倍镜下计数全片虫卵数，最好连数 2 张，求得平均虫卵数，乘以 100（吸 0. 15ml）或 200（吸 0. 075ml）即得每克粪便虫卵数（eggs per gram，EPG）。由于粪便的性状明显地影响估算结果，因此不成形粪便的虫卵数应再乘上述粪便性状系数即为每克粪便虫卵数，再根据上述公式计算出成虫数。

常见蠕虫的每条雌虫每日排卵数见表 11-4。

表 11-4　常见人体蠕虫每日排卵量

蠕虫名称	产卵数 / 日 / 条（平均数）
肝吸虫	1600 ～ 4000（2400）
姜片吸虫	15 000 ～ 48 000（25 000）
卫氏并殖吸虫	10 000 ～ 20 000
日本血吸虫	1000 ～ 3500
猪带绦虫	30 000 ～ 50 000 / 孕节
牛带绦虫	97 000 ～ 124 000 / 孕节
蛔 虫	234 000 ～ 245 000（240 000）
鞭 虫	1000 ～ 7000（2000）
十二指肠钩虫	10 000 ～ 30 000（24 000）
美洲钩虫	5000 ～ 10 000（9000）

（六）毛蚴孵化法

原理：日本血吸虫病患者新鲜粪便中的虫卵，在适宜温度（25 ～ 30℃）的清水中，短时间内可孵出毛蚴，然后用肉眼或放大镜观察。此法适用于日本血吸虫病患者的粪便检查，检出率明显高于其他粪检方法。

取粪便约 30g，经重力沉淀法浓集处理后，吸取粪渣插入三角烧瓶（已加去氯水至三角烧瓶口下 1cm 处）底后挤出。将三角烧瓶置于 25 ～ 30℃温箱中孵育 2 ～ 6h 后，肉眼或放大镜观察结果毛蚴。观察时将烧瓶对着光线（或在瓶后衬以黑纸），目光向瓶颈处平视，若见水面下有白色点状物作来回直线游动，即是日本血吸虫毛蚴。必要时也可用吸管将毛蚴吸出镜检。如无毛蚴，每隔 4 ～ 6h（24h 内）观察 1 次（图 11-4）。气温高时，毛蚴可在短时间内孵出，夏季时要用 1. 2% 盐水或冰水冲洗粪便，最后 1 次才改用室温清水。

毛蚴促孵法：将沉淀法处理后的粪便沉渣置于三角瓶内，不加水，或将粪渣置于吸水纸上，置 20 ～ 30℃温箱中过夜。检查时加去氯水，2h 后就可见到孵出的毛蚴。此法毛蚴孵出时间较一致，数量也较多。

（七）试管滤纸培养法

该法又称钩蚴培养法（culturmethod for hookworm larvae）。

原理：适宜条件下，钩虫卵在短时间内可孵出幼虫。

加冷开水约 1ml 于洁净试管内（1cm × 10cm），将滤纸剪成与试管等宽但较试管稍长的 T 字形纸条，用铅笔书写待检者姓名或编号于横条部分。取粪便 0. 2 ～ 0. 4g（黄豆大小），均匀地涂抹在竖条纸条的上部 2 / 3 处，再将纸条插入试管，下端浸泡在水中，以粪便不接触水面为度。在 20 ～ 30℃温箱中培养。培养期间每日沿管壁补充冷开水，以保持水的深度。3 日后肉眼或放大镜观察试管底部有否钩蚴。钩蚴无色透明，在水中作蛇形游动。如未发现钩蚴，应继续培养观察至第 5 日。气温太低时可将培养管放入温水（30℃左右）中数分钟后，摇动管中液体再观察。虫种鉴定需在显微镜下进行。

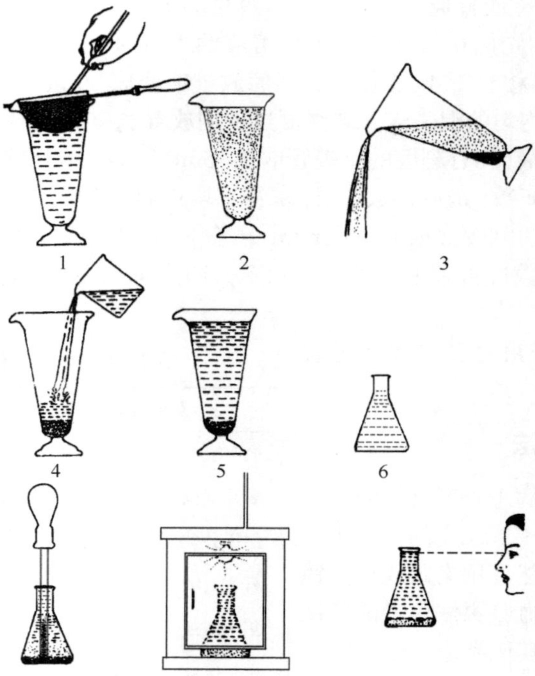

图 11-4　粪便自然沉淀及毛蚴孵化法

1. 过滤；2. 自然静置沉淀 20 ～ 30min；3. 弃去上层液；4. 加满清水；5. 再自然静置沉淀 20 ～ 30min，弃去上层液。如此反复数次，至上清液澄清为此；6. 加去氯水于三角烧瓶中至瓶颈；7. 吸取步骤 5 瓶中的粪渣插入三角烧瓶底后挤出；8. 孵化；9. 观察

此法亦可用于分离人体肠道内各种阿米巴滋养体及人毛滴虫滋养体，且能提高检出率。但是，每管粪便量应为 1.0g，适宜温度为 25 ～ 30℃，培养时间为 2 ～ 4 日，检查各种肠道原虫时应结合碘液涂片法以检出原虫包囊。临床上为了及时报告致病原虫，可于培养 48h 后镜检。

（八）肛门拭子法

此法是根据雌性蛲虫在人体肛门周围及会阴部皮肤产卵，带绦虫孕节从肛门排出或主动逸出过程中破裂后，虫卵黏附于肛门周围皮肤上的特性而设计的，对蛲虫卵和带绦虫卵的检出率远比其他粪检方法高。一般在清晨便前或洗澡前进行。若首次检查为阴性，可连续查 2 ～ 3 日。常用方法有透明胶纸法和棉签拭子法，操作方法见第三篇第八章第二节。

（九）淘虫检查法

为考核驱虫疗效，常需从粪便中淘取蠕虫进行鉴定与计数。取患者服药后 24 ～ 72h 的全部粪便，加水搅拌，用 40 目铜筛或纱布滤出粪渣，经水反复冲洗后，倒在盛有清水的大型平皿内，在平皿下衬以黑纸，检查混杂在粪渣中的虫体或节片。可检测猪带绦虫节片、牛带绦虫节片、姜片虫、蛔虫、旋毛虫、钩虫、蛲虫和鞭虫等。

（十）带绦虫孕节检查法

猪带绦虫或牛带绦虫的孕节可从链体上脱落，随粪便排出体外或主动逸出肛门，或服药后驱出虫体。粪便中的虫体可采用淘虫检查法后获检节片（或直接取出节片用清水洗净），置于两载玻片之间，轻轻压平，对光观察虫体结构，可根据子宫分支情况直接鉴定。也可用小号针头连接结核菌素注射器，从孕节后端正中处插入子宫，徐徐注入碳素墨水或卡红染液，用手指轻压使染液分布于侧支中。拔出针尖后，用吸水纸吸去节片表面黏附的染液，子宫分支显现黑色或红色，肉眼或放大镜观察子宫分支特征和计数一侧一级子宫分支数目，进行虫种鉴定（猪带绦虫孕节为 7 ～ 13 支，牛带绦虫孕节为 15 ～ 30 支）。

二、血液检查

血液检查是诊断疟疾和丝虫病的基本方法。涂制血膜用的载玻片用前需经洗涤液（玻璃器皿的洗涤液常用铬酸洗液）处理，自来水、蒸馏水冲洗，在 95% 乙醇中浸泡，烤干后使用。使用一次性采血针，以免交叉感染。

铬酸洗液的配方：工业浓硫酸 100ml，重铬酸钾 80g，水 1000ml。

铬酸洗液的配制方法：先用冷水将重铬酸钾溶化，然后将浓硫酸缓缓加入，同时用玻璃棒不断搅拌（切勿将水或重铬酸钾溶液加入到浓硫酸中，否则易发生爆炸）。

（一）检查疟原虫

1. 采血与涂片　见第一篇第一章第三节。

2. 固定与染色　血片必须充分晾干，否则染色时容易脱落。用小玻棒蘸甲醇或无水乙醇在薄血膜上轻轻抹过、固定（如厚、薄血膜在同一玻片上，注意不要将固定液带到厚血膜上，因为厚血膜固定之前必须先溶血）。用滴管滴水于厚血膜上，待血膜呈灰白色后，将水倒去，晾干。

稀释各种染液和冲洗血膜时，如用磷酸缓冲液则染色效果更佳。缓冲液的配制如下。

M/15 磷酸氢二钠（Na_2HPO_4）液：无水 Na_2HPO_4 9. 464g（或 $Na_2HPO_4·2H_2O$ 11. 867g、$Na_2HPO_4·7H_2O$ 17. 872g、$Na_2HPO_4·2H_2O$ 23. 877g），蒸馏水 1000ml。

M/15 磷酸二氢钠（NaH_2PO_4）液：NaH_2PO_4 9. 173g，蒸馏水 1000ml。

使用时将上述原液按表 11-5 配成不同的 pH 缓冲液：

表 11-5　不同 pH 磷酸缓冲液的配制

pH	M/15 Na_2HPO_4（ml）	M/15 NaH_2PO_4（ml）	蒸馏水（ml）
6.8	50.4	49.6	900
7.0	39.0	61.0	900
7.2	28.0	72.0	900

染色时需要临时配成 pH 7. 0 或 7. 2 的缓冲液。

常用的染色剂有 Giemsa 染液和 Wright 染液。

（1）Giemsa 染色法：Giemsa 染液的配方及配制方法见第四篇第十章第二节。

此法染色效果良好，血膜褪色慢，保存时间久，但染色需时较长，常用于教学或科研大批量血片的染色。

染色方法：取 15 份 pH 7. 0 ～ 7. 2 的缓冲液，加 1 份 Giemsa 储存液，将 Giemsa 储存液稀释，即成 Giemsa 使用液。用蜡笔划出染色范围，以防滴加染液时四溢。将稀释的 Giemsa 染液滴于已固定的厚、薄血膜上，染色半小时（室温），再用上述缓冲液冲洗。待血片晾干后镜检。

（2）快速 Giemsa 染色法：Giemsa 储存液 1ml，加缓冲液 5ml，同前法染色 5min 后用缓冲液冲洗，晾干后镜检。

（3）Wright 染色法：Wright 染液的配方及配制方法见第四篇第十章第二节。

此法操作简便，常用于临床诊断。但甲醇蒸发快，掌握不当时易在血膜上产生染料沉淀，并较易褪色，保存时间不长。多用于临时性检验。

染色方法：Wright 染液含甲醇，薄血膜不需先固定，而厚血膜则需先溶血，待血膜干后才能染色。染色前先将薄血膜和溶血后的厚血膜一起用蜡笔划好染色范围，滴加染液使其覆盖全部厚、薄血膜，30 ～ 60s 后用滴管加等量的蒸馏水或缓冲液，轻轻摇动载玻片，使稀释液和染液混合均匀，此时出现一层金属铜色浮膜，3 ～ 5min 后用自来水缓慢地从玻片一端冲洗（勿先倒去染液或直对血膜冲洗，否则染料沉渣易沉积于血膜上），晾干后镜检。

3. 镜检　经 Giemsa 或 Wright 染色后，油镜下观察。红细胞呈红色或紫红色；疟原虫胞核呈紫红色，胞质为蓝色，疟色素仍为其本身的棕褐色。

薄血膜上的疟原虫尚具有以下特征：①红内期疟原虫和配子体均在红细胞内。油镜下，清晰的疟原虫轮廓与红细胞边缘在同一焦距水平面；②大滋养体、裂殖体和配子体的胞质中可见棕褐色的疟色素，被寄生的红细胞形状变大，染色变浅。

镜检薄血膜时，应注意区别疟原虫及与疟原虫形态相似的物质：①如染料颗粒、白细胞碎片或血小板等物质黏附在红细胞表面，易被误认为是环状体或大滋养体等，需仔细调节细螺旋调节器，可发现它们与红细胞不在同一焦距水平面上；②成堆的血小板易被误认为成熟裂殖体，但血小板中央为紫红色颗粒状结构，周边部分着色为浅红，不如疟原虫紫红色胞核与蓝色胞质分界清晰，且血小板内不含棕褐色疟色素。

镜检厚血膜时，由于红细胞已溶解，疟原虫皱缩变形，虫体比薄血膜中的形态要略小，有的虫体胞质着色很深，胞核模糊不清，形态不典型，初学者应仔细观察。如厚、薄血膜在同一玻片上，应先检查厚血膜，发现疟原虫而鉴别有困难时，再仔细观察薄血膜，以节约时间并提高检出率和准确率。

（二）检查微丝蚴

1. 采血时间　班氏微丝蚴和马来微丝蚴都具有夜现周期性，故采血时间为晚上 10 时至次晨 2 时。

2. 检查方法　常用方法有新鲜血滴法、厚血膜染色法、离心浓集法及薄膜过滤浓集法等。

（1）新鲜血滴法：取外周血（耳垂或指尖血）1 大滴于载玻片上，加 1 滴蒸馏水溶血，加盖玻片后置低倍镜下寻找微丝蚴，微丝蚴自由摆动，前后卷曲，较易识别。该法操作简单，但阳性检出率低，不适用于普查，可用于教学和卫生宣传；发现蛇形游动的微丝蚴后，仍须作染色检查，以确定虫种。

（2）厚血膜染色检查：该法是诊断丝虫病最常用的方法，不但检出率高，还可鉴别虫种和定量计数，且微丝蚴形态结构清晰，容易辨认和鉴别。

微丝蚴厚血膜的制作、溶血、固定和 Giemsa 染色的操作方法与疟原虫相同，但需取血 3 大滴，也可用德氏苏木素染色。

德氏苏木素染色液的配方和配制方法见第四篇第十章第二节。

染色方法：将已溶血、固定的厚血膜在德氏苏木素液中染色 10 ～ 15min，在 1% 酸乙醇中分色 1 ～ 2min，蒸馏水洗涤 1 ～ 5min，至血膜呈蓝色，再用 1% 伊红染色 0. 5 ～ 1min，用水洗涤 2 ～ 5min，晾干后镜检。

（3）活微丝蚴离心浓集检查：在离心管内装蒸馏水半管，加外周血 10 ～ 12 滴，再加生理盐水混匀，3000r/min 离心沉淀 3min，取沉渣检查。或取静脉血 1ml，置于盛有 0. 1ml 3. 8% 枸橼酸钠（抗凝）的试管中，摇匀，加 9ml 蒸馏水使红细胞溶解后，离心 3min，弃去上液，加水再离心，取沉渣镜检活微丝蚴。

（4）薄膜过滤浓集检查：抗凝静脉血 2ml 经孔径为 3μm（或 5μm）的微孔薄膜过滤后取下滤膜，用热的苏木素染色 5min 后镜检。此法微丝蚴检出率和检出数都高于厚血膜法和浓集法，最适用于低密度微丝蚴患者。

三、其他排泄物与分泌物的检查

（一）痰液

痰液镜检可能查见溶组织内阿米巴滋养体、肺吸虫卵、棘球蚴的原头蚴或游离的小钩、粪类圆线虫幼虫、蛔蚴、钩蚴和尘螨等。

1. 溶组织内阿米巴滋养体检查 取新鲜痰液脓血部作生理盐水直接涂片，高倍镜观察（冬天注意保温）。如为溶组织内阿米巴滋养体，可见其伸出无色透明的伪足并作阿米巴定向运动，可与痰液中的白细胞、脓细胞及上皮细胞等区别。

2. 肺吸虫卵检查 见第一篇第二章第一节。

3. 其他蠕虫幼虫及螨类的检查 常采用离心浓集法。

（二）十二指肠液和胆汁

用十二指肠引流管抽取十二指肠液及胆汁，先作直接涂片法检查，如为阴性，改用离心浓集后，取沉渣镜检。可检查贾第虫滋养体、肝吸虫卵、肝片形吸血卵、布氏姜片虫卵、蛔虫卵、钩虫卵和粪类圆线虫幼虫等，急性阿米巴肝脓肿患者胆汁中偶可查检溶组织阿米巴滋养体。肝吸虫病患者十二指肠引流和胆汁中检获虫卵的阳性率远远超过粪便检验。

1. 直接涂片法 将各段引流液分别滴于载玻片上，加盖玻片后直接镜检。

2. 离心浓集法 将各段引流液加生理盐水稀释搅拌后，分装到离心管中，以 2000r/min，离心 5 ～ 10min，吸取沉渣涂片镜检。如引流液过于黏稠，应先加 10%NaOH 溶液消化后再离心。引流中的贾第虫滋养体常附着在黏液小块上，或虫体聚集成絮片状物。肝片形吸虫卵与姜片虫卵不易鉴别，但前者可出现于胆汁，而后者只见于十二指肠液中。

3. 肠检胶囊法 禁食后，晚上睡觉前嘱患者吞下一个装有消毒棉线的胶囊，线的另一端用胶布固定在受检者嘴角外，次晨缓慢抽出棉线，刮取线上的黏附物涂片镜检。此法常用于贾第虫滋养体检查，阳性率高，操作方便且无损伤。

（三）尿

离心后取沉渣镜检。乳糜尿需加等量乙醚，用力振荡，使脂肪溶于乙醚，然后弃去脂肪层，加水 10 倍稀释后以 2000r/min，离心 3 ～ 5min，取沉渣镜检。除班氏丝虫病患者的乳糜尿中可检查微丝蚴外，尿液中有时还可查见阴道毛滴虫滋养体和埃及血吸虫卵等虫体。

（四）鞘膜积液

主要检查班氏微丝蚴。阴囊皮肤经碘乙醇溶液消毒后，用注射器抽取鞘膜积液作直接涂片检查，或加适量生理盐水稀释离心，取沉渣镜检。

（五）阴道分泌物

阴道分泌物中可查见阴道毛滴虫滋养体，偶可见溶组织阿米巴滋养体、蛲虫卵、蛲虫雌虫和蝇蛆等。检查方法可分生理盐水直接涂片、涂片染色、悬滴法和培养法等。

1. 生理盐水直接涂片法　在一洁净的载玻片上滴加 1 ～ 2 滴生理盐水，用消毒棉签在受检查者阴道后穹窿、子宫颈或阴道壁上拭取分泌物，然后在载玻片上涂片，加盖玻片后镜检，可发现运动活泼、无色透明的阴道毛滴虫。天气寒冷时，应注意保温，以保持阴道毛滴虫的活动能力，便于与其他细胞鉴别。

2. 悬滴法　在一洁净的试管中滴加 1 ml 生理盐水（25 ～ 37℃），将拭取了阴道分泌物的棉签放入试管中，搅拌、摇匀后，取 1 滴液体置于周缘涂抹一薄层凡士林的盖片上，翻转盖片并小心覆盖在具凹孔的载玻片上，稍加压使两片黏合，液滴悬于盖片下面，镜检。

3. 涂片染色法　取阴道分泌物作生理盐水涂片、晾干，甲醇固定，Giemsa、Wright 或 Giemsa -Wright 混合染液染色后镜检。

4. 培养法 取阴道分泌物接种于肝浸液培养基中，37℃培养 48h 后涂片镜检阴道毛滴虫。

四、其他器官组织检查

（一）骨髓穿刺

骨髓穿刺物用于检查杜氏利什曼原虫无鞭毛体，是诊断黑热病最可靠的方法。常作髂骨穿刺，让患者侧卧，露出髂骨部位。视年龄大小，选用 17 ～ 20 号带有针芯的干燥无菌穿刺针，从髂骨前上棘后约 1cm 处刺入皮下，当针尖触及骨面时，再慢慢地钻入骨内 0.5 ～ 1.0cm，拔出针芯，接上 2ml 干燥注射器，抽取骨髓液。取少许骨髓液涂片，甲醇固定，Giemsa 或 Wright 染色后镜检。阳性者可在油镜下观察到巨噬细胞内有多个点状的无鞭毛体，细胞破裂则可见散在的无鞭毛体。

（二）淋巴结穿刺

淋巴结穿刺物中可查见利什曼原虫、弓形虫、锥虫、班氏丝虫和马来丝虫成虫等。

1. 利什曼原虫、弓形虫、锥虫　采用穿刺法。先将局部皮肤消毒，用左手拇指和示指捏住肿大的淋巴结，右手取干燥无菌的 6 号针头刺入淋巴结，此时淋巴结组织液自能进入针管内。稍待片刻，拔出针头，将针头内少量的淋巴结组织液滴于载玻片上，涂片后甲醇固定，作 Giemsa 或 Wright 染色后镜检。也可用摘除的淋巴结切面做涂片、Giemsa 或 Wright 染色后镜检。

2. 丝虫成虫　将 10ml 无菌注射器插入可疑的淋巴结节中，边抽吸边退针，将抽取的成虫或虫体片段置于盛有固定液的小瓶中，进一步作虫种鉴定；或剖检摘除的淋巴结节直接查找有无丝虫成虫；也可作病理组织切片检查。

（三）肌肉活检

肌肉活检可查见卫氏肺吸虫成虫或童虫、斯氏肺吸虫童虫、曼氏迭宫绦虫裂头蚴、猪囊尾蚴及旋毛虫幼虫囊包等。

1. 卫氏肺吸虫成虫或童虫、斯氏肺吸虫童虫、曼氏迭宫绦虫裂头蚴、猪囊尾蚴　外科手术法摘取肌肉内的结节，剖开或剥除外层纤维被膜，取出虫体，肉眼观察后置解剖镜或显微镜下观察鉴定；也可经组织固定后作切片染色检查。

2. 旋毛虫幼虫囊包 用外科手术从患者疼痛的肌肉（腓肠肌、肱二头肌或股二头肌）取米粒大小的肌肉一块，置于载玻片上，加 50% 甘油 1 滴，盖上另一载玻片，均匀用力压紧，低倍镜下观察。取下的肌肉须立即检查，否则幼虫死亡结构变得模糊，不易检查；也可经组织固定后作切片染色检查。阳性者可见梭形幼虫囊包。

（四）皮肤及皮下组织

皮肤及皮下组织中可查见利什曼原虫、溶组织内阿米巴滋养体、卫氏肺吸虫成虫或童虫、斯氏肺吸虫童虫、曼氏迭宫绦虫裂头蚴及猪囊尾蚴、蝇蛆、疥螨及蠕形螨等。

1. 利什曼原虫 在皮肤上出现丘疹和结节等疑似皮肤型黑热病患者，可选择皮损明显处，作局部消毒，用无菌注射器，刺破皮损处，抽取组织液作涂片；或用消毒的锋利小剪，从皮损表面剪取一小片皮肤组织，以切面作涂片；也可用无菌解剖刀切一小口，刮取皮肤组织作涂片。涂片后采用 Giemsa 或 Wright 染色，油镜检查。如涂片未见原虫，可割取小丘疹或结节，固定后作组织切片染色检查。

2. 溶组织内阿米巴 对疑似皮肤阿米巴病患者，可用无菌棉签拭取皮肤溃疡边缘组织作生理盐水涂片，镜检溶组织内阿米巴活滋养体。如涂片未见原虫，可取溃疡边缘组织固定后作组织切片染色检查。

3. 卫氏肺吸虫成虫或童虫、斯氏肺吸虫童虫、曼氏迭宫绦虫裂头蚴、猪囊尾蚴 方法同肌肉活检。

4. 蝇蛆 丝光绿蝇或大头金蝇的蝇蛆可在皮肤伤口寄生。用肉眼或放大镜将蝇蛆取出，置于 10%NaOH 溶液中浸泡 4 ～ 8h，水洗数次后镜检并鉴定虫种。

5. 疥螨和蠕形螨 见第一篇第三章第二节。

（五）直肠黏膜

用直肠镜从直肠黏膜病变组织中取材，可查见溶组织内阿米巴滋养体及日本血吸虫卵。

1. 溶组织内阿米巴 首先用乙状结肠镜观察溃疡形状和肠壁病变特点，然后自溃疡边缘或深层刮取溃疡组织，置于载玻片上，加少量生理盐水，盖上盖玻片，轻轻压平，立即高倍镜检溶组织内阿米巴活滋养体。也可取出一小块病变的黏膜组织，固定切片后染色检查。该法适用可疑慢性肠阿米巴病患者，对于严重肠阿米巴病患者不宜采用，避免造成肠穿孔。

2. 日本血吸虫卵 用直肠镜自直肠取米粒大小的肠黏膜组织一块，经生理盐水冲洗后，置于两载玻片间，轻轻压平，镜检。如发现日本血吸虫卵时，应确定卵内毛蚴是否存活。对未经治疗者，不论死活虫卵均有确诊意义；对曾有治疗史的患者，只有查到活性卵或近期变性卵，才有诊断价值。直肠黏膜内各种虫卵的鉴别见表 11-6。

表 11-6 直肠黏膜内未染色日本血吸虫卵的鉴别

鉴别项目	活性卵	近期变性卵	死卵（钙化卵）
颜 色	淡黄或黄褐色	灰白或淡黄色	黑色、灰褐或棕红色
卵 壳	较 薄	薄或不均匀	厚，不均匀
胚 膜	清 楚	清 楚	不清楚
内含物	卵黄细胞、胚团或毛蚴	浅灰色或黑色小点，或折光均匀的颗粒，或萎缩的毛蚴	两极可有密集的黑点，含网状结构或块状物

（王可耕）

第二节　免疫学诊断技术

有些寄生虫病难以根据症状或体征及病原学检查作出诊断，如感染早期、轻度感染、单性感染（仅有雄虫）、隐性感染或由于特殊的寄生部位而不易取得材料的寄生虫（如异位寄生），此时病原学检查十分困难，常需采取免疫学方法进行辅助诊断。寄生虫侵入人体，刺激机体引起免疫反应，利用免疫反应的原理在体外进行抗原或抗体的检测，包括皮内试验和血清学诊断。皮内试验的特异性较低，可供初次筛选患者使用。血清学诊断包括应用不同的反应方法检查特异性抗原或抗体。特异性抗原阳性表示有现存感染，而特异性抗体阳性表明患者过去或现在的感染。随着抗原纯化技术的进步、诊断方法准确性的提高和标准化的解决，使得免疫学诊断技术更加广泛地应用于寄生虫病的临床诊断、疗效考核和流行病学调查等。

一、皮内试验

皮内试验（intradermal test，IDT）是利用宿主的速发型超敏反应（少数为迟发型超敏反应），将特异性抗原液注入皮内，观测皮丘及红晕反应以判断有无特异性抗体的存在。皮内试验可用于多种寄生虫病的检测，如血吸虫病、肺吸虫病、肝吸虫病、猪囊虫病、包虫病和旋毛虫病等，是最常用于血吸虫病的流行病学调查。该法操作简单，并且可即时观察结果，适宜现场应用。大多用粗制可溶性血吸虫虫卵抗原（稀释度为 1 ： 4000）或成虫冷浸抗原（稀释度为 1 ： 8000），其敏感性高，阳性率为 93% ～ 97%，但易出现假阳性反应（2. 1% ～ 3. 5%），并且对其他寄生虫病交叉反应较高。

由于皮内试验操作简单，并且可在短时内观察结果，阳性检出率高（可达 90% 以上），但特异性较低，寄生虫病之间有明显的交叉反应；且患者治疗若干年皮内试验仍呈阳性反应。因此，皮内试验不能作为确诊依据，也不宜用于疗效考核，常用于流行区对可疑患者起过筛作用。

二、染色试验

弓形虫染色试验（dye test，DT）是一种只适用于检测弓形虫病的独特的血清学诊断方法，具有特异性强，敏感性高和交叉反应少等优点，已广泛用于该病的临床诊断和流行病学调查。实验原理和操作方法见第二篇第四章第四节。

三、环卵沉淀试验

环卵沉淀试验（circumoval precipitin test，COPT）是一种抗原抗体的沉淀反应，是血吸虫病特有的免疫学试验。成熟血吸虫卵内毛蚴或胚胎分泌排泄的抗原物质经卵壳微孔渗出，与待测血清内的血吸虫特异性抗体结合，在虫卵周围形成光镜下可见的沉淀物，即为阳性反应，还可判读反应强度并计数反应卵的百分率（环沉率）。COPT 是诊断血吸虫病的血清学方法之一，可作为考核治疗和防治效果的依据，并且可用于流行病学调查及疫情监测。

1. 常规法　操作方法和结果判断见第二篇第五章第三节。

2. 其他改良方法　近年来对 COPT 的方法作了一些改进，如采用下列方法。

（1）双面胶纸条法（DGS-COPT）：将双面胶纸条制成特定的式样作 COPT，可省略蜡封片法的繁琐步骤，具有操作简易、方法规范、提高工效和避免空气污染等优点。

（2）血吸虫干卵抗原片（或膜片）环卵沉淀试验：利用环卵抗原活性物质的耐热特性，将分离的纯卵超声和热处理，定量滴加、烤干固定于载玻片或预制的聚乙烯薄膜上。此种干卵膜片，保存时间较长（4℃半年），已有市售商品。试验时只需加入待测血清，湿盒孵育，判读结果与常规法相同。干卵膜片法还具有简化操作规程，提高卵抗原的规范要求，并可长期保存等优点。

四、旋毛虫环蚴沉淀试验

取旋毛虫脱囊活幼虫 50 ～ 100 条（冻干幼虫或空气干燥幼虫均可），放入凹载玻片内，加待检患者血清，封片，置潮湿容器内，37℃孵育 24h 后镜检。在虫体口周、肛周表皮或幼虫体表出现泡沫状、袋状或颗粒状沉淀物，即为阳性反应（只要有 1 条以上幼虫出现沉淀物）。此法操作简单，具有较高敏感性和特异性，与常见线虫（蛔虫、钩虫、鞭虫、丝虫）无交叉反应，但活虫来源较困难。最适宜轻度感染的早期诊断，一般在感染后第 3 周末或症状出现后 10 ～ 20 日即可呈阳性反应。

五、间接血凝试验

间接血凝试验（indirect haemagglutination test，IHA）是以绵羊红细胞或人“O”型红细胞作免疫配体的载体，将寄生虫的可溶性抗原吸附在红细胞表面即致敏红细胞，然后用这种致敏红细胞与相应的抗体起反应，而抗原和抗体的特异性反应可通过红细胞的凝集间接表现出来，直接用肉眼观察和判断结果。该法操作简便、快速，敏感性高，适于现场使用，可作为临床辅助诊断和流行病学调查的方法。先后在多种寄生虫感染中应用，如血吸虫、疟原虫、猪囊虫、旋毛虫、肺吸虫、阿米巴、弓形虫和肝吸虫等，有些已制成商品诊断试剂盒。但该试验尚存在一些不足，如容易发生异常的非特异性凝集及不能提供检测抗体的亚型类别等。

实验操作方法如下所示。

1. 红细胞醛化、鞣化和致敏　见第二篇第五章第六节。

2. 微量血凝试验　在 V 型（或 U 型）96 孔微量血凝板上，将待测血清用 1% 正常兔血清作倍比系列稀释，每孔含稀释血清 0. 05ml，每孔加 0. 01ml 致敏红细胞悬液，充分振荡摇匀，置湿盒中室温静置 1 ～ 2h 后读取结果。呈明显阳性反应（“+”）的最高稀释度为该血清的滴度或效价。

3. 反应强度判定　根据红细胞在孔底的沉积类型而定。

“++++”：红细胞呈片状凝集或边缘卷曲。

“+++”：红细胞布满管底呈毛玻璃状。

“++”：红细胞沉积范围较小，其中可出现淡淡的环形圈。

“+”：红细胞沉积范围很小，呈较明显的环形圈。

“±”：红细胞沉于管底，周围不光滑或中心有白色小点。

“-”：红细胞沉于管底，呈圆点形，外周光滑。

六、对流免疫电泳试验

对流免疫电泳试验（counter-immuno electrophoresis assay，CIEP）是将双向免疫扩散与电泳相结合的定向加速的免疫扩散技术，具有快速、敏感、省时、省料，反应结果特异，阳性反应的可信度高等优点，已被广泛应用于多种寄生虫病如阿米巴病、贾第虫病、弓形虫病、肺吸虫病、血吸虫病、包虫病、丝虫病和旋毛虫病等疾病的免疫诊断。既可用已知抗原检测抗体，又可用已知抗体检测循环抗原。

实验操作方法如下所示。

1. 加样 制备琼脂板、打孔，加样，在靠近负极端的孔中加入抗原，正极端加入抗体。

2. 电泳 按琼脂板长度电压 4～6V/cm，或电流 2～4mA/cm，电泳 30～90min 后观察结果。

3. 结果判定 大部分蛋白质（抗原）带负电，在电场中向正极移动，而抗体 IgG 因电渗作用向负极移动，抗原抗体在相遇部位出现沉淀线，即为阳性反应。

近年来，本法进行了改进，已试用酶或放射标记的反应配体，如酶标记抗原对流免疫电泳（ELACIE）、放射对流免疫电泳自显影术（RCIEA）等，以克服电泳技术本身不够灵敏的弱点，国内在血吸虫病和肺吸虫病的免疫诊断已获良好结果。国外报道应用于阿米巴病、棘球蚴病、旋毛虫病和血吸虫病等免疫诊断。

七、免疫荧光法

免疫荧光法（immunofluorescent method，IF）是以荧光素标记抗体或抗原，使其与相应的抗原或抗体结合，用荧光检测仪观察荧光现象和测量荧光强度，从而判断抗原或抗体的存在、定位或分布情况，可分为直接法和间接法。

1. 直接法 用于检测抗原，由于每查一种抗原必须制备与其相应的荧光标记抗体，目前已很少应用。

2. 间接法 即间接荧光抗体法（indirect fluorescent antibody method，IFA）。将未标记的未知抗体（如患者血清）与已知抗原结合，形成抗原 - 抗体复合物，然后使之与荧光标记的抗免疫球蛋白抗体（抗抗体）结合，三者的复合物可发出荧光。本法的优点是制备一种荧光标记的抗体，可用于多种抗原、抗体系统的检查，既可用于测定抗原，也可用来测定抗体。IFA 的抗原可用虫体或含虫体的组织切片、涂片或印片，经充分干燥后低温长期保存备用。该法具有高敏感性、特异性和重现性，应用抗原经济等优点。国内外广泛应用于多种寄生虫病的临床辅助诊断、流行病学调查和疫情监测，如疟疾、弓形虫病、血吸虫病、华支睾吸虫病、肺吸虫病、包虫病及丝虫病等。目前，国内外已有商品化的荧光抗体供应，这为 IFA 的扩大应用提供了条件。但该法必须用荧光显微镜判断结果，限制了它的应用范围。

实验操作方法如下所示。

（1）用 0. 01mol/L，pH 7. 4 PBS 稀释待测抗体样本，然后滴加到抗原标本片上，将玻片置于湿盒内，37℃孵育 30min。

（2）取出玻片，用 0. 01mol/L，pH 7. 4 PBS 冲洗 1～2 次后，再置同样 PBS 液中浸泡 5min，不时振荡，如此重复 2 遍。

（3）取出玻片，用滤纸吸去多余水分，但不使标本干燥。在抗原位点滴加经 pH 7. 4 PBS 适当稀释的羊抗人 IgG 荧光抗体（每批结合物的工作浓度需经滴定），使其完全覆盖抗原膜，将玻片置于湿盒内，37℃孵育 30min。

（4）重复操作（2）。

（5）取出玻片，用 0. 1‰ 伊文思蓝液复染 10 min，然后以 PBS 流水冲洗 0. 5～1min，风干。

（6）用 pH 8. 5 或 pH 8. 0 碳酸（或磷酸）缓冲甘油封片，荧光显微镜低倍或高倍镜下观察。

（7）以见有符合被检物形态结构的黄绿色、清晰荧光发光体，而阴性对照不可见荧光发光体为阳性反应。根据荧光亮度及被检物形态轮廓的清晰度，反应强度可分 5 级（+++、++、+、±、-）。“+”以上的荧光强度为阳性。

八、酶联免疫吸附试验（ELISA）

酶联免疫吸附试验（enzyme-linked immunosorbent assay，ELISA）简称酶联试验，是酶免疫测定技术中应用最广的技术。其基本方法是将已知的抗原或抗体吸附在固相载体（聚苯乙烯微量反应板）表面，使酶标记的抗原抗体反应在固相表面进行，用洗涤法将液相中的游离成分洗除。ELISA 已广泛用于多种寄生虫感染的宿主体液（血清或脑脊液等）及排泄分泌物（尿、乳或粪便等）内特异抗体或抗原微粒的检测。常用的 ELISA 法有检测特异抗体的间接法和检测大分子抗原的双抗体夹心法。

1. 间接法 将已知抗原吸附于固相载体，加入待测标本（含相应抗体）与之结合，洗涤后加入酶标记抗抗体和底物进行测定。

实验操作方法如下所示。

（1）包被抗原：以包被液（碳酸钠 - 碳酸氢钠缓冲液 0.05mol/L，pH 9.6）稀释抗原（常用 5 ～ 10μg/ml），每孔 0.1 ～ 0.2ml 包被反应板，置湿盒中 4℃过夜。

（2）封闭：弃去包被液，反应板用双蒸水或 PBS-Tween 液（0.005mol/L PBS 含 0.05%Tween-20）连续冲洗 5 次，甩干。

（3）加样（加 - 抗）：用样本稀释液（0.05mol/L PBS 含 0.05%Tween-20）稀释样本后，每孔加样 0.1（或 0.2）ml，37℃温育 0.5 ～ 1h 后弃去样液，如（2）冲洗后甩干。加稀释结合物，每孔 0.1（或 0.2）ml，37℃温育 1 ～ 2h。

（4）酶结合物反应（加二抗）：如（2）冲洗甩干后，加入新鲜配制的底物系统，每孔 0.1（或 0.2）ml，置暗盒室温孵育 5 ～ 60min，期间不时观察。

（5）终止反应：观察显色满意时（阴性对照稍有显色时，为最佳终止显色时间），HRP-OPD 系统每孔加 2mol/L H_2SO_4 50μl 以终止反应。

（6）结果判断：用酶标仪测定 OD 值，邻苯二胺（OPD）用 A_{492} 测定，四甲联苯胺（TMB）用 A_{450} 测定。

2. 双抗体夹心法 将已知的抗体吸附于固相载体，加入待测标本（含相应抗原）与之结合，洗涤后加入酶标记抗体和底物进行测定。

实验操作方法如下所示。

（1）包被抗体：以包被液稀释抗体（如兔抗血吸虫虫卵可溶性抗原的抗体，抗 SEA-IgG）包被反应板（1 ～ 1000μg/ml），包被方法同间接法。

（2）冲洗，甩干，加样温育同间接法。

（3）加酶标结合物（如抗 SEA-IgG-HRP），适宜工作浓度需先经预实验方阵滴定确定。

（4）其余各步同间接法。

ELISA 试验为高灵敏检测技术，结果可定量表示，可检测抗体、抗原或特异性免疫复合物，微量滴定板法消耗样本试剂少，能供全自动操作，适用批量样本检测，在寄生虫感染的研究和诊断领域、血清流行病学调查及疫情监测等方面均被广泛应用。国内外已有多种寄生虫感染的 ELISA 试剂盒出售，如阿米巴病、弓形虫病、血吸虫病、肝吸虫病、包虫病、蛔虫病、丝虫病和旋毛虫病等。

九、斑点 ELISA

斑点 ELISA（dot-ELISA）是近年新发展的一种 ELISA 技术。利用硝酸纤维素薄膜（NC 膜）对蛋白质（抗原或抗体）有很强吸附能力，用其作固相载体，代替聚苯乙烯微量滴定板进行反应，经酶促反应后形成不溶性有色沉淀物（底物），在 NC 膜上形成肉眼可见的着色斑点，然后目测或用酶标仪定量测定。斑点的颜色深浅与待测样本中的抗原（或抗体）的量成正比。dot-ELISA 可用来检测抗原，也可用来检测抗体，由于该法检测抗原时操作较其他免疫学试验简便，故目前多用于抗原检测。

实验操作方法如下所示。

（1）将待检血清作 1 ∶ 1 ～ 1 ∶ 20 稀释后，用微量移液器将 1 ～ 2μl 稀释血清点滴于 NC 膜上，置于 70℃ 1h。

（2）将 NC 膜浸于 1%BSA-PBS 中，室温摇荡 1h，PBS 洗涤 2 次。

（3）加 1 ∶ 1000 稀释的 McAb 酶标记物，室温摇荡 2h，PBS 洗涤 3 次。

（4）加底物 3 ∶ 3′ 二氨基联苯胺或 4 氯 -1- 乙萘酚，15min。

（5）流水终止反应，目视法或用酶标仪定量测定法，判断结果。

显示棕色斑点者为阳性反应，否则为阴性反应。以产生棕色斑点反应的最高稀释度为抗原滴度。

由于此法敏感、特异、简易和快速，适合于现场应用，有广阔的应用前景，具有免疫诊断患者和考核治疗效果，国内外已广泛用于诊断黑热病、疟疾、弓形虫病、血吸虫病、包虫病、囊虫病、丝虫病和旋毛虫病等，均得到较好的效果。由于此法不需要特殊设备条件，更适合基层单位使用。

十、免疫酶染色试验（IEST）

免疫酶染色试验（immuno-enzymic staining test，IEST）是以含寄生虫病原体的组织切片、印片或涂片为固相抗原，其与待测标本中的特异性抗体结合后，可再与酶标记的二抗反应形成酶标记免疫复合物，后者可与酶的相应底物作用而出现光镜下可见的呈色反应。此法在原虫和蠕虫感染中应用较多。

1. 实验操作过程

（1）抗原组织作冰冻（5 ～ 10μm）或石蜡连续切片（4 ～ 8μm）排列于载玻片，经丙酮固定储存于 -20℃备用。原虫纯培养亦可制成分隔涂片，方法同荧光染色法抗原制片。

（2）试验时先将抗原片在稀释的 H_2O_2 溶液中浸泡 15min，除去可能存在于组织中的内源性过氧化物酶。

（3）抗原片用 PBS 冲洗后，经 Tris 缓冲液（PBS，pH 7. 6）10 倍稀释的正常兔或羊血清孵育 10min，PBS 洗涤。

（4）加待测样本（单个或系列稀释度），置湿盒室温（20 ～ 25℃）或 37℃培育 30min；然后用 PBS 洗涤 3 次，每次 5min。

（5）加入兔或羊抗人辣根过氧化物酶结合物，结合物中可加入所用抗原组织片供体动物血清 1/25 ～ 1/3 体积，用以阻断可能的交叉反应，降低背景色度。然后用 PBS 洗涤，方法同（4）。

（6）加联苯胺（DAB）底物溶液（饱和联苯胺液加等量 pH 7. 6 硼酸缓冲液，用前按 9 ∶ 1 体积加入 0. 1%H_2O_2 溶液），室温显色 10 ～ 15min，置普通光镜下观察反应结果。

2. 反应标准

“+++”：组织内抗原部位呈现非常清晰的棕红色。

“++”：局部呈现清晰的棕红色。

“+”：呈现棕红色。

“-”：不呈现棕红色。

IEST 法具有操作简单、抗原性稳定、用普通显微镜能观察结果、标本不易褪色、可长期保存等优点，适合于临床免疫诊断、疗效考核、流行病学调查及疫情监测等方面，目前主要应用于弓形虫病、血吸虫病、肝吸虫病、肺吸虫病、包虫病、囊虫病及丝虫病等辅助诊断。血吸虫病鼠肝组织内虫卵冷冻切片抗原 IEST，目前已在疫区扩大应用，现已研制成试剂盒，批量生产，供应现场使用。

十一、单克隆抗体在寄生虫病诊断中的应用

单克隆抗体（monoclonal antibody，McAb）是用经特异性抗原刺激的单克隆 B 淋巴细胞与骨髓瘤细胞杂交、融合后分泌的一种抗单一抗原决定簇的特异性抗体。经过十多年的研究，现已广泛用于寄生虫病临床诊断与实验研究：如寄生虫虫种与虫株的分型和鉴定，虫体结构与功能分析，建立以检测循环抗原为主的免疫诊断方法，分析和纯化抗原制备靶抗原，以及寄生虫感染免疫、保护性免疫和寄生虫疫苗制备等方面。目前，国内外有 McAb 用于疟疾、弓形虫病、血吸虫病、肺吸虫病、棘球蚴病和丝虫病等寄生虫病的诊断报道。

有关 McAb 在疟疾中的应用，如对虫种、虫株的鉴定与分型，通过采用 McAb 对环子孢子蛋白（circumsporozoite protein，CSP）抗原及裂殖体糖蛋白研究，为疟原虫分型鉴定提供了新的依据；McAb 的应用又为提高临床免疫诊断价值提供了极好的工具。近年来，国内已有报告采用McAb双夹心斑点金银染色法和双夹心斑点酶联免疫吸附试验以检测疟原虫循环抗原，阳性率分别达 90% ～ 93. 3% 和 85% ～ 86. 7%，具有较高的特异性和重复性。另外发现某些抗子孢子、裂殖体（子）和配子体的 McAb 具有保护作用。保护性 McAb 的发现不仅为制备虫苗的靶抗原提供了条件，而且为进行被动免疫开辟了途径。

在血吸虫病方面，McAb 已应用于血吸虫抗原分析、免疫学诊断和保护性免疫研究。国内外均已报道采用检测血吸虫循环抗原，如 *Sj*23、*Sm*38、*Sj*70 等抗原，其阳性率为 90% ～ 97%，交叉反应低且有良好的疗效考核价值。有关保护性免疫研究方面，主要集中在分子质量分别为 28kD 和 38kD 的抗原。

在丝虫病方面，应用杂交瘤技术已制备出识别马来微丝蚴表面分子质量分别为 70kD、75kD、110kD 等抗原的 McAb，某些 McAb 能介导巨噬细胞黏附于微丝蚴表面，引起虫体死亡。将这些 McAb 被动转移给受体动物，在体内能降低微丝蚴血症。

第三节 分子生物学诊断技术

分子生物学诊断技术即基因和核酸诊断技术，是近 10 年来迅速发展的一类检测技术，其检测的靶物质是寄生虫的特异性基因片段，具有高度的敏感性和特异性，同时具有早期诊断和确定现症感染等优点。主要方法可分为三类，核酸探针、聚合酶链反应（PCR）和生物芯片技术。

一、核酸探针

核酸探针技术又称 DNA 探针技术或核酸分子杂交技术（molecular hybridization），最近几年迅速发展起来的一种敏感性高、特异性强、应用面广的研究手段。核酸探针是指一段用放射性核素、生物素或荧光素标记的与目的基因互补的 DNA 片段、或单链 DNA 和 RNA，它能与其互补的核酸序列杂交，形成双链，所以可用于待测核酸样品中特定基因序列的检测。

每一种寄生虫都有其独特的核酸片段，通过分离和标记这些片段就可制备出探针（其关键环节在于获得特异的核酸探针），可用于寄生虫病的诊断、现场调查、寄生虫种的鉴定及分类等方面的研究等，目前已应用于原虫、吸虫、线虫、绦虫、昆虫的鉴定和致病的诊断。

另外，核酸探针也已成功地用于许多传播媒介体内寄生虫的鉴定，但是一般尚在实验阶段，可望能用作高效和准确的寄生虫病血清学方法，用以制备经济和理想的诊断抗原。

二、PCR 技 术

聚合酶链反应（polymerase chain reaction，PCR），是新近发展得更灵敏、快速，并且不需要同位素标记的体外扩增特异性 DNA 技术，其基本原理是：以待测的 DNA 为模板，以一对分别与模板目的序列 5′ 端和 3′ 端相互补的寡核苷酸为引物，在耐热 DNA 聚合酶的催化下，按照半保留复制的原理合成新的 DNA，经过 25 ～ 30 个循环重复这一过程后，可使目的序列得到百万倍的扩增，能快速、特异地在体外扩增目的 DNA。

PCR 技术具有很高的特异性，无需对病原体进行分离纯化，同时可以克服抗原抗体持续存在的干扰，直接检测到病原体的 DNA，可用于虫种、虫株的鉴别，寄生虫病的临床诊断，以及寄生虫病的分子流行病学调查等。

现已使用PCR技术于寄生虫病诊断的有锥虫病、利什曼病、贾第虫病、恶性疟疾、弓形虫病、隐孢子虫病、猪带绦虫病和旋毛虫病等。在一些疾病中，有时虫体数量极少，用一般方法无法检测，经用 PCR 扩增 DNA 模板，提供了一条解决诊断的途径。如在检测锥虫时，PCR 扩增纯化 DNA 可使探针检测到血样中 1 个虫体。国内建立了弓形虫病 PCR 诊断方法，具有高度特异、敏感且快速的优点。今后在寄生虫学领域中将会更广泛深入地开展 PCR 技术的应用。

三、生 物 芯 片

生物芯片（biochip）是根据生物分子间特异相互作用的原理，将生化分析过程集成于芯片表面，从而实现对 DNA、RNA、多肽、蛋白质及其他生物成分的高通量快速检测。生物芯片技术又称微陈列（microarray）技术，含有大量生物信息的固相基质称为微阵列即生物芯片。根据芯片成分，可分为基因芯片、蛋白质芯片、细胞芯片和组织芯片等。

1. 基因芯片（gene chip）　又称 DNA 芯片或 DNA 微阵列（DNA microarray），是将 cDNA 或寡核苷酸按微阵列方式固定在微型载体上制成，大量探针分子固定于支持物上后与带荧光标记的 DNA 样品分子进行杂交，通过检测每个探针分子的杂交信号强度进而获取样品分子的数量和序列信息，已经被应用于多种疾病的检测和研究。在寄生虫病研究方面，国内已有利用基因芯片技术进行疟原虫的检测和分型，今后将会有更多的寄生虫病基因芯片被开发和利用。

2. 蛋白质芯片（protein chip）　是将蛋白质、多肽或抗原等一些非核酸生命物质按微阵列方式固定在微型载体上。芯片上的探针构成为蛋白质或芯片作用对象为蛋白质者都统称为蛋白质芯片。该技术适用于蛋白组分析、抗原抗体研究及配体受体研究等，寄生虫病蛋白质芯片尚在研制之中。

（申海艳）

第五篇　寄生虫学病例讨论

第十二章　医 学 原 虫

病例讨论 1

患者：女，6 岁。

主诉及病史：因腹泻 9 日，发热、腹痛及脓血便 7 日，于 11 月 19 日入院。发病前 8 日有跌入粪坑病史。

体检：体温 38℃，血压 110/70mmHg（14. 7/9. 33kPa）。精神萎靡，全腹有轻压痛，脐中可触及肠样肿块，可以移动。

实验室检查：粪便检查发现 RBC 少量及巨噬细胞 0 ～ 3 个 / 高倍视野。

病程记录：入院后用青链霉素治疗，次日大便呈果酱色，腹痛加重。23 日出现全腹痛伴肌紧张。立即行剖腹探查：查见右下腹有一炎性肿块，盲肠坏疽且有 1 个 3cm × 2cm 的穿孔灶，阑尾已坏疽脱落，术后未用抗阿米巴药治疗。手术后 46 小时死亡。

尸检：腹腔右侧有散在小脓肿 20 余处，结肠、空肠、回肠均可见溃疡，以结肠为甚，且深；在肠黏膜下找到阿米巴原虫。

思考题

（1）此患者最有可能是怎样感染到阿米巴痢疾的？

（2）为什么粪便中找不到阿米巴滋养体？试分析有几种可能性？

（3）典型的阿米巴痢疾患者有何症状？粪便有何特点？病原学诊断及其注意事项有哪些？

（4）阿米巴痢疾患者病变的原发部位多发生在何处？

（5）阿米巴痢疾患者肠壁溃疡的病理变化呈何特征？

提示

（1）患者于 8 日前曾跌入粪坑，口腔和消化道可能被痢疾阿米巴成熟包囊污染，从而获得感染。

（2）患者粪检未找到阿米巴滋养体有如下几种可能：①阿米巴病变已向纵深发展，有的已形成炎性肿块，尸解虽见溃疡，但因病程较短，大多为散在小脓肿，可见溃疡面不大，因而跌入肠腔的滋养体体数量不多，易漏检；②标本送检时没有快送快检，或不当处理如尿液、水污染，或未予保温等原因，影响虫体生存或不活动，从而影响检出结果；③技术上的漏检。

（3）该患者因腹泻 9 日，发热、腹痛及脓血便 7 日而入院。入院后次日大便呈果酱色，腹痛加重。

（4）阿米巴痢疾的典型症状应有腹痛、腹泻或拉痢，粪便次数增加，常伴以带黏液的脓血便，具恶臭，呈果酱色，有里急后重症状，全身可伴有中度发热。

（5）肠阿米巴病病原学诊断首选粪检，检获滋养体为确诊依据。取脓血便或阿米巴炎患者的稀便，要求容器干净干燥，粪样新鲜，送检越快越好，寒冷季节还要注意运送和检查时的保温。也可通过乙状结肠镜或纤维结肠镜直接观察黏膜溃疡，并作组织活检或刮拭物涂片，检出率最高。滋养体的取材必须在溃疡的边缘，钳取后以局部稍见出血为宜，脓腔穿刺液检查除注意脓液性状特征外，应取材于脓腔壁部，较易发现滋养体。

（6）阿米巴痢疾的原发部位多发于盲肠和阑尾，也可累及乙状结肠、升结肠或回肠等部位。该患者剖腹探查时查见右下腹有一炎性肿块（疑似阿米巴肿），盲肠坏疽且有 1 个 3cm×2cm 的穿孔灶，阑尾已坏疽脱落。尸检报告显示：腹腔右侧有散在小脓肿 20 余处，结肠、空肠、回肠均可见溃疡，以结肠为甚，且深；在肠黏膜下找到阿米巴原虫。

（7）痢疾阿米巴滋养体以触杀机制溶解组织，坏死组织脱落形成溃疡，常在结肠黏膜见到散在多发的溃疡口。侵入组织的滋养体向纵深发展可突破黏膜肌层，在黏膜下层向周围扩展形成口小底大的“烧瓶样”溃疡即典型的阿米巴溃疡。重症患者，黏膜下层的病灶可相互融合而致大片黏膜脱落，形成大面积溃疡，甚至穿孔。

（8）重症患者，阿米巴滋养体在黏膜下层大量增殖，可深入肌层和浆膜层致肠穿孔。儿童肠壁较薄，更易穿孔。

病例讨论 2

患者：女，22 岁，回族，某卫校教师，已婚。

主诉：发热、黄疸、肝区疼痛伴肿块，经查诊肝有较大的占位性病变，遂诊断为肝癌，由地方医院急症转上海医院诊治。

现病史：患者几年前曾有痢疾史。近年来伴发热咳嗽，X 线胸透见右肋夹角模糊，当地医院诊断为肺结核治疗半年余，症状未见改善。近 2 个月来，经常发热、乏力、消瘦、黄疸进行性加重，右上腹出现压痛。患者长期居住西藏拉萨地区，平时喜食生的牛羊肉类。两年前曾去中印边界亲戚家作客，当地有喝生水的习惯。

体检：神萎消瘦，皮肤黄染。体温 38. 7℃，脉搏 90 次 / 分。右上腹有明显压痛，肝肋下 2 指可触及。腹部 B 超见肝区中部有一个 3cm×4cm×2. 5cm 的囊肿性灶，可见液平，诊断为肝脓肿。

实验室检查：粪检查见阿米巴包囊。

治疗：经 2 个疗程的抗阿米巴治疗，病情日见好转，症状逐渐消退，肝脓肿腔消失，黄疸消退，食欲增加，痊愈后出院。

思考题

（1）根据上述病例，哪些理由支持阿米巴性肝脓肿的诊断？诊断依据是什么？

（2）患者为何会被误诊为肺结核？

（3）对此患者的首选治疗药物是什么？

提示

（1）本病例支持阿米巴肝脓肿诊断的依据有：①两年前曾去中印边界亲戚家作客，当地有喝生水的习惯，可能感染溶组织内阿米巴成熟包囊，且与病情发展时间吻合；②患者几年前曾有痢疾史，结肠原发病灶存在；③肝区进行性炎症；④肝区占位性囊肿病灶，并见液平；⑤对抗阿米巴治疗反应良好，痊愈后出院。

（2）阿米巴肝脓肿多发生在肝右叶（因为门静脉的血液首先到达肝的右叶），一般情况下呈亚急性发展而伴有弛张热等全身症状，与活动性肺结核十分相似。位于浅表的较大型脓肿，其炎性浸润常可累及横膈乃至上行引起肺底部的炎症反应，在未发现肝区病灶以前是很容易与结核病或结核性胸膜炎相混。

（3）近年来伴发热咳嗽，X 线胸透见右肋夹角模糊，提示胸腔积液或胸膜增厚，常见原因之一可为肺结核感染。当地医院诊断为肺结核治疗半年余，症状未见改善，由此排除肺结核，可疑肺阿米巴病。肺阿米巴病常发生于右肺下叶，X 线检查可见渗出（胸腔积液）、实变或脓肿形成，多由肝脓肿穿破膈肌侵入胸腔而继发，主要有发热、咳嗽、胸痛和巧克力酱样痰。

（4）近2个月来，经常发热、乏力、消瘦、黄疸进行性加重，右上腹出现压痛，肝脓肿加重。

（5）体检为神萎消瘦，皮肤黄染。体温 38.7℃，脉搏 90 次 / 分。右上腹有明显压痛，肝肋下 2 指可触及。腹部 B 超见肝区中部有 1 个 3cm×4cm×2.5cm 的囊肿性灶，可见液平，诊断为肝脓肿。以上症状和体征与溶组织内阿米巴肝脓肿吻合。

（6）粪检查见阿米巴包囊，病原学确诊。

（7）经有效的抗阿米巴治疗，病情好转，痊愈后出院，最终证实溶组织内阿米巴感染。

（8）对该患者首选药物应是甲硝唑。该药药效迅速，不良反应低，但到达结肠腔内的浓度偏低。由于患者曾有痢疾史，应于肝脓肿基本康复后再用 1 个疗程的喹碘方类药，以杀灭肠腔内滋养体，铲除原发病灶，达到根治目的。

病例讨论 3

患者：女，28 岁，在宁夏某县林区工作。

主诉：发热、乏力、全身不适及酸痛等。

病史：8 月上旬自感头痛、发热，使用退烧药和抗生素无效。20 余日后出现乏力、全身不适及酸痛、畏寒发热，体温 38.5～40.5℃，食欲缺乏。左上腹可触及 1 个包块，拟诊“伤寒”而入院。入院后用链霉素、氯霉素治疗无效，输血 600ml。

体检：体温 39℃，脉搏 105 次 / 分，血压 120/80mmHg（16.0/10.67kPa）。急性热病容，贫血貌，巩膜无黄染，牙龈有少量出血。全身无出血点，无黄疸。两侧腋窝及腹股沟淋巴结肿大为黄豆至蚕豆大小，无压痛。肝肋下 2cm，脾肋下 12cm，心（－），肺（－）。

实验室检查：血常规检查，血沉 100mm/h，Hb 45g/L，RBC 1.8×10^{12}/L，WBC 1.6×10^{9}/L，血小板 4.6×10^{10}/L，A/G=25g/L ∶ 45g/L。髂骨穿刺和淋巴结穿刺都检出某寄生虫，诊断为某寄生虫病。

病程记录：经用葡萄糖酸锑钠 600mg/d 治疗，症状好转，体温降至正常。半月后复发，改用喷他脒（150mg/d，肌内注射）治疗 15 日后痊愈出院。

思考题

（1）该患者临床诊断是什么病？诊断依据是什么？

（2）该寄生虫寄生于人体的阶段、寄生部位、致病阶段和传播媒介分别是什么？

（3）本病易与哪些寄生虫病相混淆？如何鉴别？

（4）患者接受治疗过程中病情出现反复，可能是什么原因？

（5）患者痊愈出院后还会不会再次感染或患该病？为什么？

提示

（1）本病临床诊断为利什曼原虫病。诊断依据：①宁夏为利什曼原虫病散发区，患者在林区工作，此类地区存在传染源（保虫宿主）和媒介白蛉；②有发热、肝脾肿大、淋巴结肿大、重度贫血且全血象减少、牙龈出血、血清中球蛋白增加（超过 35g/L）且白蛋白与球蛋白比例倒置等症状和体征；③髂骨穿刺和淋巴结穿刺检查到同一种寄生虫；④用葡萄糖酸锑钠和喷他脒治疗效果好。

（2）利什曼原虫生活史有无鞭毛体和前鞭毛体 2 个阶段，寄生于人体巨噬细胞的阶段是无鞭毛体阶段；其侵入巨噬细胞后大量增殖，导致巨噬细胞破裂，逸出的虫体又被其他巨噬细胞吞噬并继续繁殖。利什曼原虫无鞭毛体在人体的常见寄生部位是肝、脾、骨髓、淋巴结和皮肤黏膜等处；其致病阶段是无鞭毛体；传播媒介是白蛉，当感染有前鞭毛体的雌白蛉叮人吸血时，前鞭毛体即随白蛉唾液进入人体皮下组织，使人感染。

（3）患者具发热、肝脾及淋巴结肿大、贫血等病症，易与疟疾、弓形虫病和日本血吸虫病等寄生虫病相混淆（患者对链霉素、氯霉素治疗无效，可排除常见细菌性感染）。主要鉴别方法是：①病原接触史；②病原学检查是确诊和鉴别诊断的依据；③诊断性治疗，利什曼原虫病、疟疾、弓形虫病及血吸虫病各有不同的特效药；④流行区不同，可与日本血吸虫病区别。

（4）利什曼原虫病用葡萄糖酸锑钠效果好，但有少数患者容易出现抗药性（抗锑），使病情出现反复，这时改用喷他脒等都可获得较好疗效。

（5）利什曼原虫病痊愈后，宿主机体可产生稳固的获得性免疫，能够抵抗同种利什曼原虫的再感染。该抗感染免疫保护性作用能维持很长时间（50年甚至更长），可获终生免疫，一般不会再次感染。

病例讨论 4

患者：女性，40岁，个体经营户。因工作需要经常出差，为节省开支，吃住多在卫生条件较差的小排档和家庭旅馆。

主诉：每日腹泻10余次，黄色水样便。

病史：反复腹痛、腹泻、消化不良4个月余，伴恶心、呕吐、腹胀、嗳气、失眠、头痛、乏力、厌食等症状，口服抗菌药物，症状未见好转，于3月27日来市级医院就诊。患者每日腹泻10余次，全部为黄色水样便，具恶臭味，有轻度脱水症状。

体检：血压115/80mmHg（15.33/10.67kPa），心肺听诊未见异常，体温36.5℃（腋）。

实验室检查：血常规检查，WBC 6.5×10^9/L，N 0.72，L 0.22，M 0.06；RBC 4.5×10^{12}/L，Hb 14.2g/L，PLT 245×10^9/L。尿10项均正常。

取生理盐水、患者粪便各少许混匀于载玻片上，置高倍镜下观察，发现有一种活原虫滋养体，数量多，且不停地作活泼的上下翻滚运动，每视野可见20～30只虫体。

粪便涂片经Wright染色后可见：虫体呈倒置的梨形，大小为（10～20）μm×（5～15）μm，两侧对称，前端钝圆，后端尖细，侧面观背面隆起，腹面扁平。虫体前半部向内凹陷形成2个吸盘。虫体前面中线两侧各有1个椭圆形的细胞核，核内各有1个点状、深染的核仁状结构，与核膜之间呈空泡状。虫体有4对鞭毛，1对轴柱，鉴定为某原虫滋养体。

治疗：口服甲硝唑（1.2g/d）进行杀虫治疗，治后第3日，拉稀便次数由每日10余次减为5～6次，且粪便开始变稠；第5日，各种症状消失，大便恢复正常；用药7日后停止用药。隔日作粪便复查3次，原虫滋养体和包囊均为阴性，表示患者已痊愈。

思考题

（1）该患者应确诊为什么寄生虫病?

（2）该寄生虫病所致的腹泻有何特点？应与哪些疾病进行鉴别?

（3）如何进行临床诊断？病原学检查方法有哪些?

提示

（1）贾第虫可寄生于人体十二指肠和小肠上段的微绒毛表面，引起以腹泻和消化不良为主要症状的贾第虫病。易在旅游者中引起感染并造成腹泻，因此也称旅游者腹泻。

（2）贾第虫病腹泻患者粪便为水样便，具恶臭味，粪内一般无脓、血、黏液及细胞渗出物，同时伴有腹痛、腹胀、恶心、呕吐、嗳气、厌食等症状。

（3）贾第虫病腹泻应与病毒性肠炎、细菌性痢疾，或由细菌及其他原因导致的食物中毒、肠阿米巴病、毒性大肠杆菌引起的腹泻等疾病相鉴别。

（4）该病例临床诊断依据：①该患者因工作需要经常出差，为节省开支，吃住多在卫生条件较差的小排档和家庭旅馆，可经口感染贾第虫成熟包囊；②粪检查见贾第虫滋养体；③临床症状吻合；④口服甲硝唑（1.2g/d）进行杀虫治疗有效。

（5）粪便检查：生理盐水直接涂片法，发现有一种活贾第虫滋养体，数量多，且不停地作活泼的上下翻滚运动，每高倍视野可见 20 ～ 30 只虫体。粪便涂片经 Wright 染色后可见：虫体呈倒置的梨形，大小为（10 ～ 20）μm×（5 ～ 15）μm，两侧对称，前端钝圆，后端尖细，侧面观背面隆起，腹面扁平。虫体前半部向内凹陷形成 2 个吸盘。虫体前面中线两侧各有 1 个椭圆形的细胞核，核内各有 1 个点状、深染的核仁状结构，与核膜之间呈空泡状。虫体有 4 对鞭毛，1 对轴柱。该虫体是贾第虫滋养体。

（6） 贾第虫病的病原学检查方法有粪便检查、小肠液检查和小肠活体组织检查，查见滋养体则可确诊。

病例讨论 5

患者：女，38 岁，某山区农民，已婚。

主诉：阴部剧烈瘙痒、腰酸、白带增多伴有腥臭。

病史：患者自农村来城市做保姆已有 2 年，阴部剧烈瘙痒，夜间加剧。自觉劳累后腰酸。白带自动流出，灰黄色有时微白，带有泡沫样黏液，经常有腥臭味。月经尚属正常，但经量较大。

体检：妇科检查见患者外阴部红肿。阴道内镜检查见分泌物多，灰黄色带有泡沫样黏液，具臭味；子宫颈周围糜烂Ⅱ度。取阴道后穹隆分泌物混悬片镜检，查见大量某原虫。阴道分泌物染色片查见革兰阳性球菌（+）和阴性杆菌（+）、红细胞（+）、白细胞（脓细胞）（+++）、上皮细胞（+）。

治疗：遵医嘱经口服甲硝唑（灭滴灵）合并栓剂 1 个疗程后，症状获得好转，逐渐消失，但年终回老家过年返城后不久，症状又复出现，再次用药后得以痊愈。

思考题

（1）根据患者上述主诉、病史和体检等，该病例应诊断何种疾病?

（2）分析造成该病的可能传染因素。

（3）上述哪些症状和体征属该种寄生虫感染的特点?

（4）患者应如何处理? 试说出几点防治原则。

（5）患者年终回老家过年返城后，为什么又复发?

提示

（1）根据患者上述主诉、病史和体检，该病例应诊断为阴道毛滴虫引起的滴虫性阴道炎。

（2）该患者系某山区农民，女，已婚。若当地环境卫生、个人卫生和经期卫生条件均较差，可通过直接传播和间接传播两种方式获得阴道毛滴虫感染。直接接触主要通过性生活感染。阴道毛滴虫滋养体在外界环境中能存活较长时间，可通过共用浴巾、内裤、浴具等间接传播方式获得感染。工作劳累后促使阴道炎症加重，其丈夫更可能是传染源，促成反复迁延。

（3）该患者的主诉和病史主要为阴部剧烈瘙痒，腰酸，白带增多，呈灰黄色有时微白，带有泡沫样黏液，有臭味，这些特点与滴虫性阴道炎的临床表现吻合。滴虫性阴道炎和细菌性阴道炎均可引起白带增多，有气味，阴部瘙痒，而两者常同时存在。但两者单纯感染引起的白带性状不同：滴虫性阴道炎者白带呈泡沫状；细菌性阴道炎的白带则较黏稠，带黄色。

（4）该病防治原则为：①应用甲硝唑（灭滴灵）药物治疗，口服、坐浴药和阴道局部用药同时进行；②夫妻或性伴侣双方应同时药物治疗，才能根治；③加强个人卫生、经期卫生及浴、厕具用品的隔离；④改盆浴为淋浴，改坐厕为蹲厕。

（5）患者年终回老家过年期间，可从其配偶（未经治疗）重新获得感染，即通常所谓的“乒乓感染”，因此返城后症状又复出现。

病例讨论 6

患者：男，23 岁，农民，外出打工者。

主诉：发冷、发热、头痛、出汗、乏力，隔日发作 1 次。

病史：该患者于 10 月 4 日外出到海南省白沙农场从事伐木工作，当月 23 日返回当地。11 月 3 日下午开始出现发冷、发热、头痛、出汗、乏力，隔日发作 1 次。在当地诊所按感冒治疗，效果不佳。转入镇卫生院住院治疗 5 日未愈，之后转入县中医院住院治疗。根据主诉、病史、症状和体征（见体检），临床疑为疟疾，但薄血膜检查疟原虫阴性，遂报告县疾病预防控制中心。

体检：T 41℃，P 75 次 / 分，R 20 次 / 分；神志清，精神萎靡，面色苍白，皮肤似鸡皮状，浅表淋巴结不大；扁桃体不大，两肺呼吸音粗未闻及啰音，心率快，未闻及杂音，腹软，未触及肝脾和包块，无压痛，无反跳痛，生理反射存在；无贫血、黄疸、水肿等现象。

实验室检查：县疾病预防控制中心立即前往进行个案调查，采制患者外周血液进行薄血膜和厚血膜涂片数张，再经 Giemsa 染色后油镜检查，镜下可见疟原虫环状体和裂殖体阶段，并确诊为间日疟原虫。

治疗：使用氯喹 1. 24g+ 伯氨喹 180mg 8 日疗法根治（氯喹第 1 日服 0. 62g，第 2、第 3 日各服 0. 31g；伯氨喹每日服 22. 5mg，连服 8 日），热已退，症状消失，痊愈出院。半年后，县疾病预防控制中心随访患者，未再发作，同时采血镜检疟原虫阴性。

思考题

（1）疟原虫感染方式主要有哪些？该患者最可能是哪种方式感染的？

（2）间日疟典型发作的特点和临床表现是什么？疟疾发作与疟原虫的生活史有何关系？

（3）疟疾反复发作的患者，还可引起哪些并发症？

提示

（1）疟疾常见感染方式为雌性按蚊叮人吸血，将唾液腺内的子孢子传播给人；经输血或器官移植而感染；由母体经胎盘传给胎儿引起先天性或婴幼儿疟疾。该患者为正常成年人（未提输血史），且于流行季节（10 月中上旬）在疫区农场从事伐木工作，农场蚊虫多，易被蚊虫叮咬。

（2）间日疟一次典型发作临床表现是寒战、高热和出汗退热 3 个连续阶段。发作是由于红内期疟原虫裂体增殖所致，具有周期性，发作周期与红内期裂体增殖周期一致。间日疟原虫红内期裂体增殖周期为 48h，间日疟发作为“间日作”，即隔日发作 1 次。该患者 11 月 3 日下午开始出现发冷、发热、头痛、出汗、乏力，隔日发作 1 次，即为典型的间日疟发作。

（3）疟疾反复发作的患者，还可引起贫血、脾肿大及肾病等并发症。

病例讨论 7

患者：男，36 岁，农民。后追问病史得知，患者在非洲加纳从事保安工作 2 年多，回国 20 多日。

主诉：发热，恶心、呕吐 3 日，剧烈头痛、神志不清和意识障碍 1 日。

病史：发冷发热伴恶心呕吐 1 日，于 12 月 9 日在乡镇卫生院入院。入院时体检：体温 38. 8℃，双眼巩膜黄染。血常规检查，红细胞 2.51×10^{12}/L，白细胞 7.0×10^{9}/L，血小板 44×10^{9}/L，怀疑为急性黄胆型肝炎，给予抗病毒、保肝护肝治疗。患者症状未见缓解反而进行性加重，剧烈头痛，12 月 11 日 18 时患者出现神志不清和意识障碍，于 12 月 12 日凌晨转入市级医院。患者神志不清，烦躁不安。

体检：体温 39. 7℃，呼吸 20 次 / 分，脉搏 102 次 / 分，血压 109/72mmHg（14. 53/9. 6kPa）。急性重症病容，全身皮肤黏膜及巩膜重度黄染，皮下有散在出血点。心、肺无异常。肝于肋下 2cm 触及，质中。脾于左肋下 3cm 触及，质中。双下肢巴氏征（+），克氏征（+）。

实验室检查：血常规检查，红细胞 2.40×10^{12}/L、白细胞 6.5×10^{9}/L、血小板 33×10^{9}/L，

血红蛋白 85g/L。肝功能检查：总胆红素 592. 6μmol/L，直接胆红素 371. 8μmol/L，谷丙转氨酶 73 增高。血涂片 Giemsa 染色检查发现恶性疟原虫环状体，诊断为恶性疟，显微镜检原虫密度为 1800 个 / 立方毫米。

治疗：在未获得注射用青蒿琥酯前，采用青蒿琥酯片剂磨碎后利用胃管灌服，但被患者反胃呕吐出，12 月 12 日 22 ：30 获得注射用青蒿琥酯，遂给患者静脉缓慢注射 2 支，总剂量为 120mg，同时 1 支 60mg 加入葡萄糖生理盐水中静脉滴注，4h 后静脉注射和静脉滴注各 1 支，而后改为每 4h 肌内注射 1 支，总量为 480mg。12 月 13 日凌晨，患者开始清醒并提出饥饿欲食，进食少量稀粥。上午 9 点采血镜检发现疟原虫数量无明显改变，但绝大部分疟原虫环状体的细胞质环断裂、萎缩，虫体开始死亡。14 日采血复查未发现疟原虫，患者能进半流质饮食，并能下地稍微走动。血常规复查，红细胞 2.90×10^{12}/L，白细胞 6.0×10^{9}/L，血小板 170×10^{9}/L。12 月 18 日患者一般情况良好，但全身黄疸未消退，患者及家属要求出院带药回家治疗。

思考题

（1）该患者临床诊断为什么病？诊断依据是什么？

（2）疟疾患者血液检查应注意哪些事项？能查见疟原虫哪些阶段？

（3） 对恶性疟患者治疗时应注意什么？

提示

（1） 该患者临床诊断为恶性脑型疟（凶险型疟疾发作）。诊断依据如下所示。①具有疟疾（恶性疟）流行病学接触史：经追问病史得知，患者在非洲加纳从事保安工作 2 年多，回国 20 多日。②临床表现吻合：发冷、发热伴恶心呕吐，剧烈头痛，之后出现神志不清和意识障碍；红细胞减少（2.40×10^{12}/L）、血红蛋白偏低（85g/L）；肝脾肿大（肝于肋下 2cm 触及，质中。脾脏于左肋下 3cm 触及，质中）；双下肢巴氏征（+），克氏征（+）。③病原学诊断：血涂片 Giemsa 染色检查发现恶性疟原虫环状体，显微镜检原虫密度为 1800 个 / 立方毫米。④给予抗病毒未见缓解病情反而进行性加重；给予抗疟治疗（青蒿琥酯），疟原虫细胞质环断裂、萎缩，虫体开始死亡；患者苏醒并迅速好转。

（2）疟疾病原学确诊首选血液检查，最好在患者服药前采血。间日疟在发作后数小时至 10 余小时内采血；恶性疟在发作开始时采血，在此时间内采血能提高检出率。取患者外周血液制作薄血膜和厚血膜涂片，经 Wright 或 Giemsa 染色后油镜检测。因薄血膜中原虫形态典型、完整，易辨认和鉴别虫种，但原虫密度低；厚血膜中原虫密度高且集中，但红细胞已溶解，原虫形态皱缩、变形难以辨认。因此，常将薄血膜和厚血膜制在同一张载玻片上，先观察厚血膜，发现可疑虫体后观察薄血膜进行确诊和虫种鉴定。由于疟原虫形态小且复杂；薄血膜和厚血膜采血量少，容易漏诊。应多张、多次及仔细观察，才能提高准确率。

间日疟外周血检时可查见红内期各期（环状体、大滋养体、裂殖体）及配子体阶段；恶性疟外周血检时一般只能查见环状体和成熟配子体阶段，其他各个时期不在外周血中发育，常滞留在内脏毛细血管网（血窦或微血管）或皮下脂肪毛细血管网中发育。

（3）恶性疟原虫易产生抗药性（抗氯喹），且易致脑型疟，病情来势凶猛，若不及时、正确治疗，病死率相当高。对脑型疟（凶险型疟疾）首选青蒿素类药物，采用肌内注射、静脉注射或静脉滴注方式进行治疗。为防止疟疾再燃，抗疟药必须足量并服完全程才能达到根治疟疾的目的。

病例讨论 8

患者：男，19 岁，学生。

主诉：双眼视力下降 3 周，剧烈头痛伴咳嗽、胸痛 5 日。

病史：7 月 21 日到市级医院就诊，经门诊检查，拟诊为中心性渗出性视网膜炎而收治入院。

喜爱养宠物，与猫狗有亲密接触史。

体检：双眼视力均为 0. 08，眼底检查见双眼后极部视网膜水肿，黄斑部有新鲜渗出灶，中央凹陷，有视网膜坏死，右眼渗出灶下方可见出血。1 周后经内科及脑外科专家会诊体检，体温 39. 8℃，腋窝及腹股沟浅表淋巴结肿大如蚕豆大小，左上肢出现痉挛性屈曲，双下肢伸肌强直，并伴有精神症状，颈部强直，角弓反张，呼吸急促。脑电图示高度弥漫性异常（脑组织广泛受累）。肺部 X 光透视显示双肺云雾状弥散性阴影，有胸腔积液液界面。

实验室检查：血常规检查，WBC 19×10^9/L，N 0. 80，E 0. 02，L 0. 15，M 0. 03。血清弓形虫抗体检查，IHA（+），滴度 1 ∶ 1280；IFA 中 IgG（+），1 ∶ 50；IgM（+），1 ∶ 10。

脑脊液检查，清亮，无色，潘氏试验（－），蛋白质 0. 02g/L。脑脊液离心取沉淀涂片、Giemsa 染色后油镜检查，见大量某种寄生虫，特征为：半月形，一端较尖，一端稍钝圆；一边扁平，另一边较膨隆；长 4 ～ 7μm，宽 2 ～ 4μm，平均为 1. 5μm × 5. 0μm；细胞质呈蓝色，胞核呈紫红色，位于虫体中央。

胸腔积液检查，结核菌素试验（－），离心取沉淀涂片、Giemsa 染色后油镜检查查见与脑脊液同样特征虫体。

治疗：经用乙胺嘧啶 25mg/d，磺胺嘧啶 4g/d，地塞米松 5mg/d 加 500ml 葡萄糖液中静脉滴注，以及其他辅助抢救治疗措施，3 日后因呼吸衰竭不幸死亡。

思考题

（1）该患者患的是什么病？诊断依据是什么？

（2）患者死亡的主要原因是什么？

（3）这种寄生虫是如何导致本病例中患者致病的？

提示

（1）根据主诉、病史、体检及检查结果，该病例可诊断为急性获得性弓形虫病（弓形虫中心性视网膜炎、弓形虫脑膜脑炎和弓形虫肺炎）。

（2）流行病学接触史：患者 19 岁，学生。喜爱养宠物，与猫狗有亲密接触史。

（3）临床表现：有发热、淋巴结肿大，多组织多脏器损伤（双眼视力下降 3 周，剧烈头痛伴咳嗽、胸痛 5 日。双眼视力均为 0.08，眼底检查见双眼后极部视网膜水肿，黄斑部有新鲜渗出灶，中央凹陷，有视网膜坏死，右眼渗出灶下方可见出血。经内科及脑外科专家会诊体检，体温 39.8℃，腋窝及腹股沟浅表淋巴结肿大如蚕豆大小，左上肢出现痉挛性屈曲，双下肢伸肌强直，并伴有精神症状，颈部强直，角弓反张，呼吸急促。脑电图示高度弥漫性异常，脑组织广泛受累。肺部 X 线透视显示双肺云雾状弥散性阴影，有胸腔积液液界面）。

（4）实验室检查：血清弓形虫抗体检查，IHA（+），IFA 中 IgG（+），IgM（+）。脑脊液离心取沉淀涂片、Giemsa 染色后油镜检查，见大量寄生虫（弓形虫滋养体）：半月形，一端较尖，一端较圆；一边扁平，另一边较膨隆；长 4 ～ 7μm，宽 2 ～ 4μm，平均为 1.5μm × 5.0μm；细胞质呈蓝色，细胞核紫红色，位于虫体中央。胸腔积液检查，结核菌素试验（－），离心取沉淀涂片、Giemsa 染色后油镜检查见与脑脊液同样特征虫体。

（5）患者死亡原因主要是弓形虫致脑膜脑炎，加之肺部感染，终因呼吸衰竭而死亡。

（6）弓形虫包囊和假包囊可寄生于人体各种类型的有核细胞内。1 个假包囊内含 10 多个速殖子，1 个包囊内含数百个缓殖子。假包囊和包囊破裂使速殖子或缓殖子散发并侵入新的有核细胞大量繁殖。当机体免疫功能受损或下降时，这种侵入—繁殖—侵入新细胞的现象造成恶性循环，使速殖子和缓殖子随血流到达眼、脑、肺、肝、脾、淋巴结等等全身组织器官中寄生繁殖，造成多组织、多器官急性炎性损害及坏死。

病例讨论 9

患者：男，2 岁。

主诉：腹泻、发热 5 日。

病史：5 日前开始排白色黏液便，5 ～ 6 次 / 日，第 3 日出现发热（体温 38.3℃），在门诊就医热退，但腹泻加重，呈水样，12 ～ 16 次 / 日，伴呕吐、尿少。

体检：营养稍差，皮肤干燥无弹性，眼眶凹陷，肠鸣音亢进，四肢阙冷。

实验室检查：血常规检查白细胞 $10.5\times10^9/L$，中性粒细胞 0.35，淋巴细胞 0.65，大便培养无致病菌生长。经补液和静脉滴注利巴韦林治疗后粪检，大便呈黄黑色，带少许血丝，白细胞（++）。粪便涂片用改良抗酸法染色后油镜观察发现，圆形或椭圆形、玫瑰红色、直径为 4 ～ 6μm、内含 4 个子孢子和褐色残余体的某寄生虫卵囊，1 ～ 3 个 / 油镜视野。

治疗：经补液和静脉滴注利巴韦林 0.1g/d，2 日后脱水改善，但仍排水样便，4 ～ 5 次 / 日。继续补液，停用利巴韦林，口服大蒜素（160mg/d，分 4 次服）和吡哌酸（30 ～ 40mg/kg，分 3 次服）治疗 3 日后，腹泻停止，体温恢复正常。继续用药 4 日后，粪便复查未见上述虫体后出院，嘱家属带小儿 1 周后来院复查。

思考题

（1）根据主诉、病史、体检及检查结果，你怀疑患者是什么病？综合判断的依据是什么？

（2）临床上引起腹泻的原因很多，请仅从寄生虫学角度分析，应与哪些寄生虫感染鉴别诊断？

（3）该种寄生虫病应如何进行病原学确诊？

提示

（1）根据主诉、病史、体检及检查结果，可判断该患者患的是隐孢子虫病。

（2）综合判断的依据如下所示。①患者是儿童，2 岁，属易感人群。②症状：腹泻、发热，排白色黏液便，5 ～ 6 次 / 日；第 3 日腹泻加重，呈水样，12 ～ 16 次 / 日，伴呕吐、尿少；经补液和静脉滴注利巴韦林 0.1g/d 2 日，脱水改善，但腹泻未缓解。③体征：营养稍差，皮肤干燥无弹性，眼眶凹陷，肠鸣音亢进，四肢阙冷。④实验室检查：白细胞 $10.5\times10^9/L$，中性粒细胞 0.35，淋巴细胞 0.65，大便培养无致病菌生长。大便呈黄黑色，带少许血丝，白细胞（++）。粪便涂片用改良抗酸法染色后油镜观察发现，圆形或椭圆形、玫瑰红色、直径为 4 ～ 6μm、内含 4 个子孢子和褐色残余体的某寄生虫卵囊，1 ～ 3 个 / 油镜视野。符合隐孢子虫成熟卵囊的形态特征。⑤治疗：口服大蒜素（160mg/d，分 4 次服）和吡哌酸（30mg ～ 40mg/kg，分 3 次服）治疗 3 日后，腹泻停止，体温恢复正常。

（3）可导致腹泻的寄生虫感染有：溶组织内阿米巴、贾第虫、隐孢子虫、姜片虫、血吸虫、蛔虫和钩虫等。

（4）隐孢子虫病的病原学诊断方法有：取患者粪便（水样便待自然沉淀后取底部粪便）直接涂片、染色后用油镜检查。染色方法有：金胺 - 酚染色法、改良抗酸染色法、金胺 - 酚改良抗酸染色法，其中金胺 - 酚改良抗酸染色法检出率较高。

（梁　瑜）

第十三章　医学蠕虫

病例讨论 10

患者：男性，29 岁。

主诉：畏寒、发热伴乏力 1 周。

病史：患者于 1 周前因饮少量啤酒后感到上腹部不适，饱满。当晚出现畏寒、发热、体温达 38℃，无咳嗽、胸痛及咯血等症状。患者于 10 年前患甲肝已治愈，入院后给予抗炎抗过敏治疗，初步诊断为“嗜酸粒细胞增多症、急性肝炎”而转入医院肝炎科。追问病史，患者喜爱钓鱼，吃过生鱼粥。

体检：心肺正常；巩膜有轻度黄染；肝大在肋下 2cm，有轻度触痛；墨菲征（+）；脾未触及。

实验室检查：血常规检查嗜酸粒细胞 0.33。B 型肝炎表面抗原阴性。粪检直接涂片法未查见任何寄生虫卵。取十二指肠引流液离心后取沉渣涂片检查，发现某寄生虫卵，形态特征为：芝麻点状，黄褐色，有卵盖，卵壳，肩峰，小疣，内含毛蚴。胆管引流液袋内也发现有寄生虫：虫体表面光滑，蜷缩并蠕动。伸展时似葵花籽仁形状，背腹扁平，体形狭长，前端窄，后端钝圆。肉红色，长为 10 ～ 25mm，宽为 3 ～ 5mm。

治疗：入院初对症治疗无效，患者转入肝炎科后行静脉滴注促进肝细胞生长因子、口服葡醛内酯等保肝剂，复查仍未愈。后疑为某寄生虫病，经追问饮食习惯和十二指肠引流液离心检查发现寄生虫卵后，行胆总管切开 T 管引流术，共引流出 100 多条寄生虫。口服吡喹酮治疗，2 周后体温、嗜酸粒细胞数和肝功能均恢复正常。

思考题

（1）此病例最终证实属于哪种寄生虫病?

（2）为什么粪便检查没找到华支睾吸虫卵？有几种可能性?

（3）该患者可能是通过哪些途径或方式感染这种寄生虫病的？应如何进行预防?

提示

（1）根据病史、体检、实验室检查结果及治疗效果等判断，该患者患的是华支睾吸虫病（肝吸虫病）。

1）病史：追问病史，患者喜爱钓鱼，吃过生鱼粥。

2）体征：巩膜有轻度黄染，肝大在肋下 2cm，有轻度触痛。墨菲征（+）。

3）实验室检查：嗜酸粒细胞 0.33。B 型肝炎表面抗原阴性（排除乙肝）。取十二指肠引流液离心后取沉渣涂片检查，发现虫卵，形态特征为：芝麻点状，黄褐色，有卵盖，卵壳，肩峰，小疣，内含毛蚴，与肝吸虫卵形态特点吻合。胆管引流液袋内也发现有：虫体表面光滑，蜷缩并蠕动。伸展时似葵花籽仁形状，背腹扁平，体形狭长，前端窄，后端钝圆。肉红色，长为 10 ～ 25mm，宽为 3 ～ 5mm，与肝吸虫成虫形态特点一致。

4）治疗效果：用吡喹酮治疗有效，2 周后体温、嗜酸粒细胞数和肝功能均恢复正常。

（2）粪便检查直接涂片法所用粪量少，检出率不高；华支睾吸虫卵形态非常小，不易找到；检验医师可能不熟悉该虫卵的形态等多种可能原因，使得该患者粪便检查时没找到华支睾吸虫卵。

（3）华支睾吸虫的感染途径或方式是生食或半生食含肝吸虫活囊蚴的淡水鱼虾。预防的关键措施是：不吃生的或未彻底煮熟的淡水鱼虾；改进烹调方法和饮食习惯，生、熟厨具（刀和砧板等）不共用和混用，要严格分开使用。

病例讨论 11

患者：女性，46 岁，农民。

主诉：腹胀、腹痛、肛门停止排便和排气约 60h。

病史：患者 2 日前服用月见草油软胶囊后出现阵发性腹痛、腹胀、呕吐。

体检：体温 37.5℃，脉搏 9 次 / 分，呼吸 21 次 / 分，血压 13.8/9.2kPa。腹部膨胀，可见肠型和蠕动波，有轻度压痛和反跳痛，在腹中部可触及团块。绞痛发作时，肠鸣音亢进。X 线检查提示小肠扩张伴有气液面影，在扩张肠曲上可见团块状阴影。

实验室检查：血常规白细胞 13×10^9/L，血红蛋白 160g/L，血细胞比容 0.582。肠腔手术取出的虫体：似肉片状，血红色，活力很强，可伸缩变形、蠕动。将其中少量虫体压片、固定、染色、封片后进行观察和测量，长为 35 ～ 40mm，宽 9 ～ 15mm，厚 0.5 ～ 2mm。显微镜下观察可见其口吸盘较小，腹吸盘发达。口、咽、食道、肠支（分 2 支）、虫体前端的盘旋状子宫、两侧的卵黄腺、后部前后排列的 2 个珊瑚状睾丸均清晰可见。挑取虫体部分子宫置显微镜下观察发现大量虫卵，呈椭圆形，淡黄色，大小为（130 ～ 140）μm ×（80 ～ 85）μm，卵盖小，卵壳薄，内含 1 个卵细胞和数十个卵黄细胞。

治疗：经主诉、病史、体检和实验室检查结果等综合诊断为急性肠梗阻，遂行手术治疗。术中见腹腔中有 300ml 渗出液，在空肠起始部 5cm 处充满大量虫体，回肠处也有少量虫体，共取出虫体 153 只，立即送实验室检查和鉴定。

思考题

（1）该患者应确切诊断为什么病？本病综合判断的依据是什么？

（2）本病的病原学检查方法有哪些？哪种方法的检出率高？

（3）该患者可能是通过哪些途径或方式感染这种寄生虫病的？应如何进行预防？

提示

（1）该患者应确切诊断姜片虫病性肠梗阻。

（2）判断依据

1）病史：腹胀、腹痛、肛门停止排便和排气 60h；临床初步诊断为急性肠梗阻；术中见腹腔中有 300ml 渗出液（腹水）。

2）寄生部位（生活史特点）：空肠起始部 5cm 处和回肠处有虫体寄生。

3）成虫形态特点：似肉片状，血红色，活力很强，可伸缩变形、蠕动。将其中少量虫体压片、固定、染色、封片后进行观察和测量，长为 35 ～ 40mm，宽 9 ～ 15mm，厚 0.5 ～ 2mm。显微镜下观察可见其口吸盘较小，腹吸盘发达。口、咽、食管、肠支（分 2 支）、虫体前端的盘旋状子宫、两侧的卵黄腺、后部前后排列的 2 个珊瑚状睾丸均清晰可见。

4）虫卵形态特点：呈椭圆形，淡黄色，大小为（130 ～ 140）μm ×（80 ～ 85）μm，卵盖小，卵壳薄，内含 1 个卵细胞和数十个卵黄细胞。

以上均符合姜片虫的生活特点、形态特点及致病特点，所以应确切诊断为姜片虫性肠梗阻。

（3）姜片虫病的病原学检查方法有粪便直接涂片法、粪便浓集法、水洗沉淀法、定量透明厚涂片法；部分患者有自然排虫或偶尔呕吐出虫体现象，经鉴定虫体可直接确诊。粪便浓集法 1 次连续查 3 张厚涂片或用水洗沉淀法检出率较高。

（4）该患者可能是通过直接生食荸荠、菱角等水生植物，喝生水等方式或途径感染姜片虫病。预防姜片虫病的关键措施是：不生食未经彻底洗涮或未经沸水烫过的荸荠、菱角等水生植物；生食荸荠、菱角时，不用嘴嗑皮（用小刀削皮）；不喝生水等。

病例讨论 12

患者：男，22 岁，南方某县城小学教师。

主诉：胸痛、咳嗽、咳铁锈色痰，症状较以往加重。

病史：反复咳嗽、胸痛、胸闷伴气紧 1 年多，曾入院治疗 1 个月。半年后不明原因出现畏寒、双侧胸痛、咳嗽、食欲减退，于当地医院就诊，摄胸片发现右侧胸腔积液，遂诊断为结核性胸膜炎。经抗炎、抗结核治疗近 5 个月后，上述症状已明显好转。但同年 10 月又出现胸痛、咳嗽、咳铁锈色痰并较上次症状加重。故来市级医院就诊和住院治疗。患者曾多次生食溪蟹。

体检：一般情况尚好，表浅淋巴结不大，心脏检查未见异常，右肺下部呼吸音减弱。腹部正常。X 线胸片示右侧胸腔积液消失，右下肺出现片状阴影及胸膜增厚。

实验室检查：血常规检查见嗜酸粒细胞增高、痰抗酸杆菌（-），怀疑原诊断。查嗜酸粒细胞计数为 2.6×10^{8}/L。用粪便离心沉淀法及痰液离心浓集法均发现同一种寄生虫卵，形态特征为金黄色，椭圆形，大小为（80 ～ 118）μm×（48 ～ 60）μm；卵盖大且明显，有的倾斜；卵壳厚薄不均，两侧薄，底部明显增厚；卵内含物为 1 个卵细胞和 10 多个卵黄细胞。

诊断：卫氏肺吸虫病。

思考题

（1） 卫氏肺吸虫病的临床表现有哪些？

（2） 该患者诊断为卫氏肺吸虫病的诊断依据有哪些？与斯氏肺吸虫病的最主要的鉴别点是什么？

（3）治疗肺吸虫病首选治疗药物是什么？

（4）本患者感染肺吸虫病的原因可能是什么？预防本病的关键措施有哪些？

提示

（1） 卫氏肺吸虫病的主要致病机制是童虫和成虫在人体组织器官中移行、窜扰和寄生等造成的损伤及免疫病理反应。常损伤全身多个组织器官，且受损程度轻重不一，临床表现非常复杂。临床上根据主要寄生部位可分为：胸肺型（最常见）、腹型、肝型、皮下型、脑脊髓型及亚临床型等。如虫体寄生在肺部，临床表现为咳嗽、胸痛、咳铁锈色或果酱样血痰，X 线检测可见肺部游走性病变等。

（2）根据患者主诉、病史、体检及实验室检查结果等，该患者综合诊断为卫氏肺吸虫病。诊断依据如下所示。

1）流行病学感染史：患者曾多次生食溪蟹。

2）主诉：胸痛、咳嗽、咳铁锈色痰。

3）体检：X 线胸片示右下肺出现片状阴影及胸膜增厚。

4）实验室检查：查嗜酸粒细胞计数为 2.6×10^{8}/L。用粪便离心沉淀法及痰液离心浓集法均发现同一种寄生虫卵，形态特征为金黄色，椭圆形，大小为（80 ～ 118） μm×（48 ～ 60）μm；卵盖大且明显，有的倾斜；卵壳厚薄不均，两侧薄，底部明显增厚；卵内含物为 1 个卵细胞和 10 多个卵黄细胞。虫卵形态特征符合肺吸虫卵的形态。

（3）人是斯氏肺吸虫的非适宜宿主，人体感染斯氏肺吸虫后可引起皮肤幼虫移行症和内脏幼虫移行症。童虫不能发育为成虫，不能正常产卵，痰液和粪便检查时一般检获不到虫卵。

（4）治疗肺吸虫病首选治疗药物是吡喹酮，常用剂量为 75mg/（kg·d），分 2 次服用，3 日为 1 个疗程，必要时重复 1 个疗程。

（5） 本患者感染肺吸虫病的原因可能是如下几种。

1）生食或半生食溪蟹、蝲蛄及其肉制品。

2）生食或半生食转续宿主（猪、羊、鸡、鸭和鹅等）肉类及其肉制品。

3）喝生水。

预防本病的关键措施是：不生食或半生食溪蟹和蝲蛄。

病例讨论 13

患者：男，28 岁，个体经商户。

主诉：发热、腹痛、脓血便 1 个月。

病史：5 年来一直在长江以南某县城经商。3 个月前曾乘船到当地农村游玩，由于天气炎热多次在河池及湖边洗手、洗脚和洗澡。当时手臂和足皮肤上就出现小米粒状的红色丘疹，奇痒，有时出现风疹块，以为是蚊子叮咬所致。几日后发热、咳嗽、咳痰，痰中带有极少量血丝，吃了些感冒胶囊后经几天就好了。大约 1 个多月后开始发烧、拉痢、有脓和血，每日 2 ～ 4 次。上腹部不适、疼痛、食欲减退、消瘦，曾到县医院就诊，认为是痢疾，多次服药仍无效后到省人民医院就诊。曾患过疟疾，经有效治疗后未再犯病。

体检：体温 39℃，面容消瘦，急性病容，神志清楚。心（-）、肺（-），腹部稍膨胀。肝剑突下 3cm，有压痛。脾未触及，四肢（-），体重 60kg。X 线胸片正常。

实验室检查：血常规检查，白细胞 19.5×10^9/L，中性粒细胞 0.48，淋巴细胞 0.35，嗜酸粒细胞 0.17。尿常规正常。粪检直接涂片法未查到虫卵。粪检自然沉淀法查见某寄生虫卵，虫卵特征为淡黄色，椭圆形或类圆形，平均大小为 89μm × 67μm，无卵盖，卵壳一侧有 1 个小棘，内含 1 只毛蚴。

思考题

（1）根据上述根据主诉、病史、体检及实验室检查结果综合分析，你怀疑该患者是什么病？

（2）对该患者应当如何正确处理？

（3）本病的病原学诊断方法有哪些？哪种方法的检出率高？

（4）应该怎样预防本病？

提示

（1）该患者患的是急性血吸虫病。依据是以下几种。

1）流行病学接触史：5 年来一直在长江以南某县城经商，3 个月前曾乘船到当地农村游玩，并多次在河池及湖边洗手、洗脚和洗澡。

2）症状与体征：①手、足皮肤出现小米粒状的红色丘疹，奇痒的过敏性反应（尾蚴性皮炎）；②几日后发热、咳嗽、咳痰，痰中带有极少量血丝（童虫移行性肺炎）；③面容消瘦、发热（39℃）、腹痛、脓血便；④肝大（剑突 3cm），有压痛。

3）实验室检查：①血常规检查白细胞数目增高，嗜酸粒细胞增加；②粪检查到虫卵，虫卵特征为淡黄色，椭圆形或类圆形，平均大小为 89μm × 67μm，无卵盖，卵壳一侧有 1 个小棘，内含 1 只毛蚴（病原学确诊依据）。

（2）对该患者应即时处理，包括对症治疗和病原治疗。

1）对症治疗：由于患者有明显的症状如发热、拉痢、消瘦（食欲缺乏）和肝大等，应给予对症治疗，如可用糖皮质激素减轻反应，加速退热。

2）病原治疗：吡喹酮是当前治疗血吸虫病的首选药物，具有安全、高效和使用方便等优点。治疗急性血吸虫病，成人总剂量为 120mg/kg，4 ～ 6 日分服，2 ～ 3 次 / 日。

（3）血吸虫病的病原学诊断方法

1）粪便检查：直接涂片法、改良加藤法、尼龙袋集卵法、毛蚴孵化法、定量透明法、自然沉淀法等。

2）直肠镜活组织检查：与肠道寄生虫比较，血吸虫产卵量不大；且大部分虫卵沉积于肠壁组织和肝内，只有部分虫卵在急性期可随患者脓血便排出体外，因此对慢性期尤其是晚期血吸虫患者，从粪便中查找虫卵相当困难。直肠镜活组织检查有助于发现沉积在肠黏膜组织内的虫卵，检出率高。

但直肠镜活组织检查发现虫卵时，只能说明感染过血吸虫，必需根据虫卵的死活鉴定来确定宿主体内是否还有活成虫。

（4）血吸虫病的预防措施

1）查治患者病畜，控制传染源：在流行区进行普查和诊查，一旦查出给予治疗吡喹酮进行治疗。

2）消灭钉螺：切断传播途径，可使用氯硝柳胺等化学灭螺药。

3）加强粪便管理和保护水资源：管理和控制人兽粪便直接入水。

4）做好个人保护：防止尾蚴感染和预防性服药。与疫水接触时可使用防护衣裤和长筒胶靴，也可事先涂擦苯二甲酸丁二酯软膏等皮肤防护药物。也可服用蒿甲醚和青蒿琥酯（杀灭童虫）预防血吸虫病。

病例讨论 14

患者：女，52 岁，河南籍，现居贵州安顺。

主诉及病史：右乳房包块已 3 个月，无红肿热痛，有时稍痒。疑诊为“乳腺癌”，12 月 22 日入院。追问病史中发现，患者 7 年前按民间方法吞食生青蛙治疗关节炎，曾数次吞食活蛙，每次 7 只。近 5 年来背、腰、腹、颈等处常有转移不定的硬结，有时拌瘙痒。

体检：右乳房外上象限可扪及 1 个包块，大小约 $3cm^3$，硬、界限不清，压痛不明显，腋窝淋巴结未肿大。

治疗：12 月 28 日于硬膜外麻醉下拟先经快速石蜡切片证实再行乳腺癌根治术，活检时发现 1 条白色虫体，自包块附近蜿蜒而出，立即将该虫放入盛有生理盐水的表面皿中送实验室检查。

实验室检查：虫体乳白色，扁平长带状，体不分节但有横纹。头端略膨大，中央有一个小凹陷。经测量得知，虫体长为 10. 3cm，宽 0. 4cm。

诊断：虫体经鉴定为裂头蚴。患者的病理诊断为寄生虫性肉芽肿，临床诊断为皮下裂头蚴病。

思考题

（1）患者为何会被误诊为乳腺癌?

（2）裂头蚴病可能是怎样感染的?

（3）预防本病的主要方法是什么?

提示

（1）入院时仅发现了患者乳房包块疑似恶性肿瘤包块，而忽略了裂头蚴病可引起游走性皮下包块（常累及胸壁、乳房、腹壁、颈部等部位），以致被误诊为乳腺癌。

（2）在手术发现虫体后，追问病史时才发现，患者是于 7 年前按民间方法吞食生青蛙治疗关节炎而获得感染。

（3） 裂头蚴或原尾蚴可经皮肤或黏膜侵入人体，造成感染裂头蚴病。常见的感染方式有如下几种。

1）吞食生的或未煮熟的蛙、蛇等：活裂头蚴被吞食后可穿过肠壁进入腹腔，然后移行到其他部位。

2）局部敷贴生青蛙肉或皮：蛙肉或皮中的活裂头蚴经伤口或正常皮肤黏膜侵入人体。

3）误食感染的剑水蚤：喝生水或游泳时误吞湖塘水而误食感染的剑水蚤，剑水蚤体内的原尾蚴进入人体后可继续发育为裂头蚴。

（4）预防本病主要方法是：不喝生水；不吃生的或半生的蛙、蛇、鸡、鸟、猪等肉类；不用蛙、蛇肉或皮等敷贴伤口或创口。

病例讨论 15

患者：林某，女，26 岁。

主诉：在粪便中发现有白色节片。

病史：自从发现粪便中有白色节片排出后，常感到厌食、恶心和腹部痉挛，偶尔有肌痛感觉前来就诊。其他无异常，2 年前顺产 1 个健康男孩。否认有任何胃肠道或中枢神经系统的病症。平时饮食习惯为爱吃猪肉和牛肉。曾去云南西双版纳旅游，自述在旅游中没有食过生猪肉，吃过当地过桥米线。在傣族旅游区吃过猪肉的菜肴，为肉糜样，发白，由当地的麻椒类作料和盐等搅拌而成，口感鲜、香、麻、辣。

体检：颈软，未触及肿大淋巴结。心、肺、血压均正常。腹软，无压痛。全身未扪及任何包块。

实验室检查：血红蛋白、白细胞计数及尿常规化验均为正常。粪便检查发现有带绦虫卵。经鉴定患者带来的 1 个节片为孕节，经注射墨汁检查后观察子宫一侧一级分支是 10 ～ 12 支。

思考题

（1）你认为该患者可能患哪种带绦虫病？为什么？

（2）否需要住院治疗？应注意防止什么并发症？

（3）该患者可能通过哪些途径本病的？

提示

（1）该患者所患的疾病是猪带绦虫病。因为孕节经注射墨汁检查后，发现孕节内子宫一侧一级分支数 10 ～ 12 支，介于 7 ～ 13 支。若是牛带绦虫的孕节内子宫分支应是 15 ～ 30 支。

（2）该患者当前身体尚健康，就诊前只发现一些轻微的消化道症状，而且体检均为正常，全身未扪及任何包块，因此不需要住院治疗。但必须尽快驱虫，常用药为槟榔南瓜子合剂，也可用吡喹酮，驱除虫体，以免通过自体内和（或）自体外感染而并发猪囊尾蚴病（囊尾蚴病）。

（3）该患者可能通过以下几个途径或方式误食活的猪囊尾蚴，从而感染猪带绦虫病。

1）在云南西双版纳旅游吃当地过桥米线。

2）在傣族旅游区吃猪肉肉糜样的菜肴。

3）平时饮食食入猪肉。

病例讨论 16

患者：男性，45 岁，某市区出生，司机。

主诉：饭后 2h 左右，右腹部有钝痛感。

病史：没有发热、畏寒、皮疹、体重减轻、恶心、呕吐或特异性食物过敏等症状。平时喜饮凉水。自诉“文革”期间去过西北某建设兵团劳动 3 年，主要劳动任务是养猪，经常与狗一起玩耍。

体检：血压 110/70mmHg（14. 7/9. 33kPa），呼吸 16 次 / 分，脉搏 82 次 / 分。体温正常，体重 62kg。腹部柔软，右上腹突出，有中度压痛。肝肋下 1cm，叩诊时肝大 9cm。肠鸣音正常。X 线腹部平片见有一钙化囊；肝 CT 扫描时发现，在腹部平片有钙化囊的位置处见一缺损区，大约 8cm 大小。胃肠钡餐检查，钡剂灌肠以胆道检查正常。

实验室检查：血常规检查血红蛋白 14. 5g，白细胞计数 9.6×10^9/L，白细胞分类正常。尿检查正常。某寄生虫抗原皮内试验为阳性。

思考题

（1）根据上述病例资料分析，患者很可能是患哪种寄生虫病？

（2）仔细观察和分析患者体检结果，该病在治疗中应注意什么？

（3）该患者可能是如何感染这种寄生虫病的？

（4）应如何预防此病？可采取哪些措施？

提示

（1）根据临床症状和 X 线图象表明，该患者很可能患棘球蚴病。患者曾在棘球蚴病流行区（西北某建设兵团）劳动的历史，经常与狗一起玩耍。皮内试验是阳性。患者的棘球蚴病很可能在西北劳动时感染的，后来逐渐生长、长大以致发病。

（2）X 线腹部平片见有一钙化囊，钙化囊一般是安全的囊，但肝 CT 扫描并不能显示已全部钙化。所以最好是定期连续观察，但应注意防止撞击性运动。阿苯达唑和阿苯达唑治疗均可杀死原头蚴，可以在外科手术前应用。术中取囊时，防止囊液外溢引起过敏性休克或继发性感染。

（3）患者可能是通过与细粒棘球绦虫的终宿主——狗密切接触，而误食细粒棘球绦虫卵（感染阶段）而感染的。

（4）预防细粒棘球绦病的措施

1）不喝生水。

2）定期为家犬、牧犬驱虫，减少或消灭传染源（因犬粪中含大量的细粒棘球绦虫卵）。

3）及时、正确处理病畜内脏，根除以病畜内脏喂犬或乱抛的陋习，防止犬吃病畜内脏而感染。

病例讨论 17

患者：男，10 岁，某地农村小学学生。

主诉：突然出现“哮喘”。

病史：白天呼吸稍短促，轻度干咳，夜间哮喘加重甚至出现端坐呼吸。在哮喘的同时伴皮肤瘙痒。2 年前曾有排虫史。

体检：体温正常。上腹部可触及一包块，质软，尚可活动。肝轻度肿大。两肺均能闻及哮鸣音。X 线检查见肺纹理增粗。B 超检查于上腹部探及团块回声，界限清。口服造影剂后，肠内可见“发束状”阴影。

实验室检查：血常规白细胞分类中嗜酸粒细胞增加至 63%，痰液检查时也发现有大量嗜酸粒细胞。粪便检查时发现某寄生虫卵：宽椭圆形、棕黄色、大小为（45 ～ 75）μm ×（35 ～ 50）μm；卵壳厚，外被一层波浪状、凹凸不平的棕黄色膜；内含 1 个卵细胞，两端各有 1 个新月形空隙。

思考题

（1）根据上述病例资料分析，该患者患的是什么病？

（2）本病综合判断的依据是什么？

（3）病原学诊断方法有哪些？

（4）该寄生虫病广泛性流行的因素有哪些？

提示

（1）患者是患了蛔虫病。

（2）诊断依据：

1）患者是儿童；突发性哮喘，轻度干咳，夜间哮喘加重甚至出现端坐呼吸，皮肤有超敏反应（皮肤瘙痒），两年前曾有排虫史。

2）双肺均有哮鸣音，肝轻度肿大，腹部触及肿块。

3）X 线检查见肺纹理增粗。B 超检查于上腹部探及团块回声。口服造影剂后，肠内可见“发束状”阴影。

4）嗜酸粒细胞明显增多（高达 63%）。粪便检查时发现有寄生虫卵：宽椭圆形、棕黄色、大小为（45 ～ 75）μm×（35 ～ 50）μm；卵壳厚，外被一层波浪状、凹凸不平的棕黄色膜；内含 1 个卵细胞，两端各有 1 个新月形空隙。该虫卵符合蛔虫卵的形态。

（3）病原学诊断常用方法

1）粪便直接涂片法。

2）粪便自然沉淀法。

3）饱和盐水浮聚法。

4）定量透明法。

5）驱虫试验。

（4）蛔虫病广泛性流行因素

1）蛔虫属土源性线虫，生活是简单，不需要中间宿主。

2）蛔虫雌虫产卵量非常大，每条产卵量可达 2.4×10^5/d 之多。

3）有卵壳蛔甙层的保护，虫卵对外界抵抗力强。

4）粪便管理不当，虫卵广泛污染土壤和周围环境。

5）不良的卫生习惯和行为，人体接触被感染期蛔虫卵污染的泥土、蔬菜；经口误食附在手指上的感染期蛔虫卵；或者误食被感染期虫卵污染的蔬菜、瓜果或水等。

病例讨论 18

患者：男，28 岁，农民。

主诉：下腹痛 2h，便血 1 次。

病史：2h 前无明显原因下腹剧烈阵发性绞痛，每次持续 2 ～ 3min，可自行缓解，伴便意。1h 前排血便 1 次，量约 500ml，糊状，并出现头昏、心悸、乏力、口干。曾于 3 个月前因十二指肠溃疡出血急诊入院，后经治愈出院。无急、慢性腹泻及其他病史。

体检：轻度贫血貌。体温 36.6℃，呼吸 20 次 / 分，脉搏 90 次 / 分，血压 17/10kPa。肝肋下 1cm 可触及，质软，无压痛。脾未触及，无其他阳性体征。肛门指检：指套染有暗红色血迹。心电图和胸片正常。电子结肠镜检查：见盲肠有 1 条淡灰色、短线形虫体在蠕动，长 3 ～ 4cm，宽约 0.2cm，并见 1 块黏膜出血斑，有少量渗血，未见其他异常。

实验室检查：血常规检查血红蛋白 9.8g/L，红细胞 3.69×10^9/L；中性粒细胞 78%，淋巴细胞 22%；血小板 114×10^9/L。尿常规正常。大便常规查见寄生虫卵（+），虫卵形态特征为：纺锤形；黄褐色；大小为（50 ～ 54）μm×（22 ～ 23）μm；卵壳厚不透明，两端各有 1 个透明栓，内含 1 个卵细胞。潜血试验（++++）。肝、肾功能、血电解质正常，HbsAg（+）。

治疗：给予解痉止痛、止血、制酸、补液等对症及驱虫治疗，腹痛减轻、便血减少。治疗 4 日后腹痛消失，便血停止。治愈后出院，随访 1 个月无异常。

思考题

（1）根据患者主诉、病史、体检及检查结果等，推断该患者患的是什么疾病？

（2）本病综合判断依据是什么？

（3）该病的病原学诊断有哪些？

（4）该寄生虫病致贫血的机制是什么？

提示

（1）该患者患的是鞭虫病。

（2）本病综合判断依据

1）男，28 岁，农民。下腹痛 2h，便血 1 次，2h 前无明显原因下腹剧烈阵发性绞痛，每次持续 2 ～ 3min，可自行缓解。1h 前排血便 1 次，量约 500ml，糊状，并出现头昏、心悸、乏力等症状。

2）曾于 3 个月前因十二指肠溃疡出血急诊入院，后经治愈出院，无急、慢性腹泻及其他病史。

3）体检：轻度贫血貌。

4）肛门指检：指套染有暗红色血迹。

5）大便常规查见寄生虫卵（+），虫卵形态特征为：纺锤形；黄褐色；大小为（50 ～ 54）μm×（22 ～ 23）μm；卵壳厚不透明，两端各有 1 个透明栓，内含 1 个卵细胞。

6）电子结肠镜检查：见盲肠有 1 条淡灰色、短线形虫体蠕动，长 3 ～ 4cm，宽约 0. 2cm，并见 1 块黏膜出血斑，有少量渗血。

（3）该病的病原学诊断

1）粪便直接涂片法。

2）饱和盐水浮聚法。

3）沉淀集卵法。

4）定量透明法。

（4）鞭虫病致贫血的机制主要是：鞭虫成虫以虫体头端插入宿主肠黏膜或黏膜下层内，以组织和血液为食，同时由于分泌物的刺激，引起肠黏膜出血、炎症或形成溃疡，引起下消化道出血，表现为粪便隐血或便血。严重鞭虫感染时可致直肠脱垂或出现痢疾而大量出血，可导致严重的贫血。

病例讨论 19

患者：女，5 岁，就读幼儿园大班。

主诉：外阴瘙痒、疼痛 1 周（母亲代述）。

病史：1 周来患儿睡眠不佳，磨牙，易惊，烦躁不安，常用手抓挠外阴和肛门。其母后来补述，在患儿大便中曾见到过一些线头样小白虫。

体检：外阴红肿，于右方大阴唇内侧见 2 个高粱米粒大小的溃疡，阴道口黏膜充血，有脓性分泌物自阴道流出。

实验室检查：取阴道口阴道分泌物涂片镜检未查到滴虫和霉菌，淋菌 PCR 和沙眼衣原体 PCR 检查均为阴性。经其母补述后重新采集阴道口分泌物，直接涂片后置显微镜下检查，结果发现有 1 种寄生虫卵，形态特点为：无色透明；呈“D”字形，一侧较平，一侧稍凸出；大小为（50 ～ 60）μm×（20 ～ 30）μm；卵壳厚，内含 1 条蜷缩的幼虫。

思考题

（1）该患儿应诊断为患了什么疾病？诊断依据是什么？

（2）本病的病原学诊断方法有哪些？

（3）该患儿感染这种疾病的方式可能有哪些？

提示

（1） 根据主诉、病史、体检及实验室检查结果，该患儿所患疾病是蛲虫性阴道炎。诊断依据如下所示。

1）女，5 岁，上幼儿园大班。

2）外阴瘙痒、睡眠不佳，烦躁不安，常用手抓挠外阴和肛门。

3）阴道分泌物涂片镜检未查到滴虫和霉菌，淋菌 PCR 和沙眼衣原体 PCR 检查均为阴性（排除这些病原体感染）。

4）大便中见线头样小白虫。阴道分泌物镜检结果：发现 1 种寄生虫卵，无色透明；呈“D”字形，一侧较平，一侧稍凸出；大小为（50 ～ 60）μm×（20 ～ 30）μm；卵壳厚，内含 1 条蜷缩的幼虫，此形态符合蛲虫卵的形态特征。

（2）蛲虫病的病原学诊断方法

1）透明胶纸法：在清晨排便和洗澡前进行。

2）棉签拭子法：同上。

3）肛周查找雌虫：在患儿睡后查看肛周附近有无爬出的雌虫，一般在入睡 1 ～ 3h 后进行。在粪便中检获成虫也可确诊。

（3）该患儿感染这种疾病的方式

1）自体外重复感染：肛 - 手 - 口方式引起自体外重复感染。

2）经口感染：通过间接接触被感染期蛲虫卵污染的食物、玩具等方式经口感染。

3）吸入感染：通过吸入随灰尘飞扬的虫卵（蛲虫卵比重轻）再经吞咽而感染。

4）逆行感染：蛲虫卵可在肛周孵出幼虫可直接钻入肛门和肠道，发育为成虫；在肛周产卵后的雌虫大部分死亡，极少数幸存的雌虫又可钻入肛门和肠道。

病例讨论 20

患者：男，50 岁，南方某县郊区农民。

主诉：咳嗽、咳血痰近 4 个月、大便有时呈黑色

病史：经当地镇医院检查后拟诊为“支气管炎和缺铁性贫血”。治疗 2 个月余不见好转，还逐渐消瘦。有吸烟史，既往身体健康，年轻时喜食生米。下菜地干活回家后出现过手脚皮肤瘙痒。

体检：消瘦，贫血貌，慢性病容。腹软，有明显压痛，肝胆未触及。胃镜检查：胃体至胃窦部有散在出血点，新旧交替。黏膜表面发现有数条 5 ～ 10mm 淡红色线状的寄生虫吸附，活检取出活虫 8 条；在出血点周围的炎症处取出活组织 2 块送病理科检查。肠镜检查：回肠末端见 10 条长 5 ～ 10mm 淡红色线状虫体，活动，回盲瓣局部黏膜红肿。

实验室检查：病理科检查结果为胃黏膜慢性炎症，间质内见嗜酸粒细胞浸润。血常规检查血红蛋白 10. 5g/L，红细胞 2. 6 × 10^{10}/L，白细胞 1. 04 × 10^{10}/L，出血时间正常。大便黑褐色，隐血（+++），白细胞（+）。生理盐水直接涂片发现少许某寄生虫卵：形状呈椭圆形；无色透明；大小为（56 ～ 76）μm ×（36 ～ 40）μm；卵壳薄，内含数个卵细胞。

思考题

（1）该患者可诊断为患什么疾病？

（2）该寄生虫对人体可造成哪些损害？

（3）对该寄生虫病，应如何进行病原学确诊？

提示

（1）该患者可诊断为胃肠道钩虫病。诊断依据如下所示。

1）流行病学：50 岁，南方某县郊区农民。

2）临床表现：下菜地干活回家后出现过手脚皮肤瘙痒（皮肤损害）；咳嗽及咳血痰（肺部损害）；大便呈黑褐色（上消化道出血）；腹部有明显压痛；贫血貌；年轻时喜食生米（异食症）。

3）体检：胃镜检查：胃体至胃窦部有散在出血点，新旧交替。黏膜表面发现有数条 5 ～ 10mm 淡红色线状的寄生虫吸附，活检取出活虫 8 条。肠镜检查：回肠末端见 10 条长 5 ～ 10mm 淡红色线状虫体，活动，回盲瓣局部黏膜红肿。

4）实验室检查：病理科检查结果为胃黏膜慢性炎症，间质内见嗜酸粒细胞浸润，（可排除胃癌等疾病）。血常规检查血红蛋白 10. 5g/L，红细胞 2. 6 × 10^{10}/L。大便黑褐色，隐血（+++）。大便常规：有血便，呈黑褐色。

5）病原学检查：生理盐水直接涂片发现少许某寄生虫卵：形状呈椭圆形；无色透明；大小为（56 ～ 76）μm ×（36 ～ 40）μm；卵壳薄，内含数个卵细胞。

（2）钩虫对人体主要危害

1）幼虫：钩蚴性皮炎；呼吸系统病变。

2）成虫：消化道症状；贫血；异食症等。

（3）钩虫病病原学诊断方法：直接涂片法、饱和盐水浮聚法、改良加藤法、钩蚴培养法等，最常用的方法是饱和盐水浮聚法。

病例讨论 21

患者：男，40 岁，东北某市汽车制造厂工人。

主诉：近日全身肌肉酸痛，吞咽困难，高烧。

病史：大约 2 周前感觉胃肠不适，近几日发现眼睑部肿胀，并逐发展为脸部肌肉有肿胀感，全身肌肉酸痛，发热。3 日前在厂医院就治，服用盐酸小檗碱和克感敏 3 日，症状未见缓解。近日来肌肉酸痛逐渐加重，吞咽困难，高烧不退而来市级医院就诊。在感觉胃肠不适前几日与同事在厂附近一排挡吃过火锅，食入猪、牛、羊等肉类，在一起吃火锅的同事中也有人出现类似症状。

体检：体温为 38 ～ 39.5℃，咽喉部无炎症，心率 90 次 / 分，无杂音，肺部（-）。腹软，肝脾未触及、无明显压痛。四肢肌肉和脸部肌肉有明显压痛，未发现包块。

实验室检查：血常规检查白细胞 20.2×10^9/L，中性粒细胞 0.50，淋巴细胞 0.32，嗜酸粒细胞 0.18。尿常规正常。粪检未查见寄生虫及虫卵。

思考题

（1）根据上述已知的主诉、病史、体检及实验室检查结果，推断患者可能是患什么病?

（2）要确诊此病，你认为还应当做哪些检查?

（3）可采取什么治疗方法缓解病情，以进一步确诊疾病?

提示

（1）该患者所患疾病可能是：旋毛虫病。推断依据如下所示。

1）流行病学：在感觉胃肠不适前几日与同事在厂附近一排挡吃过火锅，食入猪、牛、羊等肉类，在一起吃火锅的同事中也有人出现类似症状。

2）症状：2 周前感觉胃肠不适，近几日眼睑部肿胀，并逐发展为脸部肌肉有肿胀感，全身肌肉酸痛，发热。近日来肌肉酸痛逐渐加重，吞咽困难，高热不退。

3）体检：体温为 38 ～ 39.5℃，四肢肌肉和脸部肌肉有明显压痛，未发现包块。

4）实验室检查：白细胞 20.2×10^9/L，嗜酸粒细胞 0.18。

（2）旋毛虫病确诊方法：在患者小腿压痛最明显点，取米粒大小肌肉作活组织切片或压片镜检，查获旋毛虫幼虫囊包。

（3）旋毛虫病诊断性治疗：阿苯达唑，20 ～ 30mg/（kg·d），2 次 / 日口服，连服 5 ～ 7 日（一疗程）。

（杨秋林）

第十四章　医学节肢动物

病例讨论 22

患者：女，22 岁，牧民。

主诉及病史：在户外时自觉有一异物进入左眼睑，此后有异物感和剧烈刺痛感，立即到当地医院就诊。

眼科常规检查；左眼外观正常；结膜充血，在下睑结膜穹窿部发现 1 条长约 1mm、乳白色、半透明、蠕动迅速的虫体。

治疗：左眼滴 2% 丁卡因麻醉虫体后，用浸湿无菌生理盐水的消毒棉签取出 3 条小虫，患眼涂以红霉素软膏，之后眼部刺痛、流泪症状完全消失。

实验室检查：将从患者左眼取出的虫体置解剖镜下观察，可见虫体呈长纺锤形，乳白色，半透明，大小约为 1.2mm×0.4mm。前端有 1 对角状钩，后端有许多牙状钩，排成“W”形。

思考题

（1）根据病例所述，应首先考虑的诊断是什么病？其理由是什么？

（2）引起该病的主要昆虫有哪些？

提示

（1）根据病例所述，应首先考虑诊断为眼蝇蛆病。诊断理由如下所示。

1）本病由一异物进入眼睑引起。

2）眼科检查：在患者下睑结膜穹窿部发现 1 条长约 1mm、乳白色、半透明、蠕动迅速的虫体。

3）实验室检查：将从患者左眼取出的虫体置解剖镜下观察，可见虫体呈长纺锤形，乳白色，半透明，大小约为 1.2mm×0.4mm。前端有 1 对角状钩，后端有许多牙状钩，排成“W”形。该虫体形态与羊狂蝇一龄幼虫形态特点吻合。

（2）引起眼蝇蛆病的主要蝇类有羊狂蝇、宽额鼻狂蝇和紫鼻狂蝇等。

病例讨论 23

患者：女，48 岁，已婚，矿区家属。

主诉：双眼奇痒、发红半年多。

病史：曾在外院及本院门诊多次拟诊为“睑缘炎、过敏性结膜炎”，给予抗生素、硫酸锌及激素类眼药水滴眼等治疗后均无好转。裂隙灯显微镜下查见寄生虫后补充详询病史，有阴部瘙痒史多年，无不洁性生活史，其丈夫为井下矿工，建议夫妇同去皮肤性病科检查，患者未同意。

体检：体形偏瘦，双眼睑皮肤粗糙，睑缘充血糜烂，并有黄白色痂皮附着，睫毛排列整齐，睑结膜轻度充血。裂隙灯显微镜下仔细检查可见：双眼数根睫毛上有灰白色小点状虫卵黏附着，有的卵已孵出，呈空泡状。睫毛根部可见寄生虫隐匿吸附着，只见虫体背部，呈黄白色。虫体较小，且被痂皮遮盖，很难被发现。用器械轻轻触动它，可见虫体爬动，用爪牢牢抓住睫毛根部，头部吸附在毛囊口内。仔细清除双眼全部寄生虫，共有 10 多只。患者眼痒即刻明显好转。将所获虫体送实验室检查和鉴定。

实验室检查：将虫体置高倍显微镜下观察，见虫体大小不一，有的虫体内吸血，呈红色，宽短。具 3 对足，前足及爪细小，后 2 对足钳状有力似蟹。鉴定为某种寄生虫。

治疗：暂时剪除患者双眼全部睫毛，继续滴用抗生素眼药水、眼膏治疗。告知患者该寄生虫常寄生在阴毛上，夫妇应同去皮肤性病科检查；并嘱其注意家庭卫生、个人卫生，常晒、洗被褥等，随诊复查。

思考题

（1）寄生在该患者眼睫毛上的寄生虫是什么虫种？患者所患疾病是什么？

（2）该寄生虫病的主要传播方式有哪些？

（3）该寄生虫病有哪些防治措施？

提示

（1）该患者眼睫毛上的寄生虫是耻阴虱，所患疾病是阴虱病（眼部）。

（2）耻阴虱可通过人与人之间直接或间接接触而传播和感染。直接接触主要方式为性接触传播；间接接触方式为被污染的被褥、毛巾、衣服和坐便器等物品传播。

（3）阴虱病防治措施

1）剃除患者眼睫毛、眉毛或阴毛等寄生毛发，彻底清除虫体及虫卵，酌情使用抗生素或抗炎类药水或药膏涂擦患部（眼部一般不用）。

2）被虱污染的被褥、衣物、毛巾等物品用开水烫洗，杀死其上可能存在的活虫。

3）性伴侣同时诊治，防止重复感染。

4）洁身自好，养成勤洗澡、勤换洗衣服和被褥等良好卫生和生活习惯。

病例讨论 24

患者：男性，46 岁，进城务工者，租住在郊区。

主诉及病史：早上起床时患者发现自己胸部（后颈和背部也有）出现数块长条状的红斑，红斑上面还有许多密密麻麻的水疱、小脓疱，又痛又痒，火辣辣的。先天晚上因为屋里太闷热睡不着，在屋外铺了张席子睡觉（未挂蚊帐）。

皮损特点：患者后颈、背部和胸部可见数块条状红斑，中央有水疱和脓疱，类似鞭打后感染所致的形态。

治疗：用薄荷炉甘石洗剂涂擦患部，疼痛、痒和热灼感逐渐减轻，6 日后痊愈，愈后遗留少量黑色素沉着。

思考题

（1）该患者所患疾病是什么？由什么原因所致？

（2）如何预防该疾病？

提示

（1）该患者所患疾病是毒隐翅虫皮炎。毒隐翅虫体内的血淋巴液含有一种毒素，即毒隐翅虫毒素，强酸性，是一种剧烈的接触性毒素。当虫体被压破或击碎时（患者晚上在屋外睡觉，爬到其床上的虫体可被身体压破），毒素与皮肤直接接触；或者毒液经手指携带到身体其他部位和其他人的皮肤和黏膜，引起皮炎。

（2）预防毒隐翅虫皮炎的措施

1）尽量不在露天地方睡觉，至少挂上蚊帐。

2）关好纱门纱窗，防止毒隐翅虫飞入室内。

3）切忌用手或在皮肤上直接拍打和压碎虫体，可用物体挑落虫体后将其驱赶和踩死。

4）当皮肤与虫体接触后，立即用肥皂或氨水清洗。

5）皮损处涂擦薄荷炉甘石洗剂、氧化锌油或蛇药等。

病例讨论 25

患者：男性，28 岁，某林业局森林调查队测量工人。

主诉：高热，头呈阵发性胀痛，恶心，呕吐，流鼻血，抽搐。

病史：既往健康，5～6月份在野外工作时多次被一种小虫叮咬。8日前无明显诱因突然发病，出现高热，头呈阵发性胀痛，恶心，呕吐1次，为胃内容物，全身不适等症状。在当地医院用青霉素加地塞米松静脉滴注，高热仍不退，3日后出现右上肢活动受限。为明确诊断，7月22日来我院就诊，在途中出现流鼻血，抽搐。患者住院期间抽搐20次，经静脉注射地西泮后缓解，缓解后自觉头发热、头昏、胀痛、视物不清。

体检：T 39.9℃，P 100次/分，R 25次/分，BP 13.5/8kPa。右上肢肌张力下降，肌力0～1级，肱二头肌、膝及跟腱反射均减退，布氏征（±），克氏征（±）。隔2～5h抽搐1次，四肢呈半屈位，口吐白沫，神志不清。呼吸为喘息样，双瞳孔散大5mm左右。持续抽搐时间10min，无二便失禁，无咬破舌。

神经系统：神清语明，无面瘫及舌瘫，颈强直阳性，右上肢及下肢肌力3度，肌张力正常，腱反射活跃，病理反射未引出，右半身痛觉、温觉消失。

实验室检查：血常规检查 WBC 12×10^9/L，Hb 125g/L，血沉 4mm/h。肝功能正常。尿常规正常。脑脊液检查：蛋白定性为（+），蛋白定量为0.6g/L；糖含量4.76 mmol/L，氯化物含量为128 mmol/L；白细胞 16×10^6/L，中性粒细胞0.38，淋巴细胞0.62。抗森林脑炎病毒抗体血清学检测 IgM 1∶20阳性，IgG 1∶20阳性。

脑电图检查：广泛中度异常脑电图。

诊断：典型的森林脑炎。

治疗：首先采用冰敷降温、镇静，并运用无环乌苷，利巴韦林进行抗病毒治疗。为防止脑水肿，抗感染，抗自由基损害，抑制免疫给予地塞米松和甘露醇。针对癫痫发作，采用地西泮、卡马西平和吸氧。为改善脑循环给予氨基酸、胞磷胆碱、同时给予维生素 B_1、B_6 以及白蛋白等辅助治疗。7日后病情好转，已无头痛、头昏、发热等症状，但仍留有右侧肢体瘫痪、癫痫的发作频率明显减少，于30日后出院。1年后随访后遗症仍未消失。

思考题

（1）5～6月份，该患者在野外工作时多次被一种小虫叮咬，这种小虫很可能是什么？

（2）该虫可传播哪些疾病？

提示

5～6月份，该患者在野外工作时多次被一种小虫叮咬，7月出现森林脑炎，该虫很可能就是蜱。蜱叮咬人体可直接引起蜱瘫痪。蜱还可传播森林脑炎、新疆出血热、蜱媒回归热、莱姆病、Q热等疾病。蜱媒病属自然疫源性和人畜共患病，可在人与其他脊椎动物之间传播。

病例讨论 26

患者，15岁，初中生。寒假放假休息几日后，不明原因的皮肤瘙痒，未做特殊处理和治疗。新学期返校后，仍觉身上瘙痒，夜间加剧。在学校医务室用抗过敏药膏治疗效果不佳，但一直坚持正常上课和学习。几日后，同寝室同学也出现类似症状，于是一起来皮肤科就诊。学校男生宿舍的床铺连在一起，几个同学的被子常常混在一起，有时经常搞错被子。患者手指间、腋窝、腹股沟、腰间、大腿内侧皮肤奇痒，夜间尤甚。上述皮肤上均可见散在的针点大小红色丘疹、小水疱、结节、血痂、结痂和抓痕。在皮肤科医生指导下用硫磺软膏治疗，彻底治愈。患者回家后得知，他父亲也有上述症状。

思考题

（1）该同学和室友可能感染了什么疾病？传染源可能在哪里？

（2）如何诊断该疾病？

提示

（1）该同学和室友可能感染疥疮，传染源很可能是该同学的父亲。父亲身上有疥疮皮疹和活疥螨，该同学寒假回家时被父亲身上的疥螨感染。

（2）疥疮诊断方法

1）接触史：该同学父亲也有同样症状。

2）好发部位：皮肤薄嫩部位，如手指间、腋窝、腹股沟、腰间、大腿内侧、阴囊、阴茎、乳房下等皮肤。婴幼儿和儿童全身的皮肤均可被侵犯。

3）症状：皮肤剧烈瘙痒，夜间加剧。

4）体征：皮肤上可见散在的针点大小红色丘疹、“隧道”、小水疱、脓疱、结痂、血痂、抓痕和结节等。

5）实验室诊断：寻找“隧道”法、针挑法、刮片法，找到典型的“隧道”和疥螨，即可确诊。

（肖建华）

附录一　寄生虫标本的类别与实验观察方法

一、寄生虫标本的类别与观察方法

寄生虫标本一般分为大体标本（即用福尔马林或乙醇防腐液固定或浸制的标本）、干制针插标本和永久性玻片标本等类型，观察时应分别采用不同的观察方法。

（一）大体标本

大体标本主要为较大的寄生虫体（如常见的医学蠕虫和大型医学昆虫等）及其寄生所引起病变的病理标本（如肺吸虫病囊肿和血吸虫病肝硬化等），用肉眼或放大镜观察。观察时首先要辨认是哪种寄生虫，生活史中何虫体阶段，然后仔细观察其形状、大小、颜色和结构等形态特点，结合致病与诊断，与理论课内容相互验证，从而达到系统掌握知识的目的。若为病理标本则应联系寄生虫的致病机制，掌握其病理改变的特征等。

（二）针插标本

针插标本一般为医学昆虫标本，装在透明玻璃管或昆虫标本盒中，用肉眼或放大镜观察，了解虫体外部基本结构特征，尤其是与传播疾病相关的结构特征。

（三）玻片标本

玻片标本为某些体积较小的寄生虫成虫或体积较大成虫的某一部分、幼虫、蠕虫卵和原虫等，分别采用不同方法或技术制作而成，是寄生虫学实验要求观察和掌握的主要标本。观察时应注意以下几点。

1. 视野中目标物的调整　对自学标本首先要了解标本的大小，如为较大的虫体，则用放大镜或解剖镜观察，否则用显微镜观察。即先在低倍镜下寻找标本，并将其移至视野中央，然后换高倍镜观察其细微结构；如果虫体很小，如单细胞的原虫，需要使用油镜观察其形态结构，使用油镜头时要仔细调节粗、细螺旋调节器，以免压碎玻片。

2. 玻片标本观察原则　先明确所观察的玻片标本是永久装片、临时涂片、切片及玻片标本的正反面（有盖玻片的一面朝上，否则难以聚焦）。玻片上稍大的标本某部分结构有时不可能都包括在显微镜视野内（高倍镜视野尤其如此），故观察时要分清标本的前后、左右、背腹面等结构位向，移动玻片标本，联系标本类型及其结构的方位，边移动、边观察、边思考；观察玻片标本时，部分标本应先用肉眼观察其大体结构，然后再用低倍镜、高倍镜来观察其显微结构；个别玻片标本可置于光源与眼睛之间，直接用肉眼或放大镜进行观察；未加盖玻片的永久染色玻片标本，更应加倍小心，切忌用他物刮划、擦拭玻片，以免损坏标本；清洁玻片标本上的显微镜油时，务必先以干净的擦镜纸吸去玻片上明显可见浮油后，再加 1 小滴二甲苯或乙醇乙醚混合液（1 ∶ 1），然后将擦镜纸轻轻贴于玻片上，向一方轻拉。擦净后应不现油光，如发现仍有油光，再按上述方法重复，让擦镜纸吸净玻片上的油迹。

除切片标本外，寄生虫标本绝大多数均为整封标本（如虫卵悬液标本），故用显微镜观察标本时，要经常旋转细螺旋调节器，依次观察标本各层的结构和关系，以获得整体结构的概念。

切片标本，应先明确切片标本切面是何部位、何方位切面，即是纵切或横切，不同切面有不同的结构图像特征，认真考虑局部与整体的结构联系。临时涂片如镜检粪便、血液、体液或制备的虫卵悬液等涂片标本，必须按附图 1-1 所示的阅读式顺序仔细观察，不得遗漏，以免影响被检结果的准确性。

附图 1-1　标本阅读式顺序观察法示意图

3. 注意调整光线强度　在观察标本时，由于寄生虫标本的厚薄、颜色、透光程度或染色的差异，大小不一致，以及不同的放大倍数，对光线的强度也不相同（放大倍数越大需要的光线越强），应随时调整到适宜的光强度。低倍镜下观察一些无色透明或染色浅或时间久褪色的染色标本时要适当调整光强度，光线宜暗淡些才能看清物象。调节光线的强弱可通过上下调节聚光器、调节光圈的大小或光源的强弱等方式来控制。

4. 示教标本镜下观察　一般示教标本均已调整在显微镜视野中央且有指针指向要观察的目标标本（或某特定部分结构）。观察时，切勿移动标本（因人眼球焦距不同，若观察模糊时，可适当调节细螺旋调节器），以免影响其他同学观察。

5. 对比观察　寄生虫生活阶段中具有诊断意义的虫体标本应反复观察，掌握其基本结构，进行比较、分析和分辨，加深印象。

6. 独立操作　整个实验过程应以独立观察为主，辅以必要的示教，切不要依赖示教来替代自己的实验观察。

二、实验技术操作

各项技术操作，特别是对粪便、血液或体液中各种寄生虫不同发育阶段病原体的检查方法，是本学科要求学生掌握的主要实验技术。必须按照实验要求，认真操作，并积极思考每种方法的设计原理和依据，了解各个操作环节的意义。在操作过程中，既要做到不怕脏、不怕臭，又要避免粪便、血液和其他体液对实验者和实验环境的污染，防止产生实验室感染。

三、电化教学设备

实验教学过程中有多媒体教学幻灯、VCD 光碟等视听相结合的电教片，电教片中清晰的图像、生动的动画可弥补同学们在教材中看不到的相关寄生虫学内容，学生应充分利用这一条件。但是实验操作是不可缺少的，更不能以观看电教片来代替实验过程中的动手操作。

附录二　寄生虫学实验报告绘图要求

人体寄生虫学是一门形态学科，实验内容主要以观察标本为主，真实准确地记录所观察的标本对正确掌握其形态特点，加强记忆至关重要。绘图是寄生虫学实验的基本技能之一，应重点掌握。仔细观察标本后，按照生物学绘图的原则绘画，把寄生虫的主要形态特征用绘图方式真实记录下来，力求做到真实、准确。同时要特别注意以下几点。

1. 形象正确　标本的外形和内部结构的形象要符合实际。

2. 大小及比例正确　标本的大小及长宽比例，内部结构的位置和比例，以及绘图整体版面布局安排要恰当。构造复杂和体积较小的标本图可画大些，以展示其结构；而构造简单和较大的标本可画小些，以画清结构，不影响注字为准。在绘图中要注意标本的长宽比例和内部结构的位置，要特别注意不同虫种同类标本之间（如虫卵类标本之间，包囊类标本之间）及同种寄生虫不同阶段之间（如疟原虫环状体、滋养体、裂殖体和配子体之间，杜氏利什曼原虫无鞭毛体和前鞭毛体之间）的大小比例。绘制的标本图以符合实物为准。

3. 色彩正确　绘画蠕虫卵和虫体结构图一般用黑色铅笔，要求以点和线勾画轮廓。表示图中明暗和立体感时，只能用点的多少和疏密来表示，不得用涂衬阴影的方法。点要圆，线条要圆滑、无重叠和起毛现象。对某些原虫则按染色标本的实际颜色绘图。

4. 绘图的位置　左右对称的标本必须绘正立图，如为虫卵时，图必须正立（有卵盖的虫卵，卵盖一端朝上），不能倒置或平置。

5. 标注字的规格与要求　标注字是说明标本结构的方法，应按生物学绘图要求，一律用平行线从某结构部位引出，且各线终点止于一竖直线上，各引线不能交叉，标注的字必须横行书写。通常图在左侧，标注字在右侧，标本名称一律写在图的正下方（附图 2-1、附图 2-2）。画面要求整洁，字迹清楚。

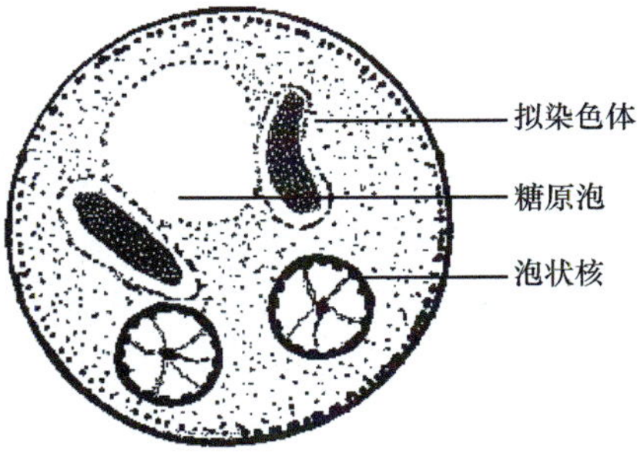

附图 2-1　溶组织内阿米巴两核包囊

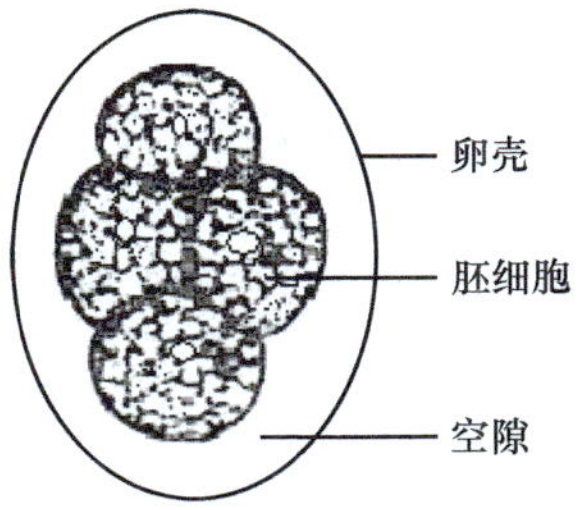

附图 2-2　钩虫卵

附录三　医学蠕虫和医学原虫实验标本总复习

一、肉眼观察标本

1. 蠕虫成虫液浸标本　肝吸虫、姜片吸虫、卫氏并殖吸虫、斯氏狸殖吸虫、日本血吸虫（♀、♂）、猪带绦虫、牛带绦虫、短膜壳绦虫、曼氏迭宫绦虫、蛔虫（♀、♂）、鞭虫（♀、♂）、蛲虫（♀）、十二指肠钩虫（♀、♂）、美洲钩虫（♀、♂）、马来丝虫（♀、♂）和犬恶丝虫（♀、♂）等。

2. 部分幼虫液浸标本　猪带绦虫囊尾蚴、细粒棘球绦虫棘球蚴和曼氏迭宫绦虫裂头蚴等。

3. 中间宿主（淡水螺）标本　纹沼螺、豆螺、涵螺、川卷螺、拟钉螺、扁卷螺、椎实螺、肋壳钉螺和光壳钉螺等。

4. 蠕虫病理标本　卫氏并殖吸虫病理犬肺，日本血吸虫肉芽肿兔肝、日本血吸虫病兔肠系膜、米猪肉、米猪心、棘球蚴病理肝脏、棘球蚴病理心脏、蛔虫性肠梗阻、蛔虫性肠穿孔、胆道蛔虫病、鞭虫插入寄生于肠黏膜和钩虫咬附寄生于肠黏膜等病理标本。

二、显微镜观察玻片标本

1. 蠕虫染色玻片标本　肝吸虫成虫、姜片吸虫成虫、卫氏并殖吸虫成虫、斯氏狸殖吸虫成虫、日本血吸虫成虫（♀、♂）、日本血吸虫尾蚴、猪带绦虫头节、猪带绦虫成节、猪带绦虫孕节、牛带绦虫头节、牛带绦虫成节、牛带绦虫孕节、微小膜壳绦虫成虫、曼氏迭宫绦虫头节、曼氏迭宫绦虫成节、细粒棘球绦虫成虫、棘球蚴砂、蛔虫唇瓣、蛲虫成虫、鞭虫成虫、十二指肠钩虫口囊、十二指肠钩虫交合伞、美洲钩虫口囊、美洲钩虫交合伞、班氏丝虫微丝蚴、马来丝虫微丝蚴和旋毛虫幼虫囊包等。

2. 蠕虫卵标本　肝吸虫卵、姜片吸虫卵、肺吸虫卵、日本血吸虫卵、带绦虫卵、曼氏迭宫绦虫卵、微小膜壳绦虫卵、缩小膜壳绦虫卵、受精蛔虫卵、未受精蛔虫卵、脱蛋白膜蛔虫卵、感染期蛔虫卵、鞭虫卵、蛲虫卵和钩虫卵等。

3. 原虫染色玻片标本　溶组织内阿米巴滋养体、溶组织内阿米巴包囊、结肠内阿米巴滋养体、结肠内阿米巴包囊、杜氏利什曼原虫无鞭毛体、贾第虫滋养体、贾第虫包囊、阴道毛滴虫滋养体、弓形虫滋养体、间日疟原虫环状体、间日疟原虫大滋养体、间日疟原虫裂殖体（成熟和未成熟）、间日疟原虫配子体（♀、♂）、恶性疟原虫环状体（单核、双核及边缘型）、恶性疟原虫配子体（♀、♂）、三日疟原虫大滋养体和三日疟原虫裂殖体等。

（梁　瑜）